두 번째 베트남전쟁

:: 한국의 전쟁 기억과 기억 투쟁 ::

두 번째
베트남전쟁

:: 한국의 전쟁 기억과 기억 투쟁 ::

윤충로 지음

푸른역사

책머리에

이 책은 한국의 베트남전쟁 기억에 대한 이야기다. 나는 한국의 베트남전쟁을 연구하면서 오랫동안 이 문제에 대해 생각해 왔다. 그 고민의 시작은 1999년 시작된 '미안해요 베트남' 운동이었다. 베트남 현대사를 연구하다 한국의 베트남전쟁에 대한 관심이 싹텄던 것도 그 무렵이었다. 그렇다고 해서 이 문제가 갑작스럽게 중요해진 것은 아니었다. 그에 대한 관심은 굼뜨게, 오랜 시간 거리를 두고, 부침을 거듭하면서 끊이지 않고 조금씩 깊어지고 넓어졌다.

한국의 베트남전쟁 기억의 문제에 관련해 좀 더 집중적으로 고민하게 된 것은 2015년과 2018년 있었던 두 가지 의미 있는 사회적 사건 때문이었다. 베트남전쟁 종전 40주년이었던 2015년, 베트남전쟁 중 한국군에 의한 학살 피해 생존자들(응우옌떤런Nguyễn Tấn Lân, 응우옌티탄Nguyễn Thị Thanh)이 한국을 최초로 방문해 자신들의 피해를 증언했다. 한국 사회의 '미안해요 베트남' 운동의 큰 전환점이었다.

그해 초 나는 종전 40주년을 생각하며 '미안해요 베트남' 운동 이후 한국의 베트남전쟁 기억을 둘러싼 기억 투쟁, 기억의 정치에 관련한 논문 〈한국의 베트남전쟁 기억의 변화와 재구성〉(2015)을 집필했다. 이 글이 나왔을 때 응우옌떤런과 응우옌티탄을 만날 수 있었다. 그때는 그들의 이야기, 그들의 발걸음의 의미를 글에 담을 수 없었다.

이후 2018년에는 베트남전 시민평화법정이 열렸다. 새로운 세대와 사람들이 참여했고, 운동의 영역이 넓어졌다. 1999년 시작된 운동이 과거청산을 위한 진실규명에 초점을 뒀다면, 시민평화법정은 진실규명과 더불어 법적 배상과 기억·기념 방식에 대해 문제를 제기했다. 나는 시민평화법정 행사를 준비했던 연구자, 민주화를 위한 변호사 모임 변호사들과 함께 2018년 비판사회학회 가을 학술대회에서 '베트남전 시민평화법정 특별 세션'을 구성해 시민평화법정의 의미, 이후 운동의 전망 등에 대해 논의했다. 그리고 당시 발표했던 글을 〈한국의 '미안해요 베트남' 운동과 '베트남전 시민평화법정'〉(2018)으로 정리해 학술지에 실었다.

이 책은 그간 몇몇 연구를 기반으로 '미안해요 베트남' 운동 20주년을 되짚어 보고자 하는 생각에서 집필을 시작했다. '기념의 주기'를 생각할 때 의미 있는 일이었고, 전쟁 기억을 둘러싼 냉전 문화, 과거사를 둘러싼 기억의 정치, 인권·평화 운동의 전개 등 한국의 베트남전쟁 기억의 현재성을 살필 수 있는 기회가 될 것으로 생각했다. 그렇지만 이를 고민하는 과정에서 '미안해요 베트남' 운동 이전과 이후 달라진 기억 지형과 전쟁 기억을 둘러싼 문제를 다시 생각하게 됐다. 한국의 베트남전쟁 기억, 특히 철군 이후 한국의 전쟁 기억은 어떻게 변해 왔을까? 전쟁 기억의 변화를 좀 더 긴 시간 속에서 살펴보기로 한 것이다.

한국의 베트남전쟁 기억의 변화를 좀 더 포괄적으로 설명하기 위해 나는 '잊힌 전쟁'이라는 말로부터 출발했다. 흔히들 한국의 베트남전쟁을

'잊힌 전쟁'이라고 한다. 그렇다면 무엇이, 어떻게, 왜 잊혔을까? 이 책에 서 '잊힌 전쟁'이라는 말 자체를 규명해 보고 싶었다. 전쟁의 망각에 대해 묻는 것은 거꾸로 전쟁의 기억을 되짚어 가는 것이기도 하다. 이는 또한 기억의 구성적 특성을 역사적·사회적·문화적으로 재검토하는 과정이다.

이 책은 '잊힌 전쟁'이라는 말을 단지 수사rhetoric로서가 아니라 구체 적인 역사과정 속에서 검토하려는 시도다. 나는 전쟁에서 잊힌 것은 국가 의 공식적 기억에 묻힌 참전자들이나, 전쟁 피해자, 그 시대의 전쟁 기억 을 공유하고 있는 다양한 주체의 '기억들'이라고 본다. 여기서 전쟁 기억 의 망각과정은 구체적이고 다양하며 풍부한 아래로부터의 전쟁 기억을, 추상적이고 정치적이며 획일화된 위로부터의 기억으로 대체하는 일련의 과정들로 이야기할 수 있겠다.

한국의 베트남전쟁 기억은 한국이 베트남을 만나고, 상상하고, 욕망했 던 '베트남 판타지'에 대한 서사이기도 하다. 여기에는 한국의 공식기억, 사회적 기억과 집단기억, 국경을 넘어 베트남과 한국군 피해 지역의 기억 등이 만들어 내는 대립과 투쟁, 화해와 연대 등 다양한 과정이 포함된다. 나는 전쟁의 기억과 망각, 이를 둘러싼 기억의 정치에 대한 일련의 역사 적 과정에 대한 이해가 한국의 베트남전쟁 관련 기억의 현재성뿐만 아니 라 기억의 미래를 만들어 가는 데 도움이 될 것이라 본다.

이 책의 토대가 된 글은 〈20세기 한국의 대 베트남 관계와 인식〉(2013), 〈한국의 베트남전쟁 기억의 변화와 재구성〉(2015), 〈한국의 '미안해요 베 트남 운동'과 '베트남전 시민평화법정'〉(2018), 〈냉전기 한국의 베트남전 쟁 '읽기'와 '상상 지리'〉(2019)이다. 이 글들은 한국의 베트남·베트남전 쟁에 관련한 인식과 기억, 과거청산운동에 대한 연구 관심을 반영한 것이다. 이 책은 그간 발표된 논문을 수정·보완·확장·재구성하여 재집필하고, 일부는 새롭게 집필하여 단행본으로 구성한 것이다.

이 책은 많은 분에게 빚지고 있다. 우선 베트남전쟁에 대한 기억을 필자에게 흔쾌히 열어 주셨던 구술자분들께 감사드린다. 책의 몇몇 장에는 한국에서, 그리고 베트남에서, 그간 연구 작업에서 만났던 구술자들의 목소리가 담겨 있다. 그들 중에는 이미 유명을 달리하신 분들도 있다. 이 자리를 빌려 돌아가신 분들의 명복을 빈다. 한국의 베트남 문제에 대해 생각을 나누었던 고경태, 구수정, 김현아 선생님, 베트남 민간인 피해 지역 인터뷰 조사를 함께했던 레호앙응언Lê Hoàng Ngân, 베트남전 시민평화법정을 통해 한국과 베트남의 과거사에 대해 다시 생각해 볼 기회를 준 심아정 선생님과 임재성 변호사, 민주화를 위한 변호사 모임의 변호사분들, 〈기억의 전쟁〉의 이길보라 감독, 무엇보다 초고를 기꺼이 읽고 평해 준 송광성, 이인우 선생님, 박경태 감독에게 감사의 말을 전하고 싶다. 한국과 베트남이 수교한 지 30년이 넘었고, 한국의 베트남전쟁을 둘러싼 한·베 간의 기억의 빗장이 열린 지도 올해로 24년이다. 이 책이 우리의 베트남전쟁 기억의 과거, 현재, 그리고 미래에 대해 다시 한번 생각해 볼 수 있는 징검다리가 되길 바란다.

2023년 3월
윤충로

2부 전쟁의 기억, 기억의 전쟁, 과거청산

프롤로그

1. '잊힌 전쟁'의 기억을 찾아서

베트남에서 돌아왔는데 전쟁으로 인한 트라우마가 컸어요. 오랫동안 누구도 베트남전쟁에 대한 이야기를 꺼내지 않았어요. 우리 부부가 젊어서부터 알던 부부가 있는데 12년이 지나서야 상대방 남편이 베트남전 참전용사라는 걸 알게 됐어요. 그동안 아무도 몰랐던 거지요. 입도 뻥끗 안 했으니까요. 나라 전체 상황이 이와 같았어요.……국가는 베트남전쟁을 숨겼어요. 최근에 들어서야 베이비붐 세대가 겨우 입을 열기 시작했죠. "무슨 일이 있었던 거야?", "도대체 무슨 일이 있었던 거지?"[1]

보통사람들은 망실된 전설 정도로만 여기는 월남 땅에서의 전쟁 얘기를 어디엔가 기록한 흔적을 남기고 싶은 욕구가 내 잠재의식 속에 있었다.……우리나라에서는 월남에 갔다 왔다면 "돈 많이 벌었느냐?"고 묻기가 고작이더니, 이제는 그나마도 잊혔다. 그리고 그 잊힌 사람들을 위해 시를 한 편 써서 내 나름대로의 자그마한 비를 세우고 싶었다.[2]

공적 기념의 기억이 없는 전쟁

한국의 베트남전쟁 기억은 미국의 한국전쟁 기억에 비교되곤 한다. 미국인들은 한국전쟁을 '잊힌 전쟁'[3]이라 부른다. 그들에게 한국전쟁은 제2차 세계대전과 같은 '정의의 전쟁'도, 베트남전쟁과 같은 '잘못된 전쟁'도 아닌, 그 "틈새에 끼어 미국인들의 의식 한구석에 묻혀 버린 '잊힌 전쟁'"[4]이었다. 《한국전쟁의 기원》으로 잘 알려진 브루스 커밍스Bruce Cumings는 한국전쟁의 기억을 논의하면서 미국인들에게 한국전쟁은 '잊힌 전쟁'인 동시에 '알려지지 않은 전쟁unknown war'이라고 했다.[5]

이와 유사하게 베트남전쟁 또한 한국에서 외면당하고, 잊힌 그리고 제대로 알려지지 않은 전쟁이다.[6] 단적인 예가 전사자 보도다. 언론의 전사자 보도는 1965년 11월부터 1966년 2월까지 집중됐고, 이후 횟수가 급격히 줄어 1970년에 들어와서는 거의 나타나지 않는다.[7] 영웅으로 보도해야 할 가치가 있는 전사자를 제외한 죽음은 숫자조차도 제대로 밝혀지지 않았다. 1992년 2월 29일 국방부는 베트남전쟁 시기 한국군 전사자를 4,624명으로 발표했다. 당시 언론은 베트남전쟁 한국군 전사자 수가 공식 확인된 것이 처음이라며 앞다퉈 보도했다.[8] 1973년 3월 주월한국군 철수 이후 20년 가까이 지난 뒤였다.

전쟁 기억의 망각은 정부가 주관하는 참전 기념행사의 부재를 통해 보다 여실히 드러난다. 기억되는 과거에는 기념되는 역사만이 아니라 그 후 지속적으로 축적되는 '기념의 기억'이 있다.[9] 그러나 한국은 베트남전쟁 참전에 관련해서는 이렇다 할 공적 기념의 기억이 없다.[10]

반공·발전 전쟁이라는 국가의 공식기억을 제외한 기억은 베트남전쟁 참전 중에도 제대로 주목받지 못했다. 망각은 피할 수 없는 것이다. 그러나 문제는 기억과 망각이 선택적이라는 데 있다. 역사가인 모스George L. Mosse는 국가가 기억·기념하는 것은 전쟁의 공포가 아니라 영광이며, 비극이 아닌 의의라고 했다. 이를 통해 만들어지는 '전쟁 경험의 신화'는 "전쟁을 은폐하고 전쟁 경험을 정당화하는 방향으로 고안"된다.[11] 신화화된 전쟁은 귀환 장병이 이야기하는 전쟁 경험의 실상과는 거리가 멀다. 신화가 실제를 대체한다.

사적 기억 속 흔적과 문화적 기억으로 남은 전쟁

'사적 기억private memory'의 영역에서도 베트남전쟁은 망각과 침묵 속에 있다. 일상생활 과정에서 만들어진 '과거에 대한 상식들'은 확대되지 않고 사적 수준에 머문다. 이는 기록되지 않을 뿐만 아니라 침묵당하고 말할 기회도 주어지지 않는다.[12] 다음은 베트남전쟁 참전 당시 중학생과 파월한국군 훈련장이 있었던 오음리에서 장사를 했던 상인의 전쟁 관련 기억이다.[13]

■ 월남전에 대한 기억이 있으세요?
오빠가 월남 갔었거든. 그래 가지고 저기 훈련받는 데가 어디지? 오음리. 훈련받는 데 내가 면회 한 번 갔었고. 월남 기차 떠날 때 춘천역에서 떠나거든요. 그래서 춘천역에서 떠날 때 식구들이 나와 가지고 막 울고 손 흔들고. 그때 그거만 알지. 오빠가 월남에서 돌아올 때 무슨 이만한 나무 궤짝에다가 뭘 많이 담아 가지고 온 거 같애. 뭘 담아 왔는지 생각도 안 나고. 궤짝만 생각나.[14]

■ (오음리에서) 당시 장사하실 때 어떠셨어요?

그때 그런 돈을 벌 수가 없지. 그때 하여간 경기는 좋았어요. 대한민국에서 아마 구석구석에 오음리라고 하면 모르는 사람이 없었을걸? 자식 둔 사람들이라든가 주위에 사람들 친척이라든가 한 다리 건너면 월남 안 갔다 온 사람 거의 다 없다시피 했으니까. 대한민국 전역에서. 그러니까, 여길 모르는 사람이 없었다고 봐야지.[15]

당시 열네 살 중학생이었던 구술자는 베트남전쟁을 오빠가 가져온 귀국 박스로 기억했다. 또한 전쟁 당시 모르는 사람이 없었다던 오음리는 지금은 이름조차 낯설다. 사람들은 베트남전쟁을 국가의 공식적 기억인 반공·자유의 십자군전쟁보다 "우리나라가 어려우니까 품 팔러 간"[16] 삶의 전쟁으로 기억하는 데 익숙하다. 전쟁 이후 베트남전쟁은 "생생하고 개인적인 기억에서 인위적이고 문화적인 기억으로 이행"하고 있다.[17] 이는 국립현충원, 서울의 전쟁기념관, 화천 오음리의 월남 파병용사 만남의 장(구 베트남 참전용사 만남의 장)과 같은 기억의 공간, 혹은 〈알포인트〉(2004), 〈님은 먼 곳에〉(2008), 〈국제시장〉(2014)과 같은 영화 등으로 재현된다. 영화 〈국제시장〉은 베트남전쟁에 대한 사회적 기억의 단면을 보여준다. 〈국제시장〉에서는 주인공 덕수(황정민 분)가 파월기술자를 지원한다. 그때 여동생 끝순은 "오빠야 돈은 많이 준다더나"라고 묻는다. 덕수는 어머니에게 "달러로 준답니다. 850불예. 우리 돈으로 한 40만 원예"라고 이야기한다. 1969년 1월 기준 5인 가족 최저생계비가 19,772원이었다.[18] 화폐가치를 모른다 해도 이것이 당시로서는 큰 돈이었다는 것을 유추하기는 어렵지 않다. 푸코는 "사람들은 과거의 자신들의 모습을 보는 것이 아니라, (대중매체가 프로그램한) '자신들의 모습이었다고 기억해야 하는 것'을 본다"고[19] 했다. 우리가 베트남전쟁에서 보는 것, 베트남전쟁에 대한 대중기억의 중심에는 전쟁이 가난과 역경을 넘어서기 위한 '기회'였다는 서사가 있다.

억압된 기억과 기억의 전쟁

국가의 전쟁 기억에서 무엇보다 크게 잊힌 것은 전란의 피해자들이다. 커밍스는 한국인의 '기억'과 미국인의 '망각'을 비교하면서 '마음속에 각인된 것', '고통'과 '트라우마'가 한국인의 전쟁 기억을 끊임없이 환기한다고 이야기한다. 전쟁은 "끔찍한 손실, 비극, 고통, 운명, 보이지 않는 고생의 옹이,……적어도 친족 한 명은 앗아간 재난"의 기억이다.[20] 한국전쟁에 대한 미국인의 망각과 한국인의 기억, 그 차이는 바로 고통의 폭과 깊이에서 온다.

한국의 베트남전쟁은 어떨까? 한국군의 베트남전쟁 참전에 대한 한국의 국가·민족적 기억 방식은 '자신만을 기억하는 윤리'[21]에서 크게 벗어나지 않는다. 신화화된 전쟁을 세속화할 수 있는 기억은 소설가 이청준이 언급했던 '인화하고 싶지 않은 음화 필름'[22]처럼 스스로 꺼내길 원치 않는다. 1966년 청룡부대 2진으로 베트남전쟁에 참전했던 황석영은 "나는 아직도 자유롭게 모든 것을 말할 수 없다"고 했다. 그는 신천 학살 사건을 취재하면서 귀신의 존재를 믿게 됐다면서 "'헛것'은 우리 자신의 내면에 잠재된 기억과 가책이면서 우리 스스로 일상에서 지워 버린 또 다른 역사의 얼굴"이라고 했다.[23] 그 '얼굴들' 중 하나가 베트남전쟁이다.

종전 후 미국에게 베트남전쟁이 오랫동안 '목에 걸린 가시'처럼 불편한 것이었다면,[24] 한국에게 그것은 냉전하 열전의 '교훈', '국가 경제발전의 초석'이었다.[25] 1975년 4월 30일 '월남 패망' 후 1992년 12월 22일 한·베 수교 전까지 한국과 베트남 관계를 단적으로 보여주는 것은 지리적 단절이었다. 냉전하에서 이는 영토뿐만 아니라 사상과 사고, 신체적 경계를 규정했다. 전쟁 기억 또한 이를 넘지 못했다. 이 시기 한국에서 베트남은 '상상 지리imaginative geography'·'상상 역사imaginative history'의[26] 영역이었다.

그러나 한·베 수교 이후 모든 것이 달라지기 시작했다. 한국과 베트남의 전쟁 기억은 국경을 넘어 서로 얽히기 시작했다. '아시아 패러독스'라는 말이 있다. 이는 "역사 문제나 영토 문제 등으로 인한 갈등과 서로에 대한 불신이 여전히 존재하는 국가 간에 경제적인 상호 의존관계가 더욱 증대하는 현상"을 일컫는다.[27]

전쟁의 과거사를 생각할 때 한·베 관계사도 이러한 패러독스로부터 자유롭기 어렵다. 경제·사회적 관계의 확장, 심화는 국가적 수준에서는 드러나지 않았던 미시적인 전쟁 기억을 일깨웠다. 1999년 9월 2일 자《한겨레21》에 실렸던 〈베트남의 원혼을 기억하라〉라는 기사는 한국의 베트남전쟁 기억의 이전과 이후를 나누는 분기점이라 할 만했다.

베트남전쟁 시기 한국군의 베트남 민간인 학살은 피해자들과 피해 지역 외에는 베트남에서도 잊혔던 탐삿thảm sát의[28] 기억이었다. 한·베 수교 이후 우리는 그전에는 몰랐던, 아니 알았다고 하더라도 크게 개의치 않았던, 그래서 낯선, 베트남전쟁의 새로운 기억을 만났다. 여기서 "전쟁 기억 호출의 진짜 발신지는 베트남이 아닌, 우리가 통과해 온 역사"였다.[29]

2. 전쟁 기억 읽어 가기

기억과 망각, 그리고 냉전 문화

한국의 베트남전쟁은 어떻게 잊힌 전쟁이 됐을까? 그리고 현재 어떤 모습으로 우리 앞에 있을까? 이 책의 문제의식과 논의 방향을 좀 더 구체화하면 다음의 세 가지로 집약할 수 있다.

첫째는 전쟁의 망각에 대한 이야기다. 오카 마리岡真理는 《기억 서사》에서 "전쟁이란 무엇인가. 전선에 있는 전사들이 벌이는 전투만을 전쟁이라고 할 수는 없을 터이다. 병사들뿐만 아니라 사람들은 각각의 입장에서 전쟁의 폭력을 경험한다. 그 체험의 총체가 전쟁이라는 하나의 커다란 사건의 형태를 이루게 된다"고 했다.[30]

전쟁은 전장의 장병뿐만 아니라 후방(국내 전선)의 국민에게도 다양한 방식으로 영향을 미친다. 그렇지만 종전과 더불어 한국의 베트남전쟁은 빠르게 잊혔다. 참전군인도 마찬가지였다. 역사학자인 존 다우어John W. Dower는 그의 저서 《패배를 껴안고서》에서 베트남 참전군인과 제2차 세계대전 종전기 일본군 귀환병을 비교하면서 "미국의 베트남 참전군인들이 느꼈던 감정은 일본 제국의 군인들이 오랜 전쟁 끝에 패배를 떠안고

귀국해 조국에서 경멸에 찬 대접을 받았을 때 느꼈던 감정과 일맥상통할 것이다"라고 했다.[31]

이와는 다르게 월남이 '패망'했음에도 한국의 베트남 참전군인은 패배의 경험으로부터 자유로웠다. 그러나 망각으로부터는 자유롭지 않았다. 전쟁은 국가의 공식기억으로 정형화됐다. 베트남 참전과 관련한 한국의 '보편적 군인'[32]상은 '조국 경제'에 이바지했다는 '오래된 신화'다. 이러한 신화는 참전군인을 넘어 한국 사회 전반에 침윤되어 있다.

공식기억은 한편으로는 망각, '무기억 혹은 기억의 부재'와 투쟁하지만,[33] 다른 한편으로는 공식기억 이외의 기억에 대한 배제와 망각을 초래한다. 이 책은 한국의 베트남전쟁 참전에 대한 국가·사회적 망각의 역사적 과정에 관심을 둔다. 이는 전쟁 이후 전쟁에 대한 공적 기억과 사회적 기억의 형성·변화 과정에 대한 사회사적 독해라 할 수 있다.

둘째, 전쟁 기억의 현재성·관계성에 대한 이야기다. 1992년 12월 22일 수교 이후 한·베 관계는 경제적·인적 측면에서 놀랍도록 빠른 성장을 보여 왔다. 교류의 확장, 그 결과로 나타난 상호 의존성의 심화는 한·베 관계의 역사성과 현재성에 대한 재고를 필요로 한다. 소설가이자 영문학자인 비엣타인응우옌Viet Thanh Nguyen은 "전쟁은 처음에는 전쟁터에서 싸우고, 두 번째로는 기억 속에서 싸운다"고 했다.[34] 현재 '전쟁의 기억'은 '기억의 전쟁'으로[35] 우리 앞에 재현되고 있다. 이는 베트남의 경험이면서 우리의 경험이고, 한국의 시각에 고정되지 않으며 그럴 수도 없는 역사적 기억이다.

소설가 김남일은 베트남을 우리의 '추억의 거울'인 동시에 '미래의 거울'이라 했다. 그는 베트남과의 과거사와 얽힌 문제를 어떻게 매듭짓느냐에 따라 우리의 미래가 규정될 것이라 했다. 바람직한 미래를 위해서는 과거사에 대한 분명한 정리가 필요하다는 것이다.[36] 이러한 문제를 이해하기 위해 이 책은 한국과 베트남의 국가 간 관계뿐만 아니라 사회, 보다 구체적으로 지역·집단·개인적 관계망의 확장과 심화에 주의를 기울인다.

셋째, 이 책의 관심은 포괄적인 의미에서 한국이 경험한 냉전의 사회사·문화사와 연관된다. 한국과 베트남, 양쪽에서 경험한 전쟁과 냉전은 정치·경제·군사적인 측면뿐만 아니라 사회문화적인 차원, 일상적 차원의 변화를 수반했다. 식민지 경험, 전쟁의 선후관계, 베트남전쟁의 종전 등은 서로의 냉전 질서뿐만 아니라 냉전 문화에 영향을 미쳤다. 종전 후 한국의 경우는 더욱 그러했다. 역사적 경험에서 냉전은 "국민국가의 틀이 고착되는 과정에서 동아시아인의 의식적·일상적 차원을 규정짓는 문화 논리"였다.[37] 이 책은 베트남전쟁 종전을 전후한 시기부터 최근까지 베트남전쟁이 한국의 냉전 의식, 냉전 문화의 형성에 미친 영향을 전쟁 기억의 형성과 변화의 측면에서 접근한다.

전쟁 기억의 역사성, 다층성과 다양성 드러내기

이 책은 베트남전쟁을 둘러싼 한국 사회의 공적 기억이 지닌 한계를 드러내고, 전쟁 기억의 역사성, 다층성과 다양성을 보여주고자 한다. 이러한 과정을 좀 더 면밀히 들여다보기 위해 첫째, 시차적 관점과 비동시성의 동시성, 둘째, '상상 지리'와 '역사 겹쳐 읽기', 셋째, 기억의 민주화와 기억의 정치 문제에 주목한다.

1—시차적 관점Parallax Visions과 비동시성의 동시성

브루스 커밍스는 《시차적 관점》(1999)에서 20세기 미국과 동아시아 지역 국가들의 대외관계 변화를 설명한다. 냉전과 관련해 제2차 세계대전 이후 미국의 한국과 베트남에 대한 직접 개입의 배경에는 반식민지·반파시즘적 대외관의 반공주의로의 전환이 깔려 있었고,[38] 그 바탕에는 국제사회에서 절대 우위를 차지한 미국인의 사고 변화가 있었다.[39]

권헌익은 커밍스의 시차적 관점을 양극적 냉전체제와 탈식민화하는 전통사회의 지평을 확고하게 관련시키려는 시도로 읽어 내면서 이를 스티븐 휫필드Stephen Whitfield의 냉전의 사회문화사에 대한 통찰과 연결한다. 휫필드는 냉전을 지정학적 차원과 사회적 차원으로 나누고, 이 둘이 각각 다른 시간성과 발전 사이클을 지님을 지적한다. 그에 따르면 사회적 냉전은 과거와의 급진적 단절이 아닌, 점진적인 해체decomposition의 평탄치 않은 과정을 경과한다.[40]

한국에서의 냉전 해체의 서로 다른 시간대를 설명하기 위해 비동시성의 동시성 개념을 함께 살펴보는 것이 유익할 것 같다. 블로흐Marc Bloch는 비동시성의 동시성 세계에서 사람들은 "같은 시간에at the same time(캘린더 시간) 살고 있으나, 같은 시간 속에in the same time(역사적 시간) 살고 있지는 않다"고 했다.[41] 이는 물리적 시간대와 역사적 시간대의 상이성을 말한다. 한국에서는 이 개념을 "한국 현대사의 굴곡과 압축적 성장을 설명하거나 혹은 우리가 살고 있는 현재에 있어 상호 모순적이라고 할 수 있는 전근대적인 요소, 근대적인 요소, 탈근대적인 요소들이 충돌하여 빚어지는 부조리를 경험할 때" 흔히 언급한다.[42]

한국의 '비동성의 동시성'에 대한 논의는 강정인과 임혁백의 연구를 참조할 만하다. 강정인은 '비동시성의 동시성'을 "세계사적 시간대와 한국사적(일국적) 시간대의 교차와 충돌 및 불일치"를 통해 접근한다.[43] 임혁백은 한국의 근대시간의 특성을 '다중적 근대multiple modernities', '다양한 근대varieties of modernity', '강력한 지정학적 비동시성'의 측면에서 설명한다. 그는 또한 한국의 비동시성과 블로흐의 비동시성을 비교하면서 한국의 특성을 "경제외적인 지식인들, 대학생들, 독립운동가들, 외부 세력들 간에 동시적으로 일어난 비동시성"으로 정의한다.[44]

둘 모두에서 지정학적 비동시성은 한국의 주요한 특성이다. 개별 국가는 세계체제의 한 부분이기 때문에 대외적 영향력에서 자유로울 수 없다. 제3세계 지역은 외부 환경의 변화에 더욱 민감하다. 1945년 해방 이후 한국과 베트남은 세계사적 시간의 변화, 특히 냉전의 직접적인 영향을 받았다.

국내의 역사적 시간은 세계사적 시간의 영향을 받으면서 자신의 역사적 시간대를 만들어 간다. 권헌익이 냉전사를 논의하면서 "오랜 평화로 경험한 냉전과 전면전으로 경험한 냉전은 같은 틀로 설명할 수 없다"고[45] 한 것 또한 이러한 견지에서 이해할 수 있다. 냉전이라는 명칭은 같더라도 중심과 주변은 서로 다른 냉전을 경험했다. 세계적인 탈냉전의 흐름 속에서도 지속되는 한반도의 냉전과 사회적 냉전의 심화는 세계사적 시간과 국내의 시간이 지니는 간극을 드러낸다.

이러한 현실은 '속도'의 문제를 재고하게 한다. 임혁백은 한국의 비동시성의 원인 중 하나를 압도적인 근대화의 속도, '속도전의 시간'으로 논의했다. 그렇지만 속도도 균일한 것이 아니다. 속도전 속에 나타나는 '시차time-lag'[46]가 한국에서 나타나고 있는 냉전의 시간성이라 할 수 있을 것이다. 냉전의 시차는 지정학적·외교적 차원뿐만 아니라 국가와 사회, 사회 내부를 가르며 다양한 갈등을 유발한다. 사람들은 같은 물리적 시간대를 살아가지만 다른 사회적 시간대를 살아갈 수 있다. 각자에게 시간은 개인적일 뿐만 아니라 사회적이다. 시차視差에 시간성을 결합하면 세계는 비동시성의 동시성을 반영한 시차時差를 내부에 함축한 '이중의 시차'로 드러난다. 한국의 베트남전쟁에 대한 인식은 한국과 베트남, 한국의 국가와 사회, 한국 사회 내부, 한국 사회와 베트남 사회 등의 다층적이고 다양한 주체관계와 그것이 지닌 '이중의 시차' 운동에 영향 받는다.

2 - '상상 지리'와 '역사 겹쳐 읽기'

베트남전쟁 종전기에서 1992년 한·베 수교까지 지리적 단절의 역사적 시간 속에서 한국은 베트남과 베트남전쟁을 어떻게 인식했을까? 이 시기 한국의 베트남 담론에 대한 검토는 국내 냉전의 문화적 지형, 세계사적·동아시아적 냉전의 시간과 국내 냉전의 시간이 지닌 간극을 보여준다. 당시 베트남에 대한 상상 지리와 역사에 대한 겹쳐 읽기는 베트남 측이 인정할 필요 없는 한국의 자의적 이미지로 구성된 것이었다.[47]

문학평론가이자 문명비평가였던 에드워드 사이드Edward W. Said는 유럽이 아시아에 대해 갖는 상상 지리의 모티브를 "두 개의 대륙 사이에는 하나의 경계선이 그어져 있다. 유럽은 강하고 명석하며, 아시아는 패배했고 멀리 있다"라고 설명했다.[48] 한국의 베트남에 대한 보편적 상상 지리는 여기서 크게 벗어나지 않는다. 냉전 시기에 그어진 지리적 경계선은 냉전 아시아의 경계였고, '상상 지리'·'상상 역사'의 경계이기도 했다. 또한 냉전하의 '사상 지리ideological geography'는 지정학적 경계를 '사상-인신-장소'의 경계로까지 확장하고, 단절, 무지와 망각을 자연화했다.[49]

역사 겹쳐 읽기는 상상 지리를 구체화하는 하나의 방식이며, 역사적 비교와 관계성의 탐색작업이라 할 수 있다. 비교작업을 수반하는 역사 겹쳐 읽기는 역사적 시간·공간으로 이중의 확장이 가능하다. 역사를 겹쳐 읽어 가는 과정에서 특정 역사적 시간·사건을 강조 혹은 배제함에 따라 그에 대한 시차視差가 형성될 수 있다. 예를 들어 한국과 베트남의 근현대사는 식민지, 혁명, 분단, 전쟁, 냉전의 다층적 역사 지형을 지닌다. 여기서 식민지, 혁명, 분단, 전쟁을 역사적으로 겹쳐 읽어 가면 민족·계급혁명의 역사가, 혁명을 배제하고 냉전을 중심으로 겹쳐 읽어 가면 세계체제적·이념적 대립의 역사가 강조된다.

이는 개인의 역사적 경험과도 만난다. 《머나먼 쏭바강》의 저자 박영한은 "월남 꼬마들한테 비스킷을 던진 그 기세등등한 손이 6·25 직후 미국 군인들이 던진 비스킷을 향해 달려들던 땟국이 꾀죄죄한 손임이……참 부끄러운 일이었어"라고 술회했다.[50] 이후 살펴보겠지만, 이는 '월남 난민'에서 한국전쟁 당시의 1·4후퇴를 떠올리는 것, 《사이공의 흰옷》의 주인공 '홍'의 모습에 자신을 겹쳐 보았던 학생운동 세력의 모습에서도 유사하게 드러난다. 읽는 방식, 강조점의 이동으로 인한 시차視差의 형성은 역사의 재맥락화를 통해 상상 지리의 변화를 가져온다.

1970~1980년대 베트남, 베트남전쟁을 둘러싼 한국 사회의 담론 지형은 냉전뿐만 아니라 냉전 지형에 대한 저항·역전의 상상 지리, 상상 역사의 특성을 보여주었다. 냉전 아시아, 베트남에 대한 시선이 냉전적 오리엔탈리즘을 반영했다면, 이에 대한 저항은 제3세계 저항적 민족주의에 대한 공감과 반미주의로 표출됐다.

당시 한국의 민주주의 세력은 베트남의 역사를 통해 일종의 '사례에 의한 동원mobilization by example'을 추구했다. 월러스타인Immanuel Wallerstein은 "베트남인들은 중국 민족해방혁명의 선례를 좇아……제국주의 세력의 사회적·정치적·군사적 지위를 침식하고 마침내 해체시킬 수 있었는지를 보여주었다"고 평가했다.[51] 스카치폴Theda Skocpol은 "혁명가들은 언제나 이전의 혁명적 상황에 의해 영향받는다"고 했다.[52] 후발 혁명은 이전 혁명에 대한 모방, 곧 '사례에 의한 동원'에 의해 추동된다.[53] 이러한 사례들에는 "현재의 지독한 불의를 강조하고 공유된 정치성과 정의감"을[54] 불러일으키는 설득력 있는 저항 서사가 존재한다. 베트남전쟁은 그러한 저항 서사의 한 예였다.

지리적 단절은 한국의 베트남에 대한 '상상 지리', '상상 역사'에 대한 일종의 '과잉'을 초래했다. 한국의 국가·사회는 베트남에 대해 자신이 보고 싶은 것만을 보고자 했다. 상상이 실제를 압도했다. 한·베 수교는 상상을 현실로 바꾸는 계기였다. 그러나 냉전적 인식과 이해는 한국 사회가 여전히 베트남전쟁을 바라보는 주요한 시각 중 하나다. 한국은 베트남, 베트남전쟁에서 무엇을 보고자 했을까? 이를 살펴보는 것은 한국이 경험한 베트남전쟁에 대한 기억과 망각의 역사적 과정을 이해하는 데 도움이 된다.

3-기억의 민주화와 기억의 정치

사이드는 《문화와 제국주의》에서 "과거에 호소하는 것은, 현재를 해석하는 가장 일반적인 전략의 하나"라고 했다. 현재의 불확실성이 과거에 대한 호소를 가져온다. 그는 "우리가 과거를 정식화하고 표상하는 방법에 의해 현재에 대한 우리의 이해와 관점이 형성된다"고 했다.[55] 역사학자 테사 모리스-스즈키Tessa Morris-Suzuki는 《우리 안의 과거》에서 '역사에 대한 진지함'을 논의하며 "우리가 수용하는 과거의 이야기나 이미지가 그것을 전달하는 사람들의 사상이나 관심에 의해, 그것을 전달하는 매체의 성격에 의해, 그리고 내가 현재 놓인 위치에 의해 규정 받는다"고

했다.[56] 이런 논의들은 과거와 현재의 관계성뿐만 아니라 과거에 대한 시차視差적 이해의 가능성을 열어 놓는다.

허쉬Herbert Hirsch는 '기억의 정치'를 논의하면서 "우리가 과거의 사건을 기억하는 방식은, 우리가 앞으로 무엇을 할 것인지, 그리고 어떻게 살 것인지와 관련해 매우 중요한 영향력을 갖는다"고 했다.[57] 한국의 베트남전쟁 경험에 대한 기억의 문제는 이 점에서 매우 중요하다.

올릭Jeffrey K. Olick은 세계적으로 번지는 '후회의 정치'에 주목하면서 "왜 후회라는 물결이 지금 번지고 있는지"에 대해 의문을 제기하고, 이를 "심층적인 사회적 생산물", "역사적 구성물"로 접근해 이해해야 한다고 주장한다.[58] 이와 관련해 이 책에서는 우선 '왜 1999년에 진실규명운동이 시작되었는가'라는 문제를 제기한다. 그리고 한발 더 나아가 학살을 둘러싼 기억 투쟁을 살펴본다. 이는 역사·기억의 민주화와 관련된 세계사적 시간, 이에 대응하면서 변화해 간 한국 사회의 기억의 정치 지형이 지니는 특성을 파악해 가는 과정이다.

먼저 탈냉전과 맞물린 세계적인 민주화 물결은 정치적 주체로서의 개인의 재발견과 인권의 의미 확장을 통해 국가의 공식기억으로부터 소외됐던 다양한 개별 기억들을 소환했다.[59] '역사의 민주화',[60] '기억의 민주화' 등으로 논의할 수 있는 억압된 기억의 귀환은 국가를 중심으로 한 공식기억에 균열을 내며 다양한 기억 투쟁 지형을 만들어 냈다. 또한 세계화의 진전은 기억 투쟁의 탈국가화를 가져왔다. 세계화를 통한 시간과 공간의 '압축'은 인간과 인간, 인간이 사회적 네트워크와 관계 맺는 방식을 근본적으로 변화시켰고, "우리 세상은 하나의 마당이 되어 버렸다".[61] 나라 경계 밖에서 온 힘이나 제도가 일상생활 구석구석까지 침투했고,[62] 이는 기억의 민주화 지형에도 영향을 미쳤다. 지역·개인의 기억은 국가의 억압·망각, 국가 기억과의 교차·중첩, 국가 기억에 대한 저항·탈국가화 등의 과정을 통해 다양한 방식으로 재구성된다.

세계화는 트랜스내셔널한 기억문화를 확산시킨다. 새로운 관계망을 통해 과거를 대면하는 작업은 "지배적인 사회적·문화적 코드 체계를 통해 끊임없이 재구성해야 되는 현재진행형의 작업"이 된다.[63] 여기에는 기억의 정치가 작동할 수밖에 없다. "기억은 매우 사회정치적인 현상"이며,[64] 기억의 정치는 "집합기억의 역사화나 무화과정에 개입하는 사회문화적 및 정치적 힘들의 역학관계와 그것을 둘러싼 담론적 실천의 일체를 일괄"한다.[65] 따라서 기억의 정치의 장에서 작동하는 기억 투쟁은 "정체성 확보의 문제이자 현실 해석이며, 가치의 정당화"로 연결된다.[66]

1999년 시작된 한국의 베트남전쟁 진실규명운동도 이러한 특성을 지닌다. 운동은 한국의 베트남전쟁 기억의 근간을 흔들었고, 기억 형성 담론의 전제와 조건 자체의 변화를 추구했다. 진실규명운동이 한국 사회에 가져온 파장은 무엇이고, 운동과정에서 전쟁 기억과 담론은 어떤 방식으로 재편돼 갔을까? 여기서 중요한 것은 기억 투쟁 자체의 투쟁적 성격보다는 이를 "정치투쟁으로 변화시키는 한국적 담론 형성의 메커니즘"을 들여다보는 것이다.[67] 이는 공식기억과 대항기억의 갈등 양태뿐만 아니라 기억의 사회적 구성성을 동시에 보여줄 것이다. "과거의 이미지는 과거와 현재의 관계에만 의존하는 것이 아니라 역사 속에서 누적돼 온 과거-현재의 관계들과 그 관계의 끊임없는 구성과 재구성의 영향"을 받는다.[68] 또한 현재의 기억은 과거 기억의 경로 의존적 성격과 변화 가능성을 동시에 함축한다. 결국 현재 한국의 베트남전쟁 기억은 이러한 과거-현재 관계의 중층적 구성물인 것이다.

1부

종전의 여진,
전쟁의 망각과 시차

1장

철군, 종전, 전장의 재현

1. '개선의 수사'와 철군의 정치·경제

패자 없는 개선

1971년 1월 11일 박정희 대통령이 연두 기자회견에서 '주월한국군의 단계적 감축'을 언급한 이후 4월 19일 최규하 외무부 장관은 국군의 단계적 감군에 대한 전반적 계획이 완료됐음을 밝혔다. 그리고 같은 해 12월 4일 한국군 철수 제1진 1,000여 명이 다낭 항을 출발해 9일 부산항에 도착했다.

〈사진 1〉
귀국going home.
1971년 12월 4일
다낭 항을 떠나는 한국군.[1]

‘영광의 회군’의[2] 시작이었다. 철군의 절정이자 종결은 1973년 3월 20일 서울운동장에서 열린 주월한국군 사령부 해체식을 겸한 파월 개선 장병 환영 국민대회였다.[3] 광화문에는 ‘파월 개선 장병 환영대회’ 대형 아치가 섰고, 서울운동장 환영식장에는 ‘이겼다 우리 오빠 자랑스럽다 우리 형님’ 등의 플래카드와 태극기가 물결쳤다. 박정희 대통령을 비롯 3부 요인, 군 장성, 주한 외교사절, 유엔군, 파월장병 가족, 그리고 4만여 명의 시민·학생이 참여한 가운데 성대한 환영식이 거행됐다. 이 자리에서 이세호 주월한국군 사령관은 “주월군은 우리 역사상 최초의 해외파견군으로서 연 병력 32만 2,853명을 투입, 월남공화국에 대한 평정 지원업무를 마치고 무사히 귀국했음”을 신고했다. 이후 을지로를 거쳐 시청까지 이어지는 퍼레이드를 수십만 시민이 환영했다. 고층건물에서는 5색 종이가 눈발처럼 휘날렸고, 경기여고생이 날린 풍선 2만 개가 하늘을 수놓았다.[4] 1965년 2월 9일 주월남 한국군사원조단 2천여 명 장병에 대한 파월

〈사진 2〉
파월장병 환영대회
(《경향신문》1973. 3. 20)

장병 환송 국민대회가 치러진 후 8년여 만이었다. 떠들썩하기는 매한가지였지만 이는 베트남전쟁으로 달아올랐던 '월남특수'의 한 시대가 저물어감을 보여주는 일종의 송별 의례였다.

베트남에 있는 5만 명의 한국군은 한때 '알라딘의 램프'였다.[5] 한국 정부는 램프를 잃기 원하지 않았고, 교섭에 의한 베트남전쟁의 해결보다는 완전한 군사적 승리를 희망했다.[6] 그렇지만 이는 실현될 수 없는 꿈이었다. 존슨Lyndon B. Johnson의 시대가 가고 닉슨Richard M. Nixon이 등장하면서 베트남전쟁의 판도도 달라지기 시작했다. 닉슨은 '베트남전쟁의 탈미국화', '명예로운 평화'를 대통령 선거운동의 쟁점으로 삼았다.[7]

전쟁의 베트남화는 1969년 7월 닉슨독트린으로 본격화된다.[8] 베트남에서 한국군의 유용성도 과거와는 다를 수밖에 없었다. 미국이 주월미군 철수를 발표한 직후인 1969년 6월 한국 정부는 주월한국군의 철수를 검토하기 시작했다.[9] 1970년 11월 11일 이세호 주월한국군 사령관은 현지 정세 보고에서 "한국군도 1971년부터 1974년 사이에 철수해야 할 추세에 있다"고 했고,[10] 이는 1971년 1월 11일 박정희 대통령의 연두 기자회견에서 가시화됐다. 닉슨 행정부의 '베트남전쟁의 베트남화', '핑퐁외교'와 미·중 관계 개선, 1970년 7월 주한미군 감축 공식화, 1971년 대통령 선거 등 국내외적 상황은 박정희 정권의 한국군 철수를 재촉했다.

철군의 필요성은 주둔군 숫자에서도 여실히 드러났다. 최고 54만 명까지 주둔했던 미군은 1969년 2차례에 걸쳐 6만 명을 감축했고, 1971년 5월까지 26만 명이 철군했다. 1972년에는 3만 명도 되지 않았고, 그중 지상군은 1만 7,024명에 불과했다. 1972년 4분기 한국군은 3만 6,780명으로 미군 2만 4,100명보다 1만 2,680명이 많았다.[11] 요컨대 파리 휴전협정 논의가 한창이었던 1972년 말 한국은 미국보다 많은 군을 베트남에 주둔시키고 있었다.

여기에는 남베트남 당국의 요구뿐만 아니라 급속한 철군을 진행했던 미국의 요구가 함께 작용했다. 1971년 8월 4일 자 외교부 문서 〈주월국군 철수 문제(철수 기간 단축 문제)〉(이후 철수 문제)는 "존슨 국무차관은 주월한국군 철수 문제는 한국 정부가 월남 정부와 협의하여 결정할 문제이나, 미군이 철수한다고 해서 반드시 한국군이 철수할 필요는 없으며, 아시아 국가들은 그들이 감당할 수 있고 월남 정부가 희망하는 병력의 기여를 계속하여 줄 것을 바란다"는 사실을 적시했다.[12] 또한 1972년 1월에도 존슨과 국무성 고위관료들은 "한국군마저 철수한다면 미국의 입장을 당혹케 만들게 될 것이다. 미국으로서는 주월한국군이 현 수준대로 유지되는 데 대하여 고맙게 생각하고 있다"고 밝혔다.[13] 한국 정부는 철군을 늦추는 대신 주월한국군의 안전에 관한 사항, 한국군 보유재산을 최대한 휴대하고 귀국하는 사항 등을 통해 실리를 취하고자 했다.[15]

아쉬운 것은 경제

한국군의 철수와 관련해 가장 큰 우려는 사실 경제였다.[15] 1968년 말까지도 국세청장이 주월한국인 업체에 대한 과세를 강화하기 위해 상주 세무관 파견을 언급할 정도로 '월남 경기'가 좋았다.[16] 그러나 '호경기'가 지속될 수는 없었다. '월남전 후'의[17] 문제에서 가장 간절한 것은 경제적 이해, "달러 파이프의 손질"이었다. "5만 한국군을 보낸 한국은 월남이 자유의 전장인 동시에 한 해 1억 8천만 달러까지 벌어들일 수 있는 황금시장이라는 점에서 월남전의 종식은 한결 심각한 문제를 던져 줄 것이 분명하다"는[18] 논의는 전장과 경제전선이 합치된 베트남전쟁 참전의 단면을 보여준다. 〈철수 문제〉는 "5. 주월국군 철수에 의하여 월남에서의 우리의 경제적 이익에 감소가 있을 것은 틀림없음"을 철군의 영향으로 밝히고 있는데,[19] 이는 한국군 철수 이전 미군 철수로 인해 이미 현실화됐다. 베트남 내에 250여 개의 미군기지가 남베트남군에 이양되면서 용역 군납을 제공하는 미국계 회사들이 제3국인을 무더기로 감원했고, 파월기술자들은 대거 일자리를 잃었다.[20] 한국의 베트남 특수는 상품 수출이 아닌 용역 수출이 주를 이루었기 때문에 사람들이 돌아오면 외화 수입은 그야말로 '제로'가 될 수밖에 없었던 것이다.[21] '월남 재벌'로 불렸던 한진상사도 1971년 12월 31일 주월미군과의 용역계약이 끝났다. 파월 장병을 따라 베트남에 들어갔던 기술자들은 철수하는 장병들을 따라 베트남을 떠나야 했다. '월남 특수'가 막을 내린 것이다. 이에 대한 아쉬움은 파월 장병도 마찬가지였다. 청룡부대 철수 제1진에 속했던 한 병사는 철군의 감회를 다음과 같이 이야기했다.

막상 떠난다고 하니까 서운한 생각이 듭니다. 저의 경우는 좀 더 월남에 남아 있었으면 합니다. 한국에 있으면서 전투를 하지 않으니까 군대 생활이 지루함을 느끼지만 월남에선 나날이 긴장의 연속이어서 시간 가는 줄 모르거든요. 대우 문제만 해도 그래요. 한국에서는 저의 경우 한 달에 팔백 원밖에 받지 못하지만 월남에 와 있는 동안에는 매달 42달러를 받아요.[22]

한국군의 철수, 그 이후의 경제 문제에 관련해 한국 정부가 기대를 건 것은 '전후 월남 재건'에의 참여였다. 1969년 초 정부는 "휴전이 되더라도 한국군은 곧 철수하지 않을 것이며, 휴전 뒤의 재건사업에 적극 참여할 수 있을 것"이라는 낙관론을 펼쳤다.[23] 전후 재건계획에의 참여는 한국군 철수 이전인 1969년 5월, 한국군 철수 직후인 1973년 4월, 티우 Nguyễn Văn Thiệu 대통령의 방한 시 박정희 대통령과의 정상회담에서 공식 논의됐다. 외국 원조 25억 달러를 포함한 총 55억 달러 규모의 〈전후 월남의 경제부흥개발계획〉(리리엔솔계획),[24] 1972년 초 알려진 미국과 하노이의 파리협상 과정에서 미국 측이 제안한 75억 달러의 인도차이나 전후 복구사업 비용 등은 소위 '포스트 베트남'에[25] 대한 기대를 한껏 부추겼다.[26] 또한 정부는 철군과 더불어 좀 더 적극적으로 움직였다. 1973년 6월 11일 "월남이 종전 후 당면하고 있는 난민 구호와 이들의 정착을 돕기 위해 1백만 달러 상당의 긴급 구호자금을 제공키로" 했고, 같은 해 10월 6일 제5차 한월 경제각료 회담에서는 "한국 정부가 월남의 전후복구 사업을 지원하기 위해 약 1백만 달러에 달하는 무상원조를 제공키로 하는 데 합의"했다.[27] '월남 붐'의 퇴조를 상쇄할 수 있는 '포스트 베트남' 사업이 가능성의 영역으로 남아 있었던 휴전 직후, 한국의 대월 원조는 "강대국의 전후 복구계획에 한몫 끼기 위해", "전후 복구 참여에 대한 노골적인 기대를 품고 건넨 한국 정부의 선물"이었다.[28] 한국은 미국과의 삼각 협력체제를 통해 '월남 전후 복구계획' 가운데 20억 달러 상당의 공사 수주 및 물품 판매를 추진했으나, 이는 베트남의 통일과 더불어 물거품이 됐다. 한국에게 베트남의 휴전은 결코 반가운 일이 아니었다. 더 나아가 남베트남의 몰락은 경제적 차원에서는 그야말로 "아깝게 끊어진 '수출 대어 줄'"이었다.[29]

2. 전쟁의 스펙터클과 동원

종전의 이미지들

엄청 위험한 일들이 많았는데 막상 그 안에 있다 보니까 그걸 모르겠더라
고. 내가 4월 17일 날 텔레비전을 보니까 내가 저런 데 과연 있었나 하고
몸서리가 쳐지는데, 근데 거기 어떻게 있었는지, 거기 있을 때는 모르겠
더라고.……내가 4월 2일 날 나왔거든. 그러니까 (4월 17일 프놈펜 함락) 15
일 전에 나왔단 말이야. 그러니까 아주 위험한 때 아니야? 걔들이 엄청
가까이 와 있었을 때 아냐. 프놈펜 공항에서 탈출을 하는데 미군 수송기
씨원떠리(C-130)라고 있어. 한꺼번에 비행기를 못 타고, 일곱 명씩, 일개
분대씩 해가지고 '요이 땅!' 해서 막 뛰어서 비행기 타고 그래서 겨우 인
제……비행기가 시동 걸고 이륙을 하니까, 그때 마음이 좀 놓이더라
고.……그렇게 해서 끝났지. 프놈펜 생활이.[30]

윤○○은 1966년 12월 베트남에 진출한 미국 빈넬사에 취업하여 1973
년 3월까지 일했다. 베트남 경기가 다하자 1973년 3월 18일 다시 빈넬의
군수운송팀에 소속되어 캄보디아로 들어갔다. 당시 빈넬 직원들은 일종

의 군사고문단 역할을 수행했다. 캄보디아에서의 대우는 베트남에 비해 훨씬 좋았다. 그는 "고문관으로 대우를 해주니까. 우리 생전에 아마 그런 대우가 두 번 다시 없을 거야"라며 당시를 회고했다.[31]

캄보디아에서의 생활은 2년을 조금 넘겨 끝났다. 그는 전장에 있을 때는 전장의 위험에 오히려 무감각했다. 그러나 탈출해 외부인의 시각으로 본 프놈펜은 "몸서리쳐지는", 그야말로 스펙터클한 전장이었다. 그의 경험은 곧 있을 남베트남 붕괴의 선체험이었다.

베트남전쟁 종전을 전후한 한 달여는 베트남이라는 '제2전선'이 붕괴되면서 외부의 위협을 내부화하는 시기, 바야흐로 '국내 전선'이 본격화되는 시기였다. 도미야마 이치로富山一郞는 "'국내 전선'의 등장이란 일상과 동떨어져 있는 전장의 규율과 '국내 전선'의 규율이 비슷해져 가는 상황, 다시 말해서 인간의 일상적인 영위가 전장에서의 영위와 비슷해지는 사태를 예고하는 것"이라 보는데,[32] 이는 전장의 스펙터클을 내부로 옮겨 오는 대중매체 이미지들에 의해 강화된다.

기 드보르Guy Debord는 스펙터클을 "이미지들의 집합이 아니라, 이미지들에 의해 매개된 사람들 간의 사회적 관계"라고 했다.[33] 이러한 논의

〈사진 3〉
캄보디아 빈넬 현장으로의 출근길.[34]

를 토대로 김예림은 중일전쟁 시기 식민지 조선을 분석하면서 "전쟁에 대한 다양한 소식과 정보들은 이 스펙터클의 거대한 움직임을 추동했고, 전장을 중심으로 하는 동심원의 형태로 사회, 삶, 감각의 분할과 재배치를 촉진했다"고 했다.[35] 스펙터클 사회에서는 "구경거리를 내가 선택하는 것이 아니라 이미 만들어져 있는 구경거리들이 나를 구경꾼으로 만든다."[36] 연일 전해지는 전장의 이미지와 무너지는 인도지나 전선의 소식은 일상의 한 부분이 됐고, 국내 전선의 위기감을 고조시켰다.

1973년 1월 27일 파리평화협정이 체결되자마자 북베트남은 바로 공격을 시작했다. 남·북 모두 휴전협정을 지킬 의지가 없었다. 협정서의 잉크가 마르기도 전에 양측은 가능한 한 많은 영토를 차지하기 위한 '깃발 전쟁'을 벌였고, 휴전을 선언한 지 3주 만에 3,000여 건을 위반했다.[37] 통일 이전에는 끝나지 않을 전쟁이었다.

1975년 연초부터 상황은 심상치 않았다. 1974년 12월 북베트남군은 사이공 북동 지역인 프억롱성에 대한 대규모 공세를 취했다. 이 공격은 미국의 반응을 살피기 위한 전초전에 불과한 것이었지만,[38] 다른 한편으로는 남베트남 '도미노' 붕괴의 시작이기도 했다. 프억롱성이 공격당하기 시작한 후 3주 만인 1975년 1월 7일 프억빈시가 점령당했다. 3월 10일 북베트남군은 다랏, 반메투옷에 대한 공격을 개시했다. 사태가 진전되면서 〈월남 휴전협정 휴지화〉, 〈월맹군, 돌연 전면 대공세〉, 〈인지印支의 적화는 전 아주亞洲의 안전 위협하는 중대 사태〉, 〈월남의 양단 위기〉 등 한국 언론의 경고음이 높아갔다.[39] 그러면서도 한편에서는 "월남 휴전이 일단 유관 강대국들이 참여한 국제적 보장이 수반된 것이고, 현재의 정부군의 전력이나 미국의 지원 등으로 볼 때 사이공 정권이 군사적으로 가까운 장래에 완전 석권되리라고는 보기 어렵다"는 희망 섞인 전망을

포기하지 않았다.[40]

《동아일보》는 3월 15일 남베트남군의 중부 고원 지대 철수 이후 심각해져 가는 상황에 대해 "이른바 도미노 이론이 월남 국내에서 적중하기 시작"한 것이라고 평가했다.[41] 남베트남과 캄보디아의 붕괴 관련 기사가 계속 이어졌다. 50만 명, 100만 명으로 늘어나는 피난민의 행렬, 〈월越, 모두 10개 성 포기 검토〉[42] 등 시시각각으로 다급해져 가는 상황을 주요하게 보도했다.

먼저 붕괴된 것은 캄보디아였다. 4월 1일 론놀Lon Nol 대통령의 망명은 "5년에 걸친 미국의 대크메르 경영이 백지화되었음을 의미"했다.[43] 프놈펜이 크메르 루즈Khmer Rouge에게 함락된 다음 날《동아일보》는 〈론놀 5년……비극의 종막 백기의 숲…… 프놈펜의 최후〉라는 기사와 더불어 불타는 포첸통 공항, 민간인들이 로켓포를 피해 엎드린 모습, 굶주림에 허덕이는 어린아이의 모습 등의 사진을 함께 실었다.[44] 한국전쟁을 경험했던 한국인에겐 낯선 풍경이 아니었다.

프놈펜에의 피난길 크메르피난민들이 오토바이에 매인 짐수레에 타고 프놈펜地方 7km의 第5公路를 따라 피난길을 떠나고 있다.
【프놈펜=AP전송합동】

〈사진 4〉
'프놈펜에서의 피난길'
(《경향신문》 1975. 3. 31)

불안감을 더욱 증폭시킨 것은 4월 18일 김일성의 중국 방문이었다. 《동아일보》는 중국 관영 신화사 통신을 인용해 "남한혁명이 나면 지원하겠다"는 김일성의 연설을 보도했다.[45] 김일성의 베이징 방문은 한국전쟁 직전 김의 모스크바 방문, 중국의 공산화 이후 1년도 못 돼 한국전쟁이 발발했던 과거의 기억을 현재로 불러왔다.[46] 인도지나의 도미노가 한국으로 옮겨 오는 모양새였다. 4월 18일 〈동아 만평〉은 캄보디아를 '버려진 헌신짝'에 비유했다. 낡아 떨어진 미군 군화에 백기를 꽂아 놓은 모습이었다.[47]

프놈펜이 함락되는 가운데 사이공으로 향하는 '도미노 붕괴'는 그 속도가 더 빨라졌다. 다음은 남베트남이었다. 4월 21일 쑤언록이 무너졌고, 사이공으로 향하는 1번 국도가 열렸다. 그날 저녁 티우는 대통령직을 사임했고, 26일 타이완으로 출국했다. 4월 23일 미국의 포드Gerald R. Ford 대통령은 미국에 관한 한 인도차이나전쟁은 끝났다며 미국 개입의 종식을 선언했다. 이후 4월 29일 〈사이공 공세 격화, 공산군 4.8㎞ 육박〉이라는 기사가 〈북괴 남침할 때 그들의 자멸뿐, 박 대통령 안보 강화 특별담화〉와 더불어 신문 1면을 장식했다.[48] 그리고 마침내 4월 30일 남베트남은 그 영욕의 시간을 마감했다.

'사이공 최후의 날'[49]은 조용했다. 4월 28일 취임한 즈엉반민Dương Văn Min 대통령은 30일 오전 무조건 항복을 선언했고, 30년 전쟁은 막을 내렸다. 사이공은 호치민시가 됐다. 남베트남 군대는 군복을 찢고 군중 속으로 몸을 숨겼다. 군인 가족들은 사진첩을 태워 남편이나 아들이 남베트남을 위해 싸웠다는 증거를 없앴다.[50] 큰 충돌은 없었다. 소설 《전쟁의 슬픔》으로 잘 알려진 바오닌Bảo Ninh은 4월 30일 북베트남군으로 떤썬녓 공항에 있었다. 그가 기억하는 남베트남군의 마지막 모습은 이랬다.

남베트남군 낙하산 부대의 마지막 병사들이 참호 속에서 헐떡이며 기어 나와 두 손을 머리 위로 치켜들거나 목덜미 뒤로 모아 깍지를 끼었다. 그러나 누구도 그들을 향해 총을 겨누거나 포로로 삼는 데는 관심이 없었다. '빨간 모자의 천사' 들은 몸에 지녔던 모든 종류의 무기들을 던져 놓고, 후줄근하게 늘어진 군복을 벗어던지고, 팬티만 걸친 몰골로 구불구불 열을 지어서 도시를 향해 느릿느릿 걸어 나갔다.[51]

바오닌은 "1975년 4월 30일 밤에 우리가 최초의 전승기념물로 얻은 것은 잠이었다"라고 했다.[52]

두려움과 동원

비둘기를 앞세운······(박목월)[53]

나의 앞을 걸어가는
비둘기를 보았다.
새벽 산책길에서
······
새벽 산책길에
나의 앞을 걸어가는
불안한 평화여
인도지나의
포성이 울리는

새벽 산책길에서
흰비둘기를 앞세운
나의 오월.

'불안한 평화', 박목월의 시에는 전쟁 전야의 불안감이 깔려 있다. 베트남이 조용해지자 이젠 한국이 소란스러워졌다. 베트남의 붕괴는 '우리네 문제'[54]로 투영된다. "베트남 사태를 보고 북의 김이 제2의 6·25를 일으킬지도 모른다",[55] 한국의 역사적 경험과 기억이 베트남에 겹쳐졌고, 위기감과 두려움이 커져 갔다.

위기 담론은 사회적 산물이다.[56] 신문광고란에는 각종 성명서와 호소문, 결의문이 등장했다. 긴급조치 7호(1975년 4월 8일)로 교내 집회·시위가 일절 금지되고 휴교령이 내려진 고려대학교는 비상총학생회 명의로 "1. 휴교 조치까지 결과케 한 본교의 시위사태가 학생의 본분을 이탈한 과격한 행동이었음을 자인하여 그 책임을 통감한다. 2.……현 상황에서 대학인은 승공의 정신으로 무장하여 국민 총화단결의 선도적 역할을 담당해야 한다. 3. 우리는 대학인의 본분이 진리의 추구, 즉 면학에 있다는 것을 재인식한다"는 성명서를 냈다.[57] 또한 전국대학총장회의 명의의 성명서 〈난국에 처한 조국의 현실을 바라보며〉는 "우리는 8·15해방 직후의 공산당의 준동과 6·25동란 당시의 북괴 남침 만행으로 미루어볼 때 이번의 크메르·월남 사태와 김일성의 중공 방문은 우리의 안보상에 심히 급박한 사태를 초래했다", "북괴의 침공을 막기 위해서는 민주주의의 진전보다는 김일성이 노리는 우리의 내부적 혼란과 국론분열을 없애야 한다"고 주장했다.[58] 선안보 후민주론이었다. 반공구국기독학생운동(가칭) 명의의 호소문에는 "순교, 순국의 결사적 결의를 다짐하자"는 문구까지 등

장했다.[59]

두려움은 모든 문제를 집어삼키는 소용돌이였다. 이는 집단적 동원의 정치를 활성화하며 남북의 적대감을 부추겼다. '반공안보 궐기대회'는 이를 잘 보여준다.[60] 4월 30일 이후 학생, 부인회, 교회, 연예인협회, 공·사기업 임직원, 반공연맹, 재향군인회 등이 앞다퉈 안보 궐기대회 개최에 이름을 올렸다. 대학도 이에 동참했다. 5월 8일 서울대 등 8개 대학 3만여 명이 '총력안보 궐기대회'를 열었다. 서울대는 교직원과 학생 5,000여 명이 참석했다. 학생대표 이현수는 궐기사를 통해 "이제까지 우리들의 학생운동은 국민총화를 저해하고 국가안보를 위태롭게 했다", "유사시에는 총칼을 들고 전장에 나가 공산당을 몰아내자"고 했다.[61] 고대, 서울대, 연대의 학생·교직원들은 총력안보 정책에 적극 지지를 표명하고, "안보가 모든 국론의 근본적인 전제"(고대), "북괴의 전쟁 도발 응징에 앞장"(연대), "면학에 열중" 등을 결의문으로 채택했다.[62] 반공 궐기대회가 요원의 불길처럼 전국 각지를 휩쓸었다.

5월 8일 전국에서 150만 명이 궐기했고, 5월 9일에는 '총력안보국민협의회'(이하 국민협)가 결성됐다. 38개 사회단체로 구성된 국민협은 현 상황을 '전쟁 전야의 비상시국'으로 규정하고, 발기문을 통해 "앞으로 어떠한 국론 분열적 언동도 민족의 이름으로 그 책임을 묻고 주시할 것이며, 또 배타적 안보관이나 자조적인 패배주의를 몰아 내기 위해 적극 노력하겠다"고 밝혔다.[63] 그들의 첫 사업은 5월 10일 10시 여의도 5·16광장에서 개최한 100만 서울시민 궐기대회였다. 당일 궐기대회는 4월 말부터 시작된 반공 궐기대회의 정점이었다. 140여만 명이 참여한 궐기대회는 시작 4시간 전인 아침 6시부터 참여 인원이 몰려 9시경에는 광장을 거의 메웠다. 행사는 순국선열에 대한 묵념, 대회사, 구호 제창, 실향민·학생·

〈사진 5〉 궐기대회 풍경(《새마을》 1975년 6월호)

문인·종교·여성계 등 각계 대표 궐기사, 〈멸공의 노래〉 합창, 메시지 낭독 순으로 진행됐다. 시민들은 〈대통령에게 보내는 메시지〉에서 "4·29특별담화를 지지, 멸공 구국 대열에 기꺼이 참여할 것을 선서하며 민족의 생존과 국가 보위를 위해 강력한 대비책과 총력전체제를 더 한층 강화해 줄 것을 호소"하기도 했다.[64] 대회 막바지에는 시민·학생 20여 명이 '김일성 야욕 분쇄', '조국 통일', '분쇄하자 남침 야욕' 등 혈서를 썼고, 5미터 크기의 김일성 허수아비 화형식을 끝으로 대회를 마쳤다.

궐기대회는 대중적 두려움과 공포를 분노와 적대로 치환하는 장이었다. 이는 북한뿐만 아니라 한국 사회 내부를 향한 것이기도 했다. "3천 5백만 국민의 전사적 의지의 표현"[65]이라고도 했던 궐기대회는 한국 정치·사회의 준전시체제화와 급속한 군사화를 보여준다.[66]

3. 정치의 야만화

역사학자 모스는 전쟁의 결과 중 하나로 '정치의 야만화'를 들었다. 제1차 세계대전의 영향을 다루면서 그는 전시의 정신적 태도들의 평시로의 연장, 이로 인한 국가·사회의 전장화를 논의한다.

유럽 전역의 많은 이들이 제1차 세계대전은 결코 끝나지 않았으며 전간기에도 계속되고 있다고 느꼈다. 정치적 투쟁의 어휘, 정적을 철저히 분쇄하려는 욕망, 그리고 그 적을 그려내는 방식 등 모든 것이 1차 세계대전을 이어가고 있는 듯했다. 다만 이제 그 적은 대개 내부에 있었다.[66]

야만화는 사회의 위로부터 아래까지 관철되는 전쟁의 후과였다. 그리고 그 의제를 주도했던 것은 우파였다. 모스는 제1차 세계대전 이후 독일 우파들이 "권력을 잡기 위해 자신들이 사용하는 수단에 대해서 미덕과 악덕을 가리지 않았고", '끝나지 않은 전쟁'이라는 이데올로기를 통해 그들의 목적을 달성하고자 한다고 했다.[68] 그 결과는 '정치의 야만화'였다. 연속전쟁론과 정치의 야만화는 베트남전쟁 종전 전후에 나타난 박정희 정권의 위기론과 총력안보론, 독재체제 강화과정을 이해하기 위한 단초가 된다.

1975년 인도지나전쟁 종전 이후 한국 사회의 군사화, 정치의 야만화를 '정권 안보'의 측면에서 잘 드러내고 있는 것은 신민당 김옥선 의원의 다음 발언이었다.

> 지금과 같이 극에 달한 전쟁위기 조성 이면에는 남침 대비라는 본래의 목적을 넘어선 정치적인 의도가 깔려있음을 간과할 수 없고⋯⋯지난 한여름 전국을 뒤흔든 각종 관제 안보 궐기대회, 민방위대 편성, 학도호국단 조직, 요즘도 TV에 나오는 군가, 그리고 정부의 끊임없는 전쟁 위험 경고 발언, '싸우면서 건설하자'는 구호⋯⋯또 우리 의회는 1인 통치를 합리화시켜 주는 한갓 장식물에 불과해 버린 정치적 현실⋯⋯독재자의 온갖 실정과 또 그로 인한 민생고는 국가 안보라는 절대적인 명제 아래 깔려 묻히게 됨으로써 국민은 독재체제를 뒷받침하는 정치적 사병私兵⋯⋯.[69]

10월 8일 김 의원은 이 발언으로 국회에서 제명 위기에 처했고, 김 의원을 성토하는 규탄대회가 잇따르는 가운데 10월 13일 의원직을 자진사퇴했다. 결정적 징계 사유는 '관제 안보 궐기대회'라는 용어였다고 한다. 개인의 의지를 대중의 의지로 치환하려 했던, 어쩌면 유신의 가장 본질적인 치부에 대한 지적이었기에 국회의원 제명까지 결의했던 것은 아닐까?

인도지나 사태가 종결로 치닫던 1975년 4월 한국의 상황 또한 심각해지고 있었다. 4월 8일 긴급조치 7호 선포, 8~9일 2차 인민혁명당 사건 관련자 사형 선고 및 집행, 11일 서울대 김상진 열사 할복 등 유신체제에 대한 저항과 이에 대한 폭력이 전면화되고 있었다. 박정희 정권은 직접적인 폭력과 더불어 위기감을 고조시켰다. 4월 8일 공화당과 유정회는 최근 동남아 사태의 악화, 휴전선 일대 땅굴 사건(1974년 11월 1호 땅굴과 1975년 3월 2호 땅굴 발견)을 남침 신호로 간주하고 당시 상황을 사실상의 전쟁 상태로 단정했다.[70] 또한 "인지 사태와 관련해 북한 공산주의자들이 언제 쳐들어올지 모른다"며, 남침이 발생해도 정부는 물론 "대통령도 서울을 지키겠다"는 박정희 대통령의 '서울 사수' 발언은 대중적 위기감을 확산시켰다. 이러한 상황에 대해 신민당의 김영삼 총재는 "국민에게 침묵을 강요하기 위해 전쟁위기를 조성하는 언동을 중지할 것"을 요청했고, 김대중은 "반민주적 유신체제를 철폐하고 민주주의를 회복해야······ 안보체계가 확립된다"고 주장했다.[71] 그러나 '다른 목소리'는 '월남 패망'과 더불어 한동안 설 자리를 잃었다.

4월 29일 박정희 대통령은 〈국가 안보와 시국에 관한 특별담화〉(이후 담화)를 발표했다. 담화는 인도지나 반도의 정세와 교훈, 북한의 적화 야

〈사진 6〉
부산항에 입항하는
'월남 난민'과
'긴급조치 9호'
(《경향신문》 1975. 5. 13)

욕과 남침의 결정적인 해로서의 1975년의 의미, 총력안보체제의 구축 등을 내용으로 했다. "국론을 분열시키거나 국민총화를 해치는 행위"는 이적행위로 규정했고, "국민 한 사람 한 사람이 전부 다 나라를 지키기 위해서 싸우는 전사라는 각오를 가질 것"을 당부했다. 또한 정부, 시민, 대통령이 함께 서울을 사수하자고 다시 한번 강조했다.[72] 4월 30일 '월남 패망'은 담화에 힘을 실어 주었다. '제2전선'[73]의 붕괴라는 착시효과는 외적 위협에 대한 민감도를 높였고, '총력안보'라는 화려한 추상어 glittering generality는 이에 대한 비판을 어렵게 했다. "6·25를 실감있게 회상케 한 인도지나 사태"는[74] 정권 안보와 국가 안보의 경계를 모호하게 만들었다.

인도지나 붕괴 이후 '총력안보 궐기대회'로 한참 떠들썩했던 5월 13일 긴급조치 1~7호의 모든 조항을 하나로 담아 낸 긴급조치 9호(《국가 안정과 공공질서의 수호를 위한 대통령 긴급조치》)가 선포됐다. 개헌 주장, 학생의 집회·시위 또는 정치적 관여 행위 등을 엄단한다는 내용이었다. 긴급조치 9호 선포를 알리는 신문 1면에는 당일 '월남 난민' 1,366명을 태우고 부산항에 입항했던 해군 LST함정의 모습이 함께 실렸다.

선상의 난민은 긴급조치의 긴박성을 강조하기에 손색이 없는 모습이었다. 박 대통령은 인지 사태에 편승한 북한의 남침 위협을 긴급조치 9호의 배경으로 설명했지만 박준규 공화당 정책위 의장은 영국 《가디언The Guardian》과의 인터뷰에서 1975년 2월 15일 정부의 유화조치로 실시된 긴급조치 1·4호 위반자 석방 직후부터 이를 검토했다고 밝혔다.[75] 이에 따른다면 긴급조치 9호는 '월남 패망'으로 인한 '실제 위기'보다는 '권력의 위기'에 대한 대응이었다고 볼 수 있다.

종전은 박정희 정권의 정치적 돌파구이기도 했다. "안보 홍수 속에 지금 길거리로 뛰어나가 '개헌만이 살길이다'라고 외친다고 해서 마음속에서 호응할 사람이 얼마나 있겠느냐"는 신민당 최형우 의원의 발언은[76] 5월 안보정국의 특성을 잘 보여준다. 5월 17~20일 4일간 열린 제92차 임시국회는 긴급조치 9호에 대한 논의는 제대로 하지도 못한 채 〈국가 안보에 관한 결의문〉 채택으로 막을 내린 '안보 국회'였다. 야당조차도 '사실상의 전시'라는 위기론에 뜻을 같이한 것이다. 임시국회 당시 김종필 국무총리는 긴급조치 9호에 대해 "국론이 통일되고 안보태세가 확립되어야 해제될 것이므로 상당한 시일이 걸릴 것"이라고 했고,[77] 실제로 이는 박 대통령의 서거 이후 1979년 12월 8일 해제됐다.

긴급조치 9호 이후 5월 20일 국무회의는 4·19 이후 폐지됐던 학도호국단 설치령을 의결했다. "배우면서 나라를 지키자"는 구호 아래 대통령이 중앙학도호국단 총재, 국무총리가 부총재가 되어 "고등교육기관의 체제를 국가 안보의 차원으로" 바꿔 가고자 했다.[78] 7월에는 '사회안전법', '방위세법', '민방위기본법', '교육 관계 개정법률'[79] 등 4대 전시입법이 국회를 통과했다. 여기서 사회안전법은 만기 출소한 비전향자들을 재수감할 수 있는 길을 열었고, '방공 소방의 날'을 '민방위의 날'로 개편하면서 전 국민적 방위체제를 구축하고자 했다.[80] 8월 8일에는 서울대 정문앞에 동양 최대의 파출소가 문을 열었다. 《조선일보》〈만물상〉은 파출소의 준공식을 보면서 "한 나라 최대의 국립대학이 포로수용소가 아닌 바에야 어떻게 그렇게 할 수 있을까"라고 개탄했다.[81] 그야말로 일상의 군사화·병영화였다. 유신은 '오직 한 사람을 위한 시대'였고,[82] 긴급조치 9호는 유신시대 악법의 총화였다. 베트남전쟁의 종전, 남베트남의 몰락은 유신의 가장 어두운 시기로 들어가는 입구였다.

2장

뿌리가 뽑힌
사람들

1. 동원과 선택

떠난 사람들

최인훈의 소설 《광장》은 주인공 이명준이 중립국으로 가는 인도 배 타고 르호를 타고 동중국 바다 위에서 선장과 차를 마시며 이야기하는 장면으로 시작한다. 선장은 말한다. "나로서는 알 수 없는 일이야. 자기 나라 어느 쪽으로도 가지 않고 생판 다른 나라로 가 살겠다는 그 일이 말이지."[1] 최인훈은 1960년판 서문에서 "아시아적 전제의 의자를 타고 앉아서 민중에겐 서구적 자유의 풍문만 들려줄 뿐 그 자유를 '사는 것'을 허락지 않았던 구 정권하에서라면 이런 소재가 구미에 당기더라도 감히 다루지 못했을 것"이라 했다. 남쪽을 택하지 않는다는 것, 그 자체가 이미 불온으로 읽힌다.

《광장》의 소재는 한국전쟁 이후 제3국행을 택한 76명의 '반공포로'였다. 한국전쟁은 영토뿐만 아니라 인신·사상의 경계를 뚜렷이 구별짓는 '사상 지리'의 세계를 구축했다. 이로부터의 이탈은 한국의 국민국가적 경계를 넘는 일이다. 76인의 포로는 남북을 떠나 중립성을 획득하는 제3의 선택으로 주목받았다.

그렇지만 이는 상상의 역사였다. 사학자 정병준은 이들 '반공포로'들의 "유일한 교집합은 남북한을 떠나 편안하고 부유하고 안전하고 기후 좋고 기회가 있는 '이상향'에서 경험하고, 공부하고, 돈 벌고, 생활해 보는 것이었다"라고[2] 했다. 이념화되어 있는 역사적 이미지의 현실화였다. 그는 또한 포로들의 선택에 대해 다음과 같이 평했다.

   어떤 포로들에게 '중립'은 처음부터 반공주의적 경향이 강한 것이었고, 어떤 이들에게는 남과 북이 아닌 다른 선택을 의미하는 것이었으며, 또 다른 이들에게는 기회의 포착이었고, 대부분에게는 결과를 알 수 없는 미래에 대한 도전이었다.[3]

   이는 국가·사회적 의미 부여와 개인들의 현실적 선택 사이의 간극을 보여준다. 한국 현대사에서 76인의 '반공포로'가 시대마다 달리 이미지화됐던 반면 베트남전쟁 종전기 베트남 현지에서 귀국하지 않고 다른 나라로 떠났던 파월기술자나 참전군인은 거의 주목받지 못했다. 한국전쟁기 반공포로만큼 극적이지는 않더라도 이들은 외부로의 전쟁 동원과 귀환과정의 틈바구니에서 한국의 경계를 넘어 다른 삶을 찾아 떠난 사람들이었다. 그렇지만 베트남전쟁의 망각과 더불어 이들 또한 잊혔다.
   《경향신문》은 남베트남이 항복할 즈음 주월한국대사관에 등록된 한국인 수가 1,100여 명이었는데 북베트남의 남하에 따라 각지에서 탈출 혹은 대피한 사람들이 1,600명으로 늘었다면서 불법 체류자가 500명이나 더 있는 것으로 밝혀졌다고 보도했다.[4] 이는 베트남으로 들어온 한국인의 관리와 통제가 어려웠음을 방증한다. 얼마나 많은 사람이 베트남전쟁 시기 베트남을 경유해 해외로 나가 정착했는지는 알 수 없다. 그렇지만 호주의 경우 1975~1976년 95명이었던 정착 한인 수가 1976~1977년 798명으로 크게 늘어난다. 휘틀럼Whitlam 정권의 비자 간소화 정책으로 1974년부터 파월기술자 500여 명이 관광비자로 대거 입국했고, 1976년 1월 26일 호주 정부의 사면령으로 영주권을 얻었다.[5] 캐나다의 경우도 1967년 622명이었던 한인 수가 1974년 1만여 명으로 증가한다. 여기에는 남미 등 제3국을 통해 유입된 인원뿐만 아니라,[6] 베트남에서도 상당수 들어갔을 것으로 추측할 수 있다.[7] 미국의 경우도 LA 코리아타운의 주요 구성원 중 하나가 베트남에 갔다가 미국으로 들어온 사람들이었다.[8]

'월남 붐'이 꺼져 가고, 한국군이 철수하면서 파월기술자나 현지 제대 군인들은 제3국으로 눈을 돌렸다. 당시 빈넬에서 일했던 윤○○은 "기술자들 중에서 한국으로 오지 않고 이민 간 사람들이 부지기수예요. 그때 당시에 미국, 캐나다, 호주 그 세 군데로 간 사람들이 대부분"이라고 했다.[9] 박정희 정부는 끊임없이 반공전쟁, 자유의 십자군을 강조했지만 베트남에서 돈벌이를 했던 사람들에게 베트남은 이념이 아닌 경제전선이었다. 윤○○은 한국에서 고생하던 사람들이 더 잘 살기 위해 떠난 것이라 했다.

76인의 반공포로는 남과 북의 이념 대립, 이를 넘어선 제3의 길에 대한 '상상의 역사'를 자극했지만, 베트남에서 제3국으로 나갔던 사람들의 경우는 그렇지 않았다. 전쟁 동안 베트남은 경제적 기회의 땅으로 인식됐다. 파월기술자나 베트남 체류 한국인들의 제3국행은 새로운 기회와 취업 등을 향한 여정으로 읽혔고 사실 그랬다.[10]

1973년 비교적 초기에 떠난 사람들은 좀 더 적극적으로 제3국행을 택하고 실행에 옮긴 경우였다. 이에 비해 마지막까지 베트남에 남아 있다 꽘 수용소까지 갔던 한인들은 대부분 '월남에 오래 살았던 기술자'들로 한국에 생활기반이 없었다.[11] 이들은 제3국에서 새 생활을 개척하기를 희망했다.[12] 1975년 5월 6일까지 괌에 도착한 한국인은 184명 정도로 추정되는데 이들은 대부분 제3국행을 원했다.[13] 그들 가운데 한국 송환을 피하기 위해 철수하는 미 항공모함에서 '월남인 가족'이라고 신분을 위장한 경우도 있었다.[14] 그들에게 한국행은 마지막 선택이었다. 당국도 이러한 그들을 잡을 의지가 없었다. 괌의 김기준 영사는 외교적 문제가 되지 않는다면 이들의 제3국행을 법적으로 막을 이유가 없다는 입장을 취했고, 5월 9일 이미 한국 교민 5명이 이란 등 제3국으로 떠날 출국 수속을 밟고 있었다.[15]

　베트남전쟁 시기 연인원 32만 5,000여 명의 군인, 6만 2,800여 명의 파월기술자가 베트남에 갔다. 그 가운데는 소수지만 베트남을 기반으로 제3국으로 떠난 사람들이 있었다. 이들이 전장을 마다하지 않았던 것은 대부분 경제적 이유였다. 또 다른 제3국을 찾아 떠난 것도 어쩔 수 없는, 혹은 그들로서는 최선의 선택이었을지 모른다. 그것은 "빈곤이 야기한 디아스포라"였다.[16]

한 파월기술자의 호주 체류기

그렇다면 '난민'으로 베트남을 탈출하기 이전 파월기술자나 현지 제대 군인들은 어떻게 제3국으로 갔을까? 호주로 갔던 유○○의 구술을[17] 바탕으로 그 과정을 간략히 재구성해 본다. 유○○은 1965년 10월 맹호부대로 파월되어 1968년 베트남에서 현지 제대하고 미국 회사인 빈넬에 취업했다. 1973년 12월 퇴사해 1974년 2월 호주로 들어가 1년 6개월가량 체류했다. 이후 1975년 8월 사우디아라비아 빈넬에 재취업하여 4년을 일하고 한국으로 돌아왔다.

그는 파월기술자들의 제3국행을 이야기하면서 미국으로 간 세 명의 친구들에 대해 이야기했다. 1970년 빈넬에서 감원된 3명의 친구가 미국에 가고 싶어 했는데 베트남에서는 비자가 나오지 않자 프랑스 파리로 가서 한국대사관을 찾았다고 한다. 친구들이 대사관 직원에게 "베트남전쟁에 참전했다가 현지 취업을 한 뒤 이제 한국으로 돌아가야 하는데 미국을 좀 가 보고 돌아가고 싶다. 미국 좀 가게 해 달라"고 요청하자 한국대사관에서 미국대사관에 비자 협조 요청을 했다고 한다. 미대사관에서는 왕복 비행기 표를 지참하는 조건으로 비자를 내주었고, 그들은 미국으로 들어갔다. 취직이 안 되고 생활이 어려워지자 2년만 미군에 근무하면 시민권을 준다는 모병 담당관의 말을 듣고 친구들은 모두 미군에 입대했다. 셋 중두 명은 불행히도 다시 베트남전쟁에 파병됐다. 한 명은 2년을 미군에서

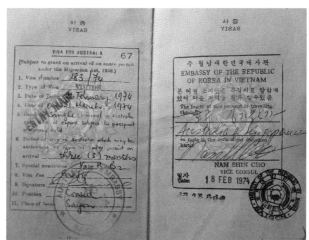

〈사진 7〉
호주행 비자(1974)

복무하고 시민권을 얻었다.

그는 이 이야기를 하면서 베트남전쟁 당시 한국 정부나 미국은 베트남에 있던 한국 사람들이 외국으로 가는 데 상당히 협조적이었고, 인종차별이 아주 심했던 호주도 한국인이 비자를 신청하면 다 줬다고 했다. "지금 같으면 안 되는" 일이 당시에는 가능했던 것이다. 그는 인종차별에 대한 선입견으로 호주에 호감을 느끼지 못했다. 그렇지만 친구의 '유혹'으로 호주행을 결심한다.

유○○은 베트남으로 가 호주대사관에서 3개월짜리 관광비자를 받아 시드니로 들어갔다. 시드니 현지에서는 먼저 들어온 친구 집을 찾아 머물며 구직활동을 했다. 1년 6개월가량 호주에 머물면서 체류 기일을 연장했던 경험을 그는 다음과 같이 이야기했다.

불법 체류인데 불법 체류를 안 했어요. 처음에는 3개월 관광비자를 연장해요. 이민국에 가서 인터뷰를 해야 하는데 먼저 왔던 사람들이 코치를 해 주지요. 돈이 있어야 하고, 모든 게 돈이 있는 사람처럼 보여야 돼요. 양복을 깨끗하게 입고, 돈을 빌려 은행에 가서 트래블러스 체크Traveler's Check로 바꿔요. 그리고 수표에 사인을 전부 해요. 이민국에 가서 비자 신청을 하면서 수표를 보여주고, "난 단순히 구경만 하는 게 아니고 여러 가지 연구하는 것도 있고 더 돌아봐야 한다"고 말하면 3개월 연장을 해 줘요.……그것도 이제 나중에는 안 되잖아요. 그러면 변호사에게 300불을 주면 변호사가 이민 신청을 한 걸로 서류를 만들어놓고 명함을 줘요. 나중에 누가 불심검문을 하면 변호사 이야기를 해요. 그러면 변호사가 "이 사람은 내 고객이고 지금 이민 서류를 신청 중이니 할 말 있으면 나에게 해라." 그러면 무사통과해요.

취업이 매우 어려웠으나 영국계 회사와 인터뷰를 해서 공장에 취업할 수 있었고, 이후 사무실로 자리를 옮겨 일할 수 있었다. 그는 "내가 거기 있을 때 베트남에서 슬금슬금 들어온 사람들이 600명이에요"라면서 1976년 초 이들이 시민권을 얻고 가족을 불러들여 호주 한인사회가 빠르게 팽창해 가기 시작했다고 말했다. 베트남을 거친 한인들이 한참 호주로 들어올 때 그는 과거 몸담았던 빈넬사와 다시 접촉했다. 빈넬은 당시 일명 '상 프로젝트', '사우디아라비아 궁정수비대 양성 프로젝트Saudi Arabia National Guard Project'를 수주했고, 과거 빈넬에서 일했던 노동자들을 재모집했다. 그는 사우디아라비아로 일자리를 옮기면서 1년 6개월여의 호주 생활을 정리했다.

유사한 시기 베트남에서 호주로 들어간 많은 한인이 그와 비슷한 방식으로 불안한 현재를 살아가며 새로운 삶을 모색했을 것이다. 그도 호주에 그대로 머물렀다면 다른 사람들처럼 시민권을 얻고 호주에서 살았을지도 모른다. 그러나 그에게 손을 내밀었던 또 다른 기회는 그가 이미 거쳐왔던 과거로부터 왔다. 세계적인 군사산업체에 제3국 노동자로 재취업한 것이다.[18] 베트남전쟁으로 시작된 빈넬과의 인연은 또 다른 군사산업의 현장으로 그의 삶을 이끌었다.

2. 전쟁과 이산의 삶 :
사이공의 마지막 한인회 회장 전영상

전영상은 1939~1975년까지 36년을 베트남에서 살았다. 그의 삶은 일제 강점기 한인들의 동원, 프랑스의 재진주와 1차 인도차이나전쟁, 미국의 개입과 한국의 베트남전쟁 등, 식민지배, 분단, 전쟁으로 이어지는 역사 과정에서 나타난 한인들의 베트남 정착사와 굴곡진 삶을 드러내는 사례로 중요한 의미를 지닌다.[19]

전영상은 평안북도 삭주 출신이었다. 부친 전성화가 독립운동을 위해 만주 일대를 전전하다가 1933년 홍콩을 거쳐 하노이로 들어가자, 전영상은 17세 되던 해인 1939년 아버지를 찾기 위해 형 영순과 함께 베트남으로 향했다. 부친은 인삼장사를 하면서 비교적 윤택한 삶을 살고 있었다. 전영상 형제는 조선으로 돌아갈 경우 일본군에게 징용당할 것을 우려해 부친과 더불어 하노이에 정착했다. 당시 하노이에는 한국인이 30명 정도 살고 있었는데 일본군의 군속으로 징용됐다가 정착한 사람들이 많았다.[20]

1945년 해방을 하노이에서 맞은 그는 어머니와 동생들을 만나기 위해 귀국을 고민했으나 38선이 그어지고 북쪽에 소련군이 진주하자 상황을 관망하기로 했다. 그러던 차에 1차 인도차이나전쟁이 발발했다. 그의 형 영순은 1946년 비협조적인 외국인이라고 하여 호치민Hồ Chí Min 측에 의해 처형됐다. 그는 박간 형무소에 갇혀 있다가 프랑스군의 진주로 석방됐지만, 부친 전성화는 월맹군에 의해 처형됐다. 식민통치가 그의 삶을 베트남으로 이끌었다면 전쟁은 그의 가족을 파괴했다.

분단은 그의 삶의 전기[21]가 된다. 1954년 종전, 제네바협정 체결 이후 그는 하노이를 떠나 사이공으로 내려왔다.[22] 당시 사이공에는 한국 교민이 20여 가구 50여 명이 살고 있었는데 하노이에서와 마찬가지로 대부분이 일본군에 징병돼 남지나 지역에서 싸우다 종전 후 그대로 정착한 사람들과 그 가족이었다. 이런 면에서 본다면 1945년을 전후한 베트남 한인 사회는 일제 식민지배의 결과물이라고도 할 수 있다.

월남한 전영상은 1957년 한국 상사인 신흥양행에 취직했고,[23] 1958년 36세의 나이로 베트남 여성 응우옌티르엇과 결혼했다. 1963년 응오딘지엠Ngô Đình Diệm 정권이 무너지고 정국이 불안정해지면서 회사가 문을 닫았다. 한국군의 베트남 진출 후에는 통역 일을 하기도 했고, 1968년 초에는 월한화학품공사라는 회사를 설립해 경영했다. 1964년경부터 교민회에 관여하기 시작해 1968년에는 교민회장을 맡았고, 교포 2세들에 대한 한국어 교육,[24] 교민회관 건립 등에 힘을 기울였다.[25]

한국의 인력 진출이 왕성했던 참전 시기 전영상은 베트남의 마당발이었다. "억울한 한국인을 위해 월남 법정에서 무료변호도 했고, 모국의 수재민을 위해 의연금 모금에 앞장섰을 뿐만 아니라 모국 장병을 위해 2만여 권의 서적을 모국에서 사서 열람할 수 있도록 하는" 등 왕성한 활동을 벌였다.[26] 응우옌까오끼Nguyễn Cao Kỳ 부통령과 하노이 시절 이웃에 살며 같은 학교를 다닌 인연으로 남베트남에서도 가까이 지냈고 그 친분이 한국에 소개되기도 했다.[27]

그는 또한 한국의 정치 상황에도 관심을 가져 1972년 10월유신이 발표

되자 재월한국교민회 회장 명의로 "남북대화를 더욱 적극적으로 추진하기 위해 현 실정에 맞는 체제개혁을 단행할 것을 다짐한 10월유신은 국가와 민족의 진로를 스스로의 의지와 힘으로 개척해야 한다는 결단으로 이해하고 이를 적극 지지한다"는 성명을 발표하기도 했다. 그의 삶의 경로를 봤을 때 반공을 국시로 하는 박정희 정권의 정책에 대한 지지는 충분히 예상할 수 있는 것이었다.

베트남 교민들에게 한국군의 주둔은 특별한 경험이었다. "4만 9천의 국군과 1만 2천의 민간 기술자가 월남 땅에서 활약하게 되면서 뒤늦게나마 2세들에게 조국의 얼과 이미지를 심어 주기 위해 일요학교라도 서둘러 세우게 된 것"이라는[28] 말처럼 파월은 정착 1세대들이 새롭게 민족의식을 불러일으키는 계기이기도 했다.

1973년 3월 한국군의 철군은 그들에게 상실감으로 다가왔다. "한국군이 월남에 주둔하는 동안 정말 마음이 든든했었고 월남 사람들도 '따이

〈사진 8〉
1973년 2월 교민회관 건립 현장의 전영상

한'들을 호락호락 취급할 수 없는 처지"였으나,[29] 한국군이 철수하자 모두 사이공으로 내려오려고 보따리를 쌀 정도로 불안감이 높아졌다.

1975년 3월 말 전황이 급격히 악화되면서 사이공의 교민들이 피난 태세를 갖춘 것은 4월 16일경이었다. 전영상은 부인이 경영하는 백화점 내 잡화점 2개, 시내에 구입해 둔 땅 등 7만 달러 상당의 재산을 포기해야 했다. 전영상은 안병찬 기자에게 "1954년 제네바협정 체결 이후 이남으로 피난한 뒤 월남에서 반평생을 보내며 기반을 닦아 왔다. 그러나 안 나갈 수 없는 처지라 부동산과 상점을 포기하고 서울에 있는 사촌동생 전영일 공군소장을 찾아간다"고 말했다.[30]

한국대사관에서 교민 철수를 위해 준비한 LST에 교민들이 승선을 시작한 것은 26일 오전 11시였고, 배가 출항한 것은 저녁 6시가 훨씬 지난 시간이었다. 갑판에서 소리치며 작별하는 교민들의 외침은 한마디, "사이공! 사이공!"이었다.[31] 5월 1일부터는 호치민시로 불릴, 과거가 될 이름인 사이공에는 아쉬움과 안타까움이 담겼다.

그는 "우리가 안전한 해상으로 빠져나왔을 때의 안도감은 정말 이루 말할 수 없었다. 우리 조국이 있어 그리고 무사히 간다는 생각을 하니 월남 피난민들의 참상을 볼 때 자부를 느꼈다"고 했다.[32] 그렇지만 "어쩌면 다시 돌아올 수 없는 사이공", 36년간을 살았던 제2의 고향이라고 할 수 있는 베트남을 떠난 것은 그가 어쩔 수 없는 전쟁의 결과였다. 전쟁은 다시 한번 그의 삶을 규정했던 것이다.

17일 동안의 항해 끝에 모국에 도착한 전영상과 피난민들의 모습은 그들의 의도와는 상관없이 극적인 데가 있었다. 《경향신문》은 LST 810·815함이 도착한 부산항의 풍경을 다음과 같이 보도했다.

전화 덮인 월남을 탈출, 파도와 더위를 뚫고 17일 만에 자유의 땅을 밟은 월남 피난민들 속에서는 '자유 만세'의 함성이 터져나왔다.……자유를 갈구하던 수많은 난민들은 갑판 위에서 두 손을 높이 흔들고 만세를 부르며 웃옷을 벗어 흔들고 환호성을 질렀다.……드디어 자유의 땅을 밟았다는 안도감과 새 삶을 찾게 된 기쁨에 어쩔 줄 몰라 했다.[33]

맨 처음 배에서 내린 교민대표 전영상은 고국 땅을 밟는 순간 양손에 태극기를 들고 대한민국 만세를 불렀다. 그리고 당일 낮에 수용소에서 가진 공동 기자회견에서는 "자신들을 따뜻이 맞아준 정부와 국민에게 깊이 감사한다"면서 "월남이 데모와 정쟁 등 자체 분열과 부패로 쉽게 패망한 것은 우리들에게 큰 교훈이 된다"고 말했다.[34] 긴급조치 9호가 선포되던 바로 그날 부산항으로 들어온 '월남 난민'들의 모습은 위기의식과 체제 우월성, 내부 결속의 필요성 등을 국민에게 동시에 호소할 수 있는 유용한 소재였을 것이다.

전영상은 세 번째 삶의 전기를 맞아 "나는 36년간이나 긴 세월 동안에 월남 땅에서 밴 그곳 풍습과 생활 태도를 씻고 이제부터는 모국의 실정에 맞게 새 생활을 꾸려볼 생각"이라며, "어떻게 해서든지 내 생활은 내가 개척해 봐야겠다"고 삶의 각오를 다졌다.[35]

정착 초기 그는 당국의 부탁으로 상담과 통역 등으로 난민들을 보살폈다. 그러나 1975년 12월 12일 구호소가 폐쇄되면서 문제가 생겼다. 수용소에서 나오자 갈 곳도 할 일도 없었다. 1976년 3월 그의 소식이 전해졌다. 그는 한국에서 주선한 집에 살고 있는 월남 난민의 집에 방 한 칸을 빌려 생활하고 있었고, "38년 만의 귀국이 이렇게 서럽고 뼈아플 줄은 몰랐습니다. 무언가 이 조국 땅에서 할 수 있는 일이 없겠습니까"라며 일자리를 호소했다.[36] 그의 소식이 전해지자 각계에서 성금이 들어오고, 대우 실업 부산공장에 취직할 수 있었다. 온정의 손길에도 불구하고 베트남전 쟁 시기 교민사회에서의 그의 역할과 난민 정착을 위한 노력을 생각해 볼 때 이는 너무 빠른 망각이었다. 사람은 전쟁보다 더욱 빨리 잊혔다.[37]

3. 난민의 정치:
'월남 난민', 그 한국적 서사 읽기

베트남 난민은 1975년 4월 말 사이공이 함락되면서 발생한 1차 난민과 1977년 이후 '보트피플'이라 일컬어지는 2차 선상 난민으로 구별할 수 있다. 2차 난민은 냉전적 시각과는 다른 관점에서 볼 필요가 있기에 이 글에서는 1차 난민, 특히 한국에 들어왔던 1,580명의 난민에 주목한다.[38] 이들의 존재는 1975년 3월 속도를 더해 간 남베트남 '실함失陷의 도미노'와 사이공 함락, 이 과정에서 빠지지 않았던 난민과 필사의 탈출 행렬의 현실태였다.

해상방황22일만에 釜山항에 입항하는 트윈드래곤호. [釜山=법동전송]

〈사진 9〉
1975년 5월 23일 월남 난민을 태운 쌍룡호 부산항 입항
(《경향신문》 1975. 5. 23)

시시각각 언론을 통해 보도되는 난민들의 모습은 한국인들에게 위기감과 더불어 우리는 무사하다는 안도감을 불러일으켰다. 당시 '월남 패망'과 '월남 난민'에 대한 국가·사회적 시선과 담론은 미국의 '패전'과 남베트남의 '붕괴'로부터 한국을 분리시키고 거리 두기를 하는 것, '월남 난민'을 통해 한국을 인도주의적 국가로 위치 지우는 것 등을 내용으로 했다. 이는 미국에 대해서는 '구별 짓기', 베트남에 대해서는 '상상적 동일시'[39]와 '역사 겹쳐 읽기'의 이중적 구성을 통해 '포스트베트남 시대'의 베트남전쟁에 대한 시각을 만들어 갔다.

미국과 구별 짓기의 양가성

종전 시기 미국은 도망치듯 베트남을 빠져나왔다. 이는 '미국의 배신'으로 읽힌다.

> 영국의 게릴라 전략가 로버트 톰슨Robert Thompson은……베트남전의 묘비에 다음과 같이 쓰겠다고 말했다. "미국을 동맹국으로 생각하지 말라"고. 또 월남의 한 난민은 피난길에서 만난 한 프랑스인 기자를 보고 "당신 미국 사람이오? 미국 넘버 텐"이라고 증오에 찬 목소리로 독기어린 세 마디를 뱉었다.……난민들은 한결같이 미국이 자기를 저버렸다고 저주한다.[40]

"월남에서의 미국의 변심 사태"는 "미국은 못 믿을 우방"이라는 비판을 불러일으켰다.[41] 포드 대통령이 1975년 4월 10일 의회 외교정책 연설에서 요청한 7억 2,200만 달러의 남베트남 군사원조의 부결은 이러한 비난을 확인해 주는 것이었다. 미국의 한 기자는 "미국은 이제 종이호랑이도 못 된다. 종이토끼에 불과하다"라고 했다.[42] 이는 패전의 책임뿐만 아니라 미국의 한계에 대한 자조적 평가이기도 했다.

4월 23일 포드 대통령은 베트남전쟁은 '끝난 전쟁'임을 선언했다. 미국은 5명의 대통령 12개의 의회 동안 인도차이나에 개입해 왔다. 긴 시간의 고통스런 개입과정과 희생, 비용 등에 비해 미국이 베트남에서 손을 떼는 것은 너무도 빨랐고 자연스러웠다. 이는 "아시아에 대한 미국의 파업을 의미"하는[43] 것으로 받아들여지기도 했다. 미국의 철수에 대해《워싱턴 포스트The Washington Post》의 시사만화가 허블록Herblock은 포연이 피어오르는 배경 앞에 세워진 십자가 밑의 묘석에 "이제는 끝났다"라는 비문을 적어 넣었다.

미국의 배신, 미국에 대한 불신 담론은 자연스럽게 한국의 자주국방론을 강화했다. 박정희 대통령은 육군사관학교 졸업식 유시(1975. 3. 28)에서 "월남과 크메르 사태는 우리에게 결코 '대안對岸의 화재'라고만 보아서는 안 될 것"이라면서 "자주국방 능력이 없고 국민적인 단합과 총력안보 태세가 갖추어지지 못한 곳에는 우방의 지원도 기대할 수 없다"고 했다.[44] 또한 5월 10일에 있었던 서울시민 안보 궐기대회에서 허정 대회장은 "자기 국가 안보를 남에게만 의존하는 시대는 지났다"고 말했고, 대회 결의문에는 "미국 정부는 월남에서의 교훈을 명심하여 한국의 방위공약을 보강 실천할 것을 촉구한다"는 내용을 담았다.[45]

이러한 자주국방 담론은 자주와 종속의 양가적 가치를 함축했다. 예를 들어 "우리는 자주국방 태세를 확립하는 데 박차를 가해 미국으로 하여금 원조를 줄 만한 가치가 있는 국가요 국민임을 확신케 해야 한다"는 논의는 자주국방론의 이면을 보여준다.[46] 이는 여야 모두 다를 바 없었다. 1975년 8월 박정희 대통령이 《뉴욕 타임즈The New York Times》와의 인터뷰에서 5년 이내에 자주국방을 이룩할 것이라고 언명하자, 야당인 신민당은 자주국방이 가능해도 미군 주둔은 계속돼야 한다는 성명을 발표하기도 했다.[47] 당시 자주국방론은 미국의 범위 내에 있는 것이었고, "미국이 없이는 우리의 생존과 안위가 지켜질 수 없다"는 '식민지적 사고'를 저변에 깔고 있었다.[48]

한국이 볼 때 사이공 실함은 미국의 책임이었다. 이러한 견지에서 본다면 '월남 난민' 또한 미국이 책임져야 할 문제였다. 그렇지만 종전 직후 미국의 태도는 만족스럽지 못했다. 먼저 미국민과 친미 베트남인을 철수시키기 위해 포드 대통령이 신청한 3억 2,700만 달러의 '월남 철수 원조 및 인도주의 원조 법안'이 5월 1일 최종적으로 부결됐다. 포드 대통령은 "슬프고 실망을 금할 수 없다"고 했다.[49] 비정하고 냉정한 미국이 부각됐다.

사이공 탈출의 아비규환통에 미국인들은 1인당 150만 원짜리 탈출표를 찍어 횡재를 했는가 하면 ……결사 탈출한 난민들에 등을 돌리는 미국의 눈초리는 너무나 가혹한 듯하다.……난민들에게 등을 돌리려는 미국의 태도는 더할 수 없는 비정이다.[50]

미국으로 피난한 월남 난민의 삶도 녹록지는 않았다. 그들은 "지상천국인 줄 알았던 그곳에서 인종적 차별과 인간 이하의 대우를 받아 가며 망국 한을 달래는" 신세가 됐다.[51] 당시 월남 난민을 통해 들여다본 미국은 인종적 편견과 일자리 걱정으로 피난민을 구박하고, 푸대접하는 나라, 실망과 고통의 나라였다.[52]

이에 비해 한국은 자유와 인도주의를 실천하는 나라, 월남 난민을 인류애로 맞은 은혜로운 나라로 그려졌다. 대표적인 사례가 5월 2일 한국 화물선 쌍룡호에 구조된 216명의 난민이었다. 쌍룡호는 미군 함정, 태국, 타이완, 미 해군기지 등에 난민들을 인계하고자 했으나 끝내 실패하고 한국 정부의 귀국 지시를 받고 5월 23일 부산항에 입항했다.

이 사건은 국제정치와 미국의 비정함과 대비됐다. 한국 정부는 "미국처럼 당사국의 입장이 아니면서도 인류애의 정신을 발휘하여 그들을 흔쾌히 받아들인" 것이다.[53] 월남 난민 600여 명의 제3국행 환송식이 열린 8월 8일 난민 대표 부딘 먼은 "우리들은 한국민의 깊은 은혜를 입었다"고 고별사를 했다. 또한 자치회장 영홍희는 대통령에게 보내는 메시지를 통해 "생명의 은인인 박정희 대통령과 한국 국민에게 진심으로 감사하며 우리들은 진정한 의미의 인도주의가 무엇인지를 가르쳐 준 한국 국민에게 하루속히 통일의 날이 오기를 기원한다"고 말했다.[54] 특히 정착민들은 한국을 국경을 초월해 인류애를 발휘한 나라, 그야말로 제2의 조국으로 칭송했다.[55] 한국의 월남 난민 서사는 미국과 대비되는 인도주의, 은혜와 은인의 담론으로, '월남 패망'을 둘러싼 미담으로 재구성된다.

한국의 베트남전쟁 참전이 반공·발전 전쟁으로 정당화됐다면, 종전 후에는 미국과의 구별 짓기를 통해 한국의 베트남전쟁에 관련한 차별화된 이미지를 만들어 갔다. 미국의 책임을 강조하는 것, 한국의 불안한 현재에 집중하는 것, 미국과 대비되는 인도주의적 국가로 한국을 재규정하는 것, 이는 한국이 베트남전쟁으로부터 빠져나오는 담론적 구성물들이었다. 그렇지만 구별 짓기의 이면에는 버림받은 베트남, 우리는 그렇지 않아야 한다는 식민지적 의식이 깔려 있었다.

반면교사와 동병상련의 월남 난민

미국에 대한 의식이 식민지적 의식, 혹은 식민지적 무의식[56]의 발현이었다면 베트남에 관한 시선은 '열등한 타자의 구성', '사명에 대한 믿음과 보호와 책임' 등과 같은 식민주의적 의식을 투영했다.[57] '월남 난민'을 중심으로 구성되는 망국 서사는 한국의 냉전 상상 지리를 베트남인의 입을 통해 국민에게 들려주는 것이었다. 이는 위기의식과 적색공포를 퍼뜨리는 동시에 반공주의를 강화하는 데 효과적이었다.

월남 난민 서사에 깔려 있는 기본적인 정서는 '침몰된 동병상련의 혈맹'에서[58] 느껴지는 '망국의 슬픔'이다. 사이공을 떠나온 한 고등학생이 고향으로 보내는 편지는 이를 잘 드러낸다.

> **우리는 왜 백기를 들었나요. 그토록 많던 애국자들은 모두 어디로 가고 우리는 백기를 들었나요? 백기를 든 국민에겐 정말 설 땅이 없는 것입니까? 부모님 곁에 있던 사이공의 그날들이 얼마나 행복했던지를 이제야 깨달았습니다. 어머니! 가냘프고 연약한 이 소녀의 장래는 어떻게 되는 것입니까? 아버지! 가시밭길보다 험난한 앞날을 누구를 의지하며 살아가야 합니까?[59]**

슬픔에 대한 동일시는 한국의 수난의 역사를 현재로 불러오면서 더욱 강렬한 효과를 발휘한다. "일제 치하 36년간의 망국 한과 6·25 북괴 남침 3년간의 피난고를 겪은 우리"이기에 "월남의……수난이 결코 남의 일 같을 수 없는" 것이다.[60] "사이공의 처절한 비극은 한국 국민이 1·4후퇴 때 경험한 흥남 철수작전"과 겹쳐지며,[61] "25년이란 시간의 거리와 공간의 거리가 별안간 영점으로 돌아간 듯이 오늘 이 시간에 다만 월남이란 지명만이 바뀌었을 뿐 그대로 재생"된다.[62] '월남 패망'과 '월남 난민'을 둘러싼 상호 간의 '역사 겹쳐 읽기'는 반면교사의 생생한 사례로 상상적 동일시를 통해 간접적인 망국을 경험한다. 한국에 유학한 후 사이공으로 돌아갔던 응우옌옥린은 한국의 벗들에게 다음과 같이 당부한다.

한국의 내 친구들이여!……당신들만큼은 우리의 절박한 상황을 잘 이해해 줄 줄 믿고 있소. 나는 당신들의 판문점을 보았소. '돌아오지 않는 다리'를 바라보며 내 조국에서와 같은 아픔을 느낀 적이 있소. 한 방울의 피를 흘려 본 사람만이 그 피의 아픔을 알 수 있다는 우리의 속담처럼 6·25를 겪고 공산당의 위협을 곁에 둔 당신들은 이 시각에도 포화로 조각나고 있는 이 강토와 아비규환인 피난민들의 방황의 아픔을 어느 우방보다도 함께할 줄 아오.……한국의 친구들이여! 우리의 이 아픈 역사를 당신들은 되밟지 않기를 바라오.[63]

위의 글은 4월 11일 베트남을 떠난 주월특파원 이숙자가 사이공의 친구들로부터 받았다는 편지 중 일부다. 사이공에서 한국으로 부친 편지는 한국의 분단·반공 서사를 베트남인의 글을 통해 재확인하는 것이었다. 전영상은 "무엇보다도 나라가 강해야겠다. 월남과 같은 비극이 우리 대한민국에서는 절대 일어나지 않도록 미리미리 실력을 쌓아야겠다"고[64] 말했는데 이러한 망국·난민의 서사와 자강·실력양성론의 접합은 이후 한국의 베트남에 대한 상상 지리의 한 축이 된다.

포드 대통령은 1974년 8월 9일 취임연설에서 "우리의 기나긴 악몽은 끝났습니다"라고 했지만 베트남전쟁의 아픈 기억은 시간이 지나도 좀처럼 잊히지 않았다.[65] 미국 NBC 앵커 데이비드 브링클리David Brinkley는 알링턴 국립묘지에서 수많은 묘비를 가리키며 "미래의 정치가들이 어떤 이유에서 참전해야 한다고 느낀다면 이곳 알링턴에 와서……무슨 생각이 드는지 얘기해야 할 겁니다"라고 말했다.[66] 전쟁이 끝난 국면에서 미국의 분위기는 "패배감보다는 안도감"이었다.[67]

그렇지만 한국은 베트남으로 인해 다시 시끄러워졌다. 한국 사회에 들어온 월남 난민들은 그들의 의도와 관계없이 유신독재를 정당화하는 위기의 산증인이 됐다. 1975년 5월 13일 문을 연 월남난민구호소는 1975년 12월 20일, 222일 만에 문을 닫았다. 그사이 박정희 정부는 긴급조치 9호를 통해 유신체제를 공고히 했다. 베트남전쟁은 전쟁 중에는 경제로, 종전 후에는 안보 문제로, 박정희 정권의 독재를 유지·강화하는 요인으로 작용했다. 긴급조치 9호 시대는 어쩌면 한국의 베트남전쟁 참전에 대해 무감각했던, 오히려 이를 기회로 활용했던 한국 사회에 대한 '역사의 복수'였는지 모른다.

3장

전쟁의 망각과
냉전 해체의 시차

1. 전쟁을 망각하는 국가

베트남전쟁 종전 후 5년여가 지난 1980년 4월 12일 베트남에 억류됐던 이대용 공사, 안희완 영사, 서병호 총경 3명이 귀국했다. 당시 《조선일보》는 이 사건을 다루면서 "우리 외교관이 무사 귀환함으로써 월남 사태가 한국에 관한 한 외교적으로 종결된 셈"이라 했다.[1] 그렇지만 이것이 끝이 아니었다. 파월기술자 최기선이 남아 있었다. 그는 1968년 1월 건영기업 소속 상패 제조 기술자로 파월됐다가 1975년 4월 베트남을 빠져나오지 못하고 억류됐다. 그는 베트남 치화형무소에서 6개월 만에 이대용 공사 외 2인을 만나 끝까지 생사고락을 함께할 것이라 믿었다. 그러나 1980년 4월 11일 외교관들이 석방된 후 홀로 남겨졌다.

최기선이 돌아온 것은 1987년 4월 25일이었다. 몇 년 뒤 그는 "세 사람 다 외교관 신분이라 특별대우를 받았던 것이겠지요. 하지만 우리 정부는 내가 남아 있다는 사실을 알면서도 아무런 조치를 취하지 않았어요. 귀국하면 나의 석방을 위해 노력하겠다던 세 사람도 수없이 원망했지요"라며[2] 잃어버린 12년 세월에 대한 야속함을 털어놨다.

그의 귀환은 마지막까지 그를 포기하지 않았던 가족의 노력이 없었다면 더 늦어졌을지도 모른다. 최기선의 부인 이우복선은 "남편이 살아있으니 소식을 알아봐 달라"고 수십 차례 탄원했다. 한국 외무부와 대한적십자사는 1986년 2월 28일 이우복선의 탄원서를 받고 국제적십자사를 통해 국제적십자사 하노이사무소에 최기선의 석방 교섭을 의뢰하여 출국 허가를 받아 냈다.[3]

최기선은 베트남에 억류됐던 마지막 한국인 '월남 난민'이었다. 그가 돌아왔을 때는 이미 파월기술자라는 말 자체가 낯선 때였다. 전쟁이 끝나면서 그의 문제가 국가·사회적으로 잊혔듯이 그가 베트남에 억류됐던 12년은 공적이든 사적이든 한국의 베트남 참전, 베트남전쟁에 대한 기억이 억압되고 망각됐던 시간이었다.[4]

사회학자 강인철은 한국전쟁을 '반공이라는 시민종교'를 국가·사회적으로 안착시키는, 반공 지배세력이 "자신들만의 빛나는 전통을 만들어 내는 결정적 계기였다"고 했다.[5] 그러나 스스로 자유의 십자군이라 불렀던 베트남전쟁은 그렇지 못했다. 국가의 공식기억과 기념으로 채워진 한국전쟁과는 대조적으로 베트남전쟁은 침묵과 망각의 전쟁이었다. 1980

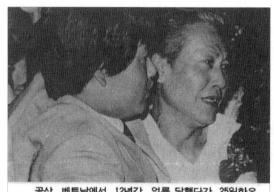

공산 베트남에서 12년간 억류 당했다가 25일하오 귀국한 崔箕善씨가 공항에서 가족들과 재회의기쁨을 나누고 있다 〈金錫九기자〉

〈사진 10〉
최기선 씨 귀국
《경향신문》 1987. 4. 27)

년대는 특히 더 그랬다. 망각에는 시간에 따라 그 기억이 퇴색해 가는 자연적·일상적 망각이 있다. 그렇지만 참전 기간 8년 6개월, 참전 연인원 32만여 명, 전사·순직·사망 5,000여 명, 국가·사회적 전쟁 동원의 경험을 고려할 때 국가 차원의 공식적 전쟁 기념과 기억 구축의 부재는 오히려 자연스럽지 못하다. 더군다나 박정희의 뒤를 이었던 전두환이 1971~1972년 백마부대 29연대장, 노태우가 1967~1968년 맹호부대 재구대대(1연대 3대대) 대대장으로 근무했던 경험을 생각한다면 더욱 그랬다. 베트남전쟁은 왜 국가적 기억과 기념의 적극적 대상이 되지 않았을까?

한국의 공식기억에서 베트남전쟁의 망각은 전쟁과정과 결과 사이의 간극을 반영했다. '월남 패망'은 냉전 반공이념에 의지한 파병 정당화론을 무색케 했다. 이미 살펴본 바와 같이 종전 이후 한국 정부는 참전의 정당화보다 '패망'한 월남으로부터 거리 두기와 차별화를 통해 '적화'의 공포로부터 벗어나고자 했다. 유신체제 반대 시위의 확산으로 심화되던 정권의 위기의식은 '월남 패망'과 결합되면서 국가적 위기의식으로 확장될 수 있었다. '월남 패망' 시기 김일성의 중국 방문은 이러한 위기감을 더욱 증폭시켰다.[6]

파리평화협정 후 전후 재건사업 참여의 장밋빛 희망을 투영한 '포스트 베트남론'은 '안보위기론'으로 빠르게 전환됐다. 미국이 전쟁에서 보여준 양면적 태도 또한 이러한 입장 변화를 더욱 부채질했다. 암스트롱 Charles K. Armstrong은 이는 동맹국으로서 미국을 항상 신뢰할 수만은 없다는 것을 알려주는 불길한 신호였고, 결국 박정희·전두환 정권이 베트남전쟁을 침묵의 대상으로 격하하는 이유가 됐다고 했다.[7]

10·26 이후 들어선 군부정권은 베트남전쟁을 국가적 기억·기념의 영

역으로 불러오지 않았다. 오히려 군 내부 정치, 1980년대 검열체제와 문화통제로 인한 완고한 '금기의 벽', 국가·정부의 무관심과 무책임성 등은 베트남전쟁에 대한 기억의 재현이나 사회적 논의의 확장을 어렵게 했다.

먼저 군 내부 정치는 전두환의 권력 장악과정에서 군 관련 예비역 단체의 재조직화와 관련된다. 전두환 정권은 1980년 12월 예비역 장성 모임인 성우구락부를 필두로[8] 육사동기회, 해병대 출신 예비역 모임인 서해구락부 등, 재향군인회를 제외한 모든 예비역 단체를 해산했다.[9] 해병대에서 대위로 예편했던 박○○은 자신의 경험을 다음과 같이 이야기했다.

해병대 장교 모임 청룡회라는 게 있어.……조직을 해체하라는 지시가 떨어졌어. 그다음부터는 집합을 못했지.……공군 장교 보라매회라든가, 해군은 해군대로, 육군 병과별 모임, 기수별 모임이라든지 있지 않습니까? 그런 모임도 일체 못하게 했다고. 신군부가. 지들이 도둑질을 하니까, 또 다른 도둑놈이 나타날까 봐 그러는지, 사모임을 불허했다고. 우리뿐만 아니고 군 관련 조직은 전부 다 해체했다고 그러더라고.[10]

재향군인회 산하 38개 임의단체를 해체하면서 겨우 명맥을 유지하던 월남 참전 전우회도 해체됐다. 베트남 참전 군인조직의 해체에 대해 한 참전군인은 다음과 같이 평가했다.

세력화된다 이거죠. 전두환 시대에는 요만한 거라도 단체라는 것을 허용하지 않았어요. 결사의 자유를 박탈했으니까. 이게 만약 세력화된다면 엄청나게 커지니까.……30만, 말이 30만이지 뭉쳐 보시오.……뭉쳐 놓으면 통제하기가 어렵거든. 그래서 아예 싹을 자른 게 아니냐.[11]

전두환 정권, 한국의 군부 정치 속에서 베트남전쟁 참전자들은 국가적 기억·기념에서 소외된 것뿐 아니라 조직화나 모임도 불가능한 상황에 처했다.

다음으로 검열체제와 문화적 통제, 대중문화 일반에 대한 무소불위한 탈법적 검열은 문화적 질식 상태를 초래했고,[12] 베트남전쟁에 대한 이해의 폭을 제한했다. 대표적인 예로 칸영화제에서 황금종려상을 수상한 프란시스 코폴라Francis Ford Coppola 감독의 영화 〈지옥의 묵시록〉은 1980년 삼영필름이 국내 상영을 시도했으나 수입이 보류됐다. "우리 현실에 맞지 않아",[13] 보다 직설적으로는 "월남전을 부정적으로 묘사한 반전영화", "지나친 전쟁 혐오와 반전사상이 짙다"[14]는 이유 등으로 공연윤리위원회 수입심의에서 부결당해 오다가 민주화 조치의 일환으로 수입이 허가됐다.[15] 1986년 개봉한 올리버 스톤Oliver Stone 감독의 영화 〈플래툰〉은 다음 해인 1987년 바로 수입됐는데 공연윤리위원회 측은 "반전적인 색채가 짙은 외화"임에도 심의규제를 완화하고 소재 제한을 없애는 취지에서 수입심의를 통과시켰다고 밝혔다.[16] 1980년대 중후반경까지의 문화적 통제는 베트남전쟁의 사회적·문화적 기억의 확장을 제약했다.

마지막으로 정부의 무관심과 무책임성이다. 참전군인의 고엽제 문제

〈사진 11〉
영화 〈지옥의 묵시록〉 광고

처리과정은 이를 잘 보여준다. 1984년 미국 사회가 고엽제 문제로 떠들썩하고, 뉴질랜드·호주의 베트남 참전군인들이 고엽제 제조사를 상대로 소송을 제기해 배상을 받는 과정에서 《중앙일보》가 이 문제를 크게 보도하자 전두환 정권은 미국의 심기를 건드리지 않기 위해 언론의 입을 막았다고 한다.[17]

더욱 기막힌 일은 군 당국의 관련 서류 보관 소홀 등으로 참전 사실조차 확인할 수 없는 상황이었다.[18] 이는 박정희 정권 시기 획기적으로 강화된 징집제를 고려하면 매우 아이러니한 상황이었다. 베트남전이 한창이던 1968년부터 참전 말기 1973년 초까지 병역기피는 13퍼센트에서 0.3퍼센트까지 떨어졌다. 주민등록제도는 현역병 징집, 예비군 소집을 위한 개인 신상 자료를 철저히 확보하는 작업과 보조를 맞춰 이루어졌고, 주민등록증과 병역수첩 소지가 의무화됐다. 이러한 감시 메커니즘은 징집제·예비군 소집제를 강화했다.[19] 참전 기록의 부재는 법적·제도적·물리적 수단을 총동원해 군사적 규율·동원체제를 구축했던 반면 동원된 장병에 대한 사후 기록·관리, 보훈 등에는 큰 관심을 기울이지 않았던 국가의 이중성을 보여준다.

2. 냉전과 탈냉전의 겹침

냉전의 상상 지리

김동춘은 《전쟁과 사회》에서 한국전쟁에 대해 논의하면서 '왜 한국은 휴전이 아닌 전쟁 발발을 기념할까'라는 질문을 던진다.[20] '비극의 기념'은 한국의 냉전 질서와 지배체제를 강화한다. 이는 베트남전쟁에서 재현된다. 한국의 베트남전쟁에 대한 국가적 기억·기념의 부재, 그 빈자리를 메운 것은 '월남 패망'의 반공 담론이었다. 매년 4월 말이면 호명·재현되는 '월남 패망' 담론은 비극의 끊임없는 현재화였다. 1980년대 '월남 패망'의 공식 담론은 1970년대의 그것을 반복하면서 확장된다. 망국의 슬픔과 비극을 대변하던 월남 난민, 월남 패망은 대내적인 안보와 질서의 중요성을 일깨우는 생생한 사례로 다시 소환되며,[21] 한국의 상황과 남베트남의 상황을 겹쳐 읽는다.

1980년 '월남 패망' 즈음 그 기억을 다시 불러왔던 것은 종전 후 베트남에 억류됐던 이대용 공사 외 주월남 공관원의 귀환이었다. 이대용은 귀국 직후 인터뷰에서 베트남에서의 수감생활과 더불어 북한과의 대치에 대해 언급했다. "북괴가 데려 가려고 협박했으나 조금도 굴하지 않았다.⋯⋯북한 측은 별 방법을 다해 무서운 협박과 회유를 했다"고[22] 했다. 이들에게 베트남은 남과 북의 또 다른 전장이었다.[23] 이미 사라진 남베트남이 지속해서 한국의 반공 상상 지리를 강화했다.[24]

1980년대 후반까지 해마다 4월 30일이 가까워지면 '월남 패망'과 관련한 기사가 신문 한 편을 차지했고, 다큐멘터리, 드라마 등으로 제작되기도 했다.[25] 비극의 원인은 외부가 아니라 내부에 있었다. 베트남전쟁 종전 7주년, 《경향신문》에는 〈외침보다 더 무서운 혼란의 적〉이라는 특집 기사가 실렸고, 시위하는 사진의 제목은 '망국 전야'였다. 이 기사는 "데모는 매일 계속되고 적과의 전쟁이 아닌 내부 정치전으로 날이 지고 샜다. 온 힘을 결집해도 시원치 않을 전시에 국론은 찢기고 사회 혼란은 극을 치닫고 있었다"며[26] 패전의 원인을 남베트남 내부에서 찾았다.

당시 이러한 담론들을 집약적으로 보여주고 있는 것이 1985년 제작된 〈패망한 월남〉이라는 영상이다.[27] 1982년 《경향신문》과의 인터뷰에서[28] 나라를 잃은 슬픔을 이야기했던 레티뉵이 '월남 패망'과 그 비극의 증언

〈사진 12〉
'월남 패망'의 기억
(《경향신문》 1982. 4. 30)

자로 출연했다. "제 이름은 레티녹입니다. 10년 전 사이공이 함락될 무렵 구사일생으로 월남을 떠나 한국에 정착한 월남 여인입니다. 사랑하는 내 조국 자유월남. 10년을 하루같이 그리며 불러 봐도. 내 조국은 대답이 없습니다. 영영 대답이 없습니다"로 시작하는 이 영상은 월남 난민의 비극을 그리면서 '월남 패망' 시기 국론 분열, 데모, 반정부 운동, 공산화된 이후 점령통치의 가혹함 등을 순차적으로 재현한다. 영상 말미에 그녀는 "자유를 외친 우리는 결국 자유와 조국을 한꺼번에 잃어버리고 말았습니다"라고 월남 패망의 결정적 이유를 이야기한다.

난민의 입을 빌린 이야기가 한국의 정치·사회 상황을 향한 것이라는 것을 유추하는 것은 어렵지 않다. 그리고 이는 보다 직접적인 방식으로 표출되기도 했다. 패망 11돌을 맞아 부산 서해운대구 월남난민수용소의 난민들은 "국민적 화합을 통해 자신들과 같은 전철을 밟지 말라"는 구호를 외쳤고,[29] 한 월남 난민은 "요즘 학생들이 왜 데모를 그렇게 심하게 하는지 모르겠다"며 "월남 패망의 주요 원인 중 하나가 매일 그치지 않는 학생 및 종교계 데모였다"고 말하기도 했다.[30] 한국 대학생들의 민주화 투쟁과 종교인들의 지지와 참여, 사회 운동 등은 '월남 난민'의 입을 통해 사회 혼란과 국가의 존립을 위태롭게 하는 반국가적 행위로 규정됐다. 이들의 목소리는 "월남이 패망한 이유를 상기해야 한다. 경거망동하면 김일성만 좋아한다"[31]와 같이 한국 사회의 반공의식과 적절히 공명하며 재생산됐고,[32] 의도한 바는 아닐지라도 결과적으로 군사독재체제를 정당화하는 데 기여했다.

1980년대 베트남전쟁과 베트남에 대한 냉전 반공 담론에는 공산 베트남의 독재와 경제체제의 무능함이 추가됐다. 먼저 베트남은 통일된 것이 아니라 정복된 것이었고, 공산 베트남이 "동족이 아닌 이민족 지배군으로 화했다"고 했다.[33] 공산 베트남은 "무한 탄압의 인간지옥", "전후의 지옥상" 등으로 표현해 통일 후 나타났던 통합과정의 폭력성을 강조했다.[34] "적화 즉시 신부를 체포·투옥", "재산 몰수, 지식인 등 100만 명 이상 투옥", "폐허지로 강제 추방"[35] 등 남베트남에서 반체제 운동을 하던 다양한 세력들의 통일 후 상황에 대한 서술은 베트남 통일이 전체의 통일이 아닌 일방의 점령과 권력화 과정이었음을 강조한다.

여기에 경제적 문제가 더해졌다. 통일 이후 베트남 경제의 피폐함과 베트남인의 궁핍함, 보트피플의 탈출 러시는 공산체제의 무능함을 드러내는 예로 꾸준히 거론됐다. 이대용은 베트남 통일을 '마이너스 통일'로 규정하면서 "통일은 많은 월남인이 바라는 것이었지만 지도상에서 선이 하나 사라진 것 외에 호전된 것이 없다"고 했다.[36] "일류국가였으나 전후의 건설과 개발단계에서는 삼류국가", "사이공 거리엔 걸인 행렬……암시장 쌀값 공시가의 150배" 등의 기사에서[37] 보는 바와 같이 통일 후 베트남체제의 후진성과 저발전이 강조됐고, 이는 한국의 발전상과 대비됐다. 한국군 참전은 여전히 그 성과와 의의만이 부각됐고, 무엇보다도 전쟁이 한국 경제에 '사막의 오아시스'였다는 경제발전론으로 정당화됐다.[38]

1980년대 베트남에 대한 반공 담론은 한국의 민주화 투쟁의 위험성과 무용론으로 연결되며, 더 나아가 남북 대치 상황의 분단체제를 살아가는 한국인들의 잠재적 두려움을 자극했다. 월남 패망을 적화통일이 아닌 민족통일로 보는 것, 체제에 관계없이 통일 자체만을 지고의 가치로 두는 것은 불온하고 위험천만하며, 반국가적인 언동으로 경계의 대상이 되었다.[39] 분단 베트남과 통일 베트남, 그 역사와 현재에 관련한 냉전의 상상지리는 한국과 베트남의 유비類比를 통해 한국의 현재를 정당화한다. 이 속에서 전쟁은 오히려 망각되며, 한국군의 참전과 관련한 기억은 소환되지 않는다.

냉전을 넘어 관계의 역사로

사상·인신·장소의 단절을 특징으로 하는 냉전의 '사상 지리'는 현실 베
트남에 대한 이해나 접근을 불가능하게 했다.[40] 그러나 이는 1980년대 중
반을 지나면서 균열을 보이기 시작했다. 베트남의 개혁·개방 정책, 세계
사적 탈냉전과 더불어 전개된 한국의 북방정책과 경제적 이해는 사상 지
리의 붕괴를 재촉했다.

먼저 베트남은 통일 이후 1978년 12월 캄보디아 침공, 1979년 2~3월
에 걸친 중국과의 전쟁, 캄보디아 내 베트남군 주둔으로 인한 과도한 군
비 지출과 국제적 고립, 1981~1985년 3차 경제개발계획의 실패 등으로
정치·경제적 위기에 처했다.[41] 대내외적 위기를 탈출하기 위해 베트남은
시장경제의 도입과 대외관계의 유연화를 내용으로 하는 도이머이Đổi mới
정책을 적극 추진하게 된다. 또한 1991년 6월 7차 당대회에서 '세계의 모
든 나라와 친구 되기'를 표방하며, 대외협력과 관계 개선에 더욱 박차를
가했다. 이러한 대외정책은 한국과의 수교과정에도 반영됐다. 베트남은
1988년 올림픽 대표단을 파견하면서 적극적으로 한국과의 관계 개선을
모색했다.[42]

한국은 1981년 올림픽 개최가 확정된 이후 성공적인 올림픽을 위해 공
산권을 비롯한 미수교국과의 적극적 외교방침을 결정했고, 이는 북방정
책으로 체계화됐다. 노태우 대통령은 취임 후 북방외교를 강화했고,
1988년 7·7선언은 그 의지의 표현이었다. 7·7선언은 "소련, 중국을 비

롯한 사회주의 국가들과의 관계 개선을 추구한다"는 내용을 포함하고 있었다. 또한 때마침 진행된 세계적인 탈냉전은 한국의 이러한 행보에 유리한 대외환경을 조성했다.[43] 정부는 1990년 4월 동구권 국가와의 수교가 예상보다 일찍 마무리되자 외교의 초점을 인도지나로 돌려 외교의 균형을 이루고자 했고, 그 주요 대상국 중 하나가 베트남이었다.[44]

이러한 접근은 민간기업체의 미수교국 진출에 수반되는 각종 규제를 대폭 완화하는 대북방 경제교류 정책과 맞물리면서 급진전됐다.[45] 재계는 정부보다 더 발이 빨랐다. 1983년경부터 이미 제3국을 통해 베트남과 간접교역을 진행하고 있었던 한국은 일본, 싱가포르, 홍콩에 이어 비공산권 국가로는 네 번째 베트남 교역상대국이었다. 1986년 양국 간 교역량은 2천만 달러를 상회했다. 삼성전자는 하노이, 하이퐁, 호치민시 등에 TV 조립공장을 설치했으며, 금성사는 1987년부터 전자제품을 베트남에 수출해 왔다.[46] 1989년 2월 15일 종전 후 한국 고위급 경제사절단으로는 처음으로 럭키금성그룹의 구자학 금성반도체 회장을 단장으로 하는 기업인단이 하노이를 방문했고, 같은 날 공산화 이후 장관급 관리로는 최초로 베트남 경공업 장관이 합작투자 논의를 위해 한국에 들어왔다.[47] 실리가 이념을 넘어서기 시작했고, 국가를 넘어 경제 영역이 더 활발히 움직였다.[48]

하지만 이러한 한·베 양국의 움직임은 미국의 반대로 한동안 진전되지 못했다. 미국은 캄보디아 문제를 빌미로 한·베 간 수교뿐만 아니라 경제교류조차도 허용하지 않으려고 했고,[49] 한국 정부는 미국의 압력에서 자유롭지 못했다.[50] 이러한 미국의 입장은 1991년 10월 베트남과 캄보디아의 평화협정 체결, 베트남의 미군 실종자 정보 추가 공개, 탈냉전 이후 중국 견제라는 베·미 간 전략적 이해의 대두 등, 베트남의 일관된 관계 개선 의지와 대외적 조건의 변화에 따라 바뀌어 갔다.[51] 베·미관계의 변화와 한·베 간의 경제적 이해의 접합은 한·베 양국의 공식적 관계 개선을 가능케 했고, 1992년 12월 한·베 간 수교가 이루어졌다.

한국과 수교한 베트남은 과거 남베트남의 베트남공화국이 아닌 1976년 7월 2일 수립된 베트남사회주의공화국이었다. 한국은 베트남과 재수교 한 것이 아니라 통일 베트남과 처음 수교한 것이다. 그렇지만 베트남과의 첫 만남이 낯설지만은 않았던 것은 새로움 속에 켜켜이 쌓여 있는 과거의 역사, 한국이 베트남에 대해 가지고 있는 역사적 기억 때문이었을 것이다. '새로운' 한·베 수교는 국가 간 정치·경제적 관계의 확장뿐만 아니라 사회적 교류의 길을 열었다는 데서 과거와는 다른 의미를 지녔다. 이를 촉진했던 것이 1989년 해외여행 전면 자유화였다. 당시 해외여행을 위해서는 반공교육이 필수였으나 관광객이 늘어나며 1992년 폐지됐다. 1993년 3월 7일 베트남 최초 민간항공사인 퍼시픽항공이 취항했고, 7월 1일부터는 한국의 아시아나항공이 주 2회 호치민과 서울을 오가

〈사진 13〉
아시아나의
베트남 취항 광고[52]

기 시작했다. 다시 열린 길을 따라 사람들의 발길이 이어졌다. 그리고 그 발길들에 전쟁의 기억도 실려 올 것이었다.

3. 전쟁 기억과 참전군인의 동원

돌아온 '따이한'

전장에서 돌아온 참전자들은 일상으로 돌아갔고, 전쟁은 망각돼 갔다. 그러나 몇몇 참전자들은 과거의 전우를 찾아 나서기도 했다. 고○○은 1973년 '전우 찾아드립니다'라는 버스 안의 광고를 보고 연락을 해 전우를 찾았던 경험을 이야기했다. 한 사람을 찾는 데 당시 돈으로 6만 원이었다. "6만 원이고 뭐고 사람을 찾고 싶으니까. 동기로 가깝게 지내면서 같은 소대에 있던 서너 명이 자주 만났거든요. 한 친구가 '야, 그러면 2만 원씩 걷어서 우선 찾아보자' 해서" 거슬러 올라가며 전우들을 찾아 30명 이상의 모임으로 커졌다.[53] 드러나지는 않았지만 이렇게 만들어진 자발적 모임들은 참전자들의 전쟁 기억을 아래로부터 담아 내는 작은 기억의 저장소였다.

그렇지만 이러한 우연적 기억망들이 참전군인의 집합행동과 동원을 이끌어 내는 단체 형성으로 연결됐던 것은 아니다. 베트남전쟁 종전 후 1987년 12월 '따이한 용사 만남의 장'이 열리기까지 12년, 길게는 20여 년 동안 참전군인들의 결집은 이루어지지 않았다. 서울 ○○구 참전군인회 회장 송○○는 참전군인 단체가 만들어지지 않았던 이유에 대해 "먹고살기 바쁘고. 또 우리 시대가 얼마나 힘들었습니까? 밤낮으로 일하지 않았습니까? 전우회는 생각도 못 했죠. 결사하는 것은 생각도 못 했던 거예요"라고 했다.[54]

개별적인 측면에서는 삶의 문제가, 좀 더 큰 틀에서는 베트남전쟁 종전 후 베트남전쟁과 베트남에 대한 빠른 인식 전환, 한국군 참전에 대한 국가·사회적 무관심과 망각, 전두환 정권 시기 군 관련 사회조직을 해체하고 조직화조차 허용하지 않았던 정치·사회적 상황 등이 참전군인들의 집단화와 기억의 재현을 막았다.

참전군인의 조직 형성과 가시화, 집단행동은 1987년 정치적 민주화의 효과를 반영했다. 1987년 6월항쟁으로 형식적 민주주의가 진전되면서 전두환 정권 시기 억눌려 있던 예비역 단체의 재결성이 이어졌다. 이들은 1987년 대통령 선거 시기 후보자들의 군 경력 시비를 계기로 발언권을 다시 얻고 정권의 비호를 받았다.[55] 1988년 4월 해군·해병대 출신 예비역 단체였던 서해구락부의 후신으로 해병전우회가 창립됐다. 1989년 11월 23일에는 공군 준사관 이상 전역자들의 친목 단체였던 보라매회가, 11월 29일에는 '별들의 모임'인 성우구락부가 성우회로 이름을 바꿔 발기인 대회를 열었다.[56]

베트남전쟁 참전군인의 집단화는 비교적 초창기에 가시화됐다. 이들이 사회적으로 공식화된 첫 모임은 1987년 12월 26일 광화문 프레스센터에서 월남 참전기념탑 건립 후원회 주최로 열렸던 '월남 참전기념탑 건립 후원회 발기인 대회 및 따이한 용사 만남의 장(리셉션)'이었다. 당시 신문 광고는 "오늘날 조국 근대화의 분기점이 된 월남 참전을 자손만대에 기리기 위하여 참전기념탑 건립 발기식을 갖고 아울러 20여 년 전 해어진 많은 따이한 용사들의 만남의 장을 마련한다"고 모임의 목적을 밝혔다.

이 모임 참가자들은 한국군의 참전 의미를 기리기 위해 '따이한 클럽'을 만들고 월남 참전기념탑 건립에 의견을 모았다.[57] 이들은 1988년 5월 '따이한'을 사회단체로 등록(문화공보부 제415호)하고, 10월 19일 《따이한신보》를 발행하는 등 적극적 활동을 펼쳤다. 클럽 발족 후 옛 전우들의 소재 파악에 나섰으나 2,000여 명만이 연락해 오자, 전국 2,500여 개의 중고교 재학생들을 통해 군인이나 기술자로 파월된 경력이 있는 부모, 친지를 파악해 18만여 명의 소재를 찾아내기도 했다.[58]

따이한중앙회가 파월장병들의 대규모 집회를 기획한 것은 1989년 4월 30일 '월남 패망' 14돌 행사였던 4·30대회였다. 이는 '따이한'이 전국 조직으로 성장할 수 있는 계기가 됐다.

……전우회를 조직해 나가다 보니까 소문이 꼬리를 물어 전국에서 열화와 같이 일어나서 1년 만에 그냥 전국적인 조직이 돼버린 거예요.…… 89년 4월 30일 날 보라매공원에서 약 5만 명이 모이는 대규모 행사를 치렀어요.……4·30대회를 통해 전국에 있는 월남 참전용사들이 우리도 모여야겠다고 인식하기 시작한 거죠.……그 대회를 기점으로 해서 전국 방방곡곡 많은 회원들이 알게 되니까, 조직하기가 아주 쉽더라고요.[59]

따이한중앙회 유봉길 회장은 "1만 5,900여 명의 한국 젊은이들이 사망하거나 부상하는 크나큰 희생을 발판으로 우리나라가 정치·경제·군사적으로 큰 발전을 했지만 월남 참전 장병들에 대한 사회와 정부의 관심은 미미했다"며, "파월용사의 위업을 기릴 수 있는 기념비를 제작하는 한편

보상을 못 받은 불우한 전우와 유가족을 돕기 위한 것"이라고 모임의 취지를 밝혔다.[60]

월남 참전기념탑 건립은 참전군인들의 초기 응집과 동원의 상징적 기초였다. 이는 개인적 삶의 한 부분, 이를 넘어 참전의 역사에 대한 기억의 촉구였고, 망각에 대한 기억 투쟁의 성격을 지닌 것이었다. 4·30대회는 참가 대상을 파월용사, 파월기술자, 종군기자, 간호장교, 파월유가족, 연예인, 월남 난민 등으로 확장함으로써 한국군 파월과 연관된 과거의 기억을 불러왔다. '따이한'이 처음 조직되고 공식화됐을 때 많은 참전군인은 이에 적극 호응했던 것으로 보인다.

서울 ○○지구 참전군인회 회장인 정○○은 '따이한'을 처음 알았을 때의 느낌을 다음과 같이 이야기했다.

따이한이라는 단체가 있었어요. 그 모임이 저는 마음이 안 갈 수가 없죠. (월남) 갔다 온 사람들이면 다 관심을 안 가질 수가 없었죠. 저는 임원이나 이런 데 참여하지 않고 회원으로 참여했어요. 그런 게 생겼다는 게 너무 좋아서.[61]

작은 기억의 저장소를 만들어 갔던 이름 없는 참전군인들의 의지가 따이한클럽으로 모였다. 그러나 조직이 커지면서 중앙조직에서는 소위 감투싸움이 시작됐다.[62] 1990년 '따이한'은 대한파월유공전우회로 명칭을 바꿨다. 조직 내부 문제로 월남참전전우회가 떨어져 나갔고, 대한파월유공전우회는 박세직을 중심으로 한 대한해외참전전우회(1991)가 됐다. 각 조직은 조직의 목표나 방향의 차이보다는 조직 대표나, 내부의 이해관계 등에 따라 이합집산했다.[63]

봉사활동을 하더라도 무슨 명칭이 있어야 하는데 그게 안 되는 거라. (통합한다고) 하는 사람들이 많아. 큰소리 뻥뻥 쳤지. 그런데 하나도 성립을 못 시키더라고.……다른 사람이 또 하나 다른 명칭을 갖고 가는 거야. 자꾸 가지만 벌어지는 거야. 통합시키면 되는데 대가리쟁이들이 그걸 안 내놓는 거야. 가지고 뿌리고 다 갈라지고 없는데도.[64]

이러한 과정에서 풀뿌리 참전군인 모임의 일부가 참전군인 단체로부터 떨어져 나오기도 했다. 황○○은 참전군인 단체들의 이합집산을 보면서 이로부터 멀어졌다. 대신 조직 모임으로 연결되고 강화된 거주 지역 참전자들과의 만남을 이어갔다. 참전자 모임은 참전의 기억을 나누는 전우들로, 지역 기반을 함께하는 친목 단체로, 아래로부터의 유대를 지속했다. 비록 중앙과의 연대가 약해지고, 이에 대한 관심을 잃었다 하더라도 이들 풀뿌리 조직들은 중앙조직의 동원과 보수적 정치 동원을 위한 저장고로 생활 세계의 일부가 됐다.

동원과 기억을 위한 투쟁

'따이한'의 설립 목적에서 볼 수 있는 바와 같이 베트남전쟁 참전군인 단체의 조직은 전쟁 기억의 국가·사회적 망각에 대한 기억 투쟁의 성격을 지닌 것이었다. 그렇지만 이들의 활동은 여기에 머무르지 않는다. 결성 초기부터 현재까지 베트남전쟁 참전군인 조직은 각종 보수집회의 주요 참여집단으로, 대표적인 냉전 보수세력의 하나로 활동해 왔다. 이들의 기억 투쟁과 동원은 넓은 의미에서 1987년 이후 한국 사회의 정치·사회

지형의 특성, 참전군인으로서의 정체성을 반영했다.

먼저 참전군인 조직의 형성은 1987년 6월항쟁 이후 보수세력의 세력화와 맥락을 같이한다. 6월항쟁은 국가권력과 공권력을 중심으로 한 지배질서에 균열을 가져왔고, 그 반대급부로 반공을 중심으로 체제를 유지하려는 보수세력의 결집을 불러왔다.

1987년 10월 정일권 전 국회의장을 중심으로 각료, 예비역 장성, 외교관 등이 주축이 된 '자유수호구국연합회'가 출범했다. 좌경 이데올로기 배격, 자유민주체제 수호 등을 설립 취지로 한 이 단체는 민간 차원 보수단체의 출현이라는 점에서 화제가 됐다.[65] 민간 우익세력의 총궐기를 주장한 〈우익은 죽었는가〉(양동안, 1988)라는 글이 공무원들에게 배포되는가 하면, '별들의 모임'인 성우회 발기인 대표 백선엽은 조직 결성 배경을 "'민주화'라는 미명 아래 매일 화염병 최루탄이 난무하고 그 틈을 타서 좌익 폭력세력이 온 사회계층에 확산되는 상황을 좌시하고 있을 수 없었기 때문"이라 했다.[66] 시민사회 내 냉전 보수세력의 부상이었다. 따이한 중앙회는 이러한 흐름에 적극적으로 참여했다. 극우단체 현수막에는 따이한중앙회가 빠지지 않았고, 반공 궐기대회 등 직접 행동에도 앞장섰다.

냉전 보수적 성격은 한국 사회 일반의 보수 이데올로기 지형을 반영한 것이었다. 이에 비해 참전군인 단체의 집합적 정체성은 보다 구체적으로 한국의 베트남전쟁 참전 명분과 기억 방식, 베트남전쟁 당시 한국군의 베트남 민간인 학살 문제, 고엽제 피해 문제 등을 통해 드러났다.

참전군인들에게 베트남전쟁의 기억은 전쟁을 정당화했던 냉전의 시간, 근대화의 시간에 기초한다. 베트남전쟁의 의미에 대한 공식 담론은 전쟁이 한국의 경제발전과 근대화에 기여했다는 것과 자유수호전쟁에 참전했다는 것이다. 이는 한국 사회에 편재한 보편적 인식이면서 참전군인의 정체성을 형성하는 기초가 된다. 베트남전쟁 종전에 대한 한 참전군인의 평가에서 이러한 편린을 읽어낼 수 있다.

■1975년도에 '월남이 패망' 하잖아요? 그 소식을 듣고 어떤 생각이 드셨나요?

너무 아까웠다. 그것이 (월남이 망하지 않았다면) 우리나라가 많은 흑자를……더 몇 곱절의 흑자를 보고 많은 업체들이 진출했을 것이고, 돈을 많이 벌어들일 수 있는데, 우리 인력이 많이 수출됐을 텐데. 첫인상이 그거예요. 두 번째는 내가 싸웠던 그 월남전, 우리가 너무 헛고생한 것이 아쉽구나. 우리나라가 참 피를 흘리면서 싸워 준 동맹인데.[67]

김○○은 남베트남 몰락 당시 장교로 군생활을 하고 있었다. 종전 이후 오랜 시간이 지난 후 진행한 구술 면담에서 이야기된 그의 생각은 한국의 국가·사회적 담론의 개인적 재현이었다. 참전의 의미와 종전 방식에 대한 아쉬움, 이는 현재까지도 지속되고 있는 베트남전쟁을 경험했던 세대의 지배적 기억이며 신화다.

여기에 최초의 균열을 낸 것이 1990년 《말》 7월호에 실린 김민웅의 〈한국군의 월남전 참전, 그 역사적 진실〉이라는 글이었다. 이 글에서 그는 "유신체제가 각별히 육성한 정치군부의 주축이 다름 아닌 월남전 참전 주요 지휘관 세대였으며, 이들이 80년 광주민중항쟁의 진압과 직·간접적으로 관련되어 있다"고 했다.[68] 또한 퀘이커 교도로서 베트남 현지에서 한국군의 작전 현황에 대한 증거를 수집한 마이클 존스Michael Jones 부부의 기록을[69] 기반으로 한국군의 베트남 민간인 학살을 알렸다. 결론적으로 그는 베트남전쟁을 침략전쟁으로 규정하며, 우리의 젊은 영혼에 명복

을 빌고, 베트남 민중에게 마음속 깊이 사죄할 것을 촉구했다.[70]

'따이한'은 베트남전 참전 지휘관 세대의 광주항쟁 진압 관련성, 베트남 민간인 학살 부분이 자신들의 명예를 심각하게 훼손했다고 규정하고 실력행사에 나섰다. 7월 25일~8월 3일까지 이어진 농성과정에서 이들은 《말》지 사무실에 난입하고, 관계자들을 감금·구타하고, "불을 질러버리겠다", "빨갱이는 다 죽어야 한다"는 등의 욕설을 퍼붓고, "월남 참전 오도하는 불순세력 분쇄하자" 등의 플래카드를 내걸기도 했다.[71]

《말》지 사건은 1999년 《한겨레21》이 베트남전쟁 당시 한국군에 의한 베트남 민간인 학살을 본격적으로 알리기 9년 전의 일이었다. 그럼에도 불구하고 이 사건은 한국의 베트남전쟁에 대한 공식기억 이외의 관점이 제기됐을 때, 특히 그것이 참전군인의 입장과 다르거나, 그들의 '명예'를 실추시킨다고 느껴질 때 나타날 수 있는 충돌의 양상을 미리 보여주었다.

"빨갱이는 다 죽어야 한다"는 폭력의 출발은 베트남전쟁이 아니라 해방과 분단, 전쟁의 한국 현대사였으며, 이것이 베트남을 경유하여 한국 사회에 다시 투영된 것이다. 당시 제기됐던 한국군 참전의 성격이나, 민간인 학살론 등은 참전군인과의 충돌 이외에 사회적으로 큰 반향을 불러일으키지 못했다. 한국에서 '잊힌' 베트남전쟁, 한국군 참전에 관한 사회적 관심, 연구, 재현 등도 많지 않은 상황이었고, 무엇보다 베트남은 한국인이 여전히 갈 수 없는 사회주의 국가였다. 《말》지 7월호 광고 문구였던 "한국군에 의해 무참히 학살된 베트남 민중들에 무릎 꿇고 사죄하는 일부터 역사에 기록해야 한다"[72]는 것이 한국 사회에서 의미를 지니기 위해서는 좀 더 많은 시간이 필요했다.

고엽제 피해 문제는 가해와 피해라는 참전군인의 양가적 성격을 드러낸다. 고엽제의 해악성에 대해서는 간간히 보도됐지만 이것이 참전군인 피해 문제로 사회적 이슈가 된 것은 1992년 2월 13일《경향신문》 보도를 통해서였다.[73] 당시 기사에는 참전용사 이일희 씨(당시 49세)가 고엽제 후유증으로 뼈만 남은 채 앙상하게 굳어진 자신의 다리를 보고 있는 사진이 함께 실렸다. 그는 "귀국 직후부터 양다리와 발에 살이 빠지며 점차 굳어져 가고 있다"며 "20년 동안 열 군데의 병원을 돌아다니며 모두 병명을 알 수 없다는 통고를 받았다"고 했다.[74]

고엽제는 전쟁의 상처이자 '몸의 기억'이었다. 보도가 나가자 정부는 다음 날 바로 고엽제 피해 진상조사에 나서겠다고 밝혔다. 전투병 파병 시기부터 26년여, 종전 후 16년여 만에 고엽제가 국가·사회적인 문제로 대두된 것이다. 5월부터 고엽제 환자 등록을 받기 시작했지만, 고엽제 환자 판정이나 치료 혜택은 없었다.

1992년 9월 26일 참전군인들이 제1회 '파월의 날'로 정한 날, 그들의 불만이 폭발했다. 독립기념관에서 행사를 마치고 돌아가던 5,000여 명의 참전군인 가운데 400여 명이 경부고속도로를 점거하고 시위를 벌였다.[75] 전장에 갔다 온 사람은 있으나 참전 기록이 없는 이해할 수 없는 현실, 정부 당국의 형식적·관료주의적 대응, 그 와중에도 세상을 등지고 있는 전우들, 여러 요인이 이들을 고속도로로 내몰았다. 이들은 "고엽제로 숨진 전우와 생존 환자에 대한 피해보상 및 치료대책 마련, 유공 참전용사에 대한 보상 문제를 해결할 수 있는 국방부 장관 면담"을 요구했다.

고엽제 문제의 사회화가 늦어진 것은 '무지'보다는 '정치적' 문제를 반영했다. 1984년 미국의 참전군인들이 배상받았을 때 한국 정부가 이 문제에 주의를 기울이고, 행동을 취했다면 어땠을까? 그러나 그러지 않았다. 그 이후 또 8년여의 시간이 흘렀다. 경부고속도로 점거는 전쟁의 고통에 대한, 정치·사회적 무관심과 망각에 대한 "살기 위한 몸부림"[76]이었다.

4장

냉전의 틈새,
베트남전쟁 다르게 보기

1. 남민전, 유신을 넘어 변혁을 꿈꾸다

두 개의 해방전선

베트남전쟁은 냉전을 녹이는 데탕트, 미국 외교정책의 전환점이었다.[1] 그러나 같은 참전국이었던 한국은 세계사적 시간의 영향에서 멀리 떨어져 국내 시간 속에 갇혀 있었다. 단적인 예로 한국은 미국의 정책적 전환을 이끌었던 1968년 베트남의 구정 대공세와 세계적인 '68혁명'에도 불구하고 '68혁명 부재', '혁명의 예외' 지역으로 남았다.[2] 한국에게 1968년은 혁명이 아닌 '안보 위기'의 해로 기억됐다. 또한 미국이 의도한 바는 아닐지라도 닉슨독트린과 미국의 베트남 정책 변화는 한국뿐만 아니라 아시아 참전국의 독재를 강화하는 결과를 가져왔다. 이는 "독재 정부가 일정 정도 자율성을 확보할 수 있는 여지를 주었고, 태국과 필리핀, 그리고 한국에 연쇄적으로 비정상적이며 초헌법적인 독재체제가 탄생하는 데 중요한 배경"이 됐다.[3] 베트남의 구정 공세가 촉진한 세계사적 혁명의 시간은 아이러니하게도 한국에서는 독재를 강화하는 반혁명의 시간으로 작용했던 것이다.

베트남전쟁의 종결 이후 미국이 침묵에 빠졌을 때 한국은 반공안보 궐기대회로 떠들썩했다. 한국의 국가·사회적 냉전의 시간은 더욱 강화됐다. 그렇지만 여기에도 균열은 있었다. 소수였지만 베트남을 사례로 한국의 혁명을 꿈꾼 '전사'들이 있었다. 남조선민족해방전선준비위원회(남민전)가 바로 그것이었다. 안병용은 〈남민전〉에서 "미국이 조그마한 나라 베트남에서 민족해방운동 세력에 의해 패퇴한 사실은 제3세계 민족해방 운동사의 획을 긋는 중요한 사건이었고, 이것이 당시 우리나라 활동가들에게 던져준 충격과 희망은 심대한 것"이었다고 평가했다.[4] 사회학자 조희연은 "베트남에서의 민족해방운동의 승리라고 표상되는 제3세계 변혁 운동의 고양 및 유신체제의 말기적 폭압 상황, 그에 대항하는 적극적 저항의식 속에서 남민전이 배태됐다"고 봤다.[5]

통일혁명당(통혁당)에서 남민전까지 운동가들은 러시아, 중국, 제3세계 혁명 등을 폭넓게 학습했고, 이를 조직 결성과 운동에 적용하려 했다.[6] 일찍이 통혁당이 베트남혁명 사례를 참조했다면,[7] 남민전은 "베트남 통일의 원동력이었던 남베트남민족해방전선을 가장 직접적인 모델"로 삼았다.[8] 이는 남민전 강령에서 잘 드러난다.

〈표 1〉에서 보는 바와 같이 10개의 조항은 5~7까지의 순서가 바뀐 것을 제외하고 그 기본 내용이 일치한다. 역사학자 잭 골드스톤Jack A. Goldstone은 "혁명이 역사와 대중적 상상력에서 고유한 역할을 하는 것은 오로지 혁명만이 정부의 강제력 전복, 대중 동원, 사회정의라는 이상의 추구, 새로운 정치제도의 창조 등의 요소를 모두 조합한 것"이기 때문이라고 했다.[9] 이러한 논의를 반영하듯 남민전 사건으로 구속되어 1983년 8월 석방된 임헌영은 "현실에서는 도저히 안 되고 더 강한 어떤 혁명만이 우리 삶을 의미화할 수 있다는 생각"에서 남민전에 참여했다고 했다.[10] 또한 1심에서 무기징역을 받았던 최석진은 "당시 남민전이 다른 재야운

	남조선민족해방전선 강령	남베트남민족해방전선 강령
1	미·일을 비롯한 국제 제국주의 일체의 신식민지 체제와 그들의 앞잡이인 박정희 유신 독재정권을 타도하고 민족 자주적이고 민주적인 연합정권을 수립한다.	미 제국주의 형태를 바꾼 식민지제도와 미국 앞잡이로서 행동하고 있는 고 딘 디엠의 독재제도를 타도하고 민족민주연합정권을 수립한다.
2	폭넓은 진보적인 민주정치를 실현한다.	광범한 진보적 민주주의제도를 실현한다.
3	민족 자주적이고 자립적인 경제를 건설하고 인민의 생활조건을 개선한다.	나라의 독립되고 자주적인 경제를 건설하고 생활조건을 개선한다.
4	경자유전의 원칙에 따라 토지개혁을 단행한다.	소작료 인하를 실행하고 나아가 농민의 토지 문제를 해결하여 '경작하는 자에게 토지를' 이라는 원칙을 실행한다.
5	남녀평등을 실현하고 지방색을 타파한다.	민족적·민주적 문화와 교육을 건설한다.
6	민족 자주적이고 민주적인 교육을 실현하고 민족문화를 계승 발전시킨다.	조국과 인민을 지키는 군대를 건설한다.
7	국가와 인민을 보위하는 군대를 건설한다.	민족 간·남녀 간의 평등을 실현하고 외국인 거류민과 재외동포의 정당한 권리를 보호한다.
8	평화와 중립의 자주외교를 실현한다.	평화와 중립의 대외정책을 시행한다.
9	7·4남북공동성명의 원칙과 토대 위에 남북관계를 조속히 개선하고 조국의 평화적 재통일을 촉진한다.	나라의 남부와 북부 간의 정상적 관계를 회복시켜 조국의 평화적 통일을 달성한다.
10	일체의 침략전쟁을 반대하고 세계평화를 적극 옹호한다.	침략전쟁에 반대하여 싸우고 전 세계의 평화를 적극적으로 옹호한다.

동과 달랐던 게 있다면 유신체제를 뿌리째 뒤엎으려는 생각을 했던 것"이라고 했다.[12]

남민전은 무엇보다 반독재 민주화 투쟁을 목표로 했다. 김남주의 부인인 박광숙은 남민전 활동의 특성을 다음과 같이 말했다.

모두가 숨죽이고 있던 공포통치의 시대에 남민전은 교사와 노동자, 학생 등 각계각층을 망라한 통일운동체였다. 강령에 있어서는 반제국주의와 노동동맹을 표방했지만, 실제로는 반독재·유신 투쟁이 주요한 활동이었다.[13]

1988년 《한겨레》와의 인터뷰에서 임헌영은 "요즘 학생들이 주장하는 정치적 슬로건이나 학계가 제시하고 있는 한국 사회 발전의 대안들에 비추어 보면 사회변혁의 통일적 지도조직을 지향했던 남민전의 강령으로서는 오히려 미흡한 편이었다"고[14] 평가하기도 했는데 이후 논의할 1980년대 운동과 비교한다면 남민전은 오히려 온건한 것이었다고 볼 수 있었다. 이러한 면에서 본다면 "당시로서는 충격적이고 어쩌면 황당하기까지" 했던 남민전 사건은 "어떡해도 죽을 운명, 싸우다 죽자"는[15] 각오가 만들어 낸 저항 투쟁의 한 방식일 뿐만 아니라 현재를 넘어 미래로 나가는 혁명적 상상의 일단을 보여준 것이라 할 수 있다.

베트콩의 모방, '코레콩'

1979년 10월 9일 내무부 장관 구자춘은 "북괴의 대남전략인 폭력에 의한 적화통일 혁명노선에 따라 대한민국을 전복하고 사회주의 국가 건설을 위해……국가변란을 기도해 오던 반국가단체"를 적발하여 일당 74명 중 20명을 반국가단체 조직 및 간첩 혐의로 검거하고 나머지 54명을 수배했다고 밝혔다.[16] 경찰은 남민전을 "표면상으로는 반체제를 가장하면서 베트콩 방식을 도입, 데모와 테러·선동·게릴라 활동으로 사회를 혼란시켜 국가변란을 기도한 적색 집단"이라고 발표했다.[17] 수사 관계자는 또한 "인도차이나 반도를 적화시킨 베트콩의 투쟁 방식을 모방한 코레콩이라

〈사진 14〉
'코레콩' 언급 기사
《경향신문》 1979. 10. 16)

고도[18] 볼 수 있다"고 언급하기도 했다.[19]

1차 검거 후《조선일보》는 이 사건을 베트남의 경험과 연관해 다음과 같은 사설을 게재했다.

지난날 월남에서 패망의 원동력이 된 이른바 베트콩을 모방한 것으로 여겨진다. 북괴에 그 구심점을 찾은 것은 베트콩이 월맹에 그 구심점을 둔 것과 같고, 깃발을 만든 것도 베트콩이 베트콩기를 만든 것과 흡사하며,[20] 한국에는 월남 같은 정글이 없으니 도시 게릴라 방식을 채택한 것이 틀림 없다.[21]

언론은 "베트콩 전략 방식", "월남 패망 전에 베트콩이 세운 전략 그대로"[22] 등을 언급하면서 이미 사라진 남베트남의 역사적 기억을 불러왔다. 사실 이는 경각심, 공포와 비극의 소환이었다. 1960·70년대 비합법 전위 조직에게 베트남전쟁(혁명)이 '창'이었다면, 공안 당국과 언론에게 이는 일종의 '방패'였다. 남민전 구성원들은 베트남전쟁을 혁명으로 읽었지만, 정부 당국과 언론은 이를 '월남 패망'의 역사와 겹쳐 읽었다. 둘 사이에는 메울 수 없는 간극이 놓여 있었다.

종전 후 베트남전쟁을 둘러싼 냉전의 상상 지리에는 중간지대가 없었다. 경제학자 스티글리츠Joseph E. Stiglitz는 "관념과 인식은 '사회적 구성물'"이며, "사회는 특정한 신념에 '갇혀' 있을 수 있다"고 했다.[23] 한국 사회를 지배해 온 "오른쪽은 신성하고 왼쪽은 악하다는 위대한 착각"이 그러한 신념 가운데 하나였다.[24] 베트남전쟁의 종전 후 한국 사회의 이념 지형은 우편향의 권력 불평등을 극대화하는 역사적 시간 속에 갇혀 있었다.

2. 리영희의 '우회로', 베트남전쟁

냉전의 우상과 이성

한국 사회에서 냉전의 상상 지리를 넘어 베트남전쟁의 역사적·현실적 의미를 대중들에게 본격적으로 알렸던 것은 리영희였다. 남베트남의 '패망'인가, 아니면 베트남 민족해방전쟁의 승리인가? 베트남전쟁 종전에 대한 시차視差는 국가·사회·개인의 이념적 지향, 리영희의 표현을 들자면 '우상과 이성'을[25] 판별할 수 있는 시금석이었다. 종전 직후 한국 사회가 베트남전쟁에 대해 보인 관심은 '패전'에 대한 평가였다.

먼저 주목할 만한 것이 웨스트모얼랜드William C. Westmoreland의 *A Soldier Reports*(1976)를 번역한 《왜 월남은 패망했는가》이다. 원서가 1월 출판되고, 한국에서 6월 말에 번역본이 나왔으니 매우 빠른 번역 출판이었다. 역자 서문은 웨스트모얼랜드가 지적하고 있는 베트남전쟁 패배의 배경을 "미국의 여론을 반대 방향으로 오도한 언론의 편향 보도, 의회의 견제 등……미국의 전쟁정책과 군부를 장악하고 있는 민간 지식인들" 등으로 정리한다.[26] 또한 남베트남의 부통령을 지냈던 응우옌까오끼의 *Twenty Years and Twenty Days*(1976)가 1977년 《월남 20년 패망 20일》이란 제목으로 번역 출판됐는데 여기서는 '월남 패망'의 원인을 '부정부패'와 국민의 '정부 불신' 등으로 지적하고 있다.[27] 한국에서 베트남은 피해야 할 사례였다.

리영희의 베트남전쟁에 대한 관심과 시선은 이와는 상반된 것이었다. 그는 1970년대 초부터 종전까지 베트남전쟁에 관련해 꾸준히 자신의 목소리를 냈고, 이는 《전환시대의 논리》(이하 《전논》)와 《우상과 이성》(이하 《우상》)으로 묶였다.[28] 리영희는 냉전의 "'정치적 신학'의 도그마가 지배"하는 사회에서는 "진정한 사회과학이 성립하기 힘든 여러 조건"들 때문에 그의 《전논》은 "가설의 해설서에 지나지 않는다"고 밝혔다.[29] 이는 《우상》에도 해당될 것이었다. 그의 베트남에 대한 관심은 인류애와 휴머니즘, 그리고 우리 세계에 대한 이해를 목표로 한 것이었다.

먼저 베트남전쟁에 대한 리영희의 관심은 기본적으로 인류애와 휴머니즘을 바탕으로 했다. 리영희는 베트남전쟁을 "현 시대를 사는 모든 인류를 시험하는 전쟁"이며, "그러기에 이 전쟁에는 관객이 없다"고 했다.[30] 그리고 자신의 연구를 "베트남전쟁을 가리켜 '인류의 양심에 그어진 상처'라고 괴로워했던 까닭은 무엇일까?……그와 같은 의문조차 제기되지 않고 있던 그 시기의 우리나라에서 스스로 질문을 제기한 것"이라고 의미 규정했다.[31] 그는 이후 임헌영과의 《대화》에서 당시의 심경을 다음과 같이 밝혔다.

미국이 베트남 사태에 대해 군사적으로 개입한 1960년부터……철수한 1975년까지의 긴 세월 동안 정말이지 나의 온 관심은 베트남전쟁에 쏠려 있었어요. 그동안 미국 군대의 포탄과 고엽제와 기총소사로 수없이 죽어간 베트남인들의 죽음과 고통과 눈물을 어느 하룻밤도 생각하지 않은 적이 없었어요.……아무리 바빠도, 그리고 아무리 취했어도, 고통받는 베트남인들을 생각하며 분노하고, 그들을 위해 기도하지 않고 잠자리에 든 날이 하루도 없어요.[32]

그가 한국전쟁 당시 경험한 집단적 광기와 평화주의에 대한 소신이 베트남전쟁과 그 속에서 고통받는 인민들에게 투영된 것이라 볼 수 있다. 이는 반공주의, 국가주의, 인종주의, 발전주의, 냉전적 사상 지리 등에 의한 베트남인에 대한 구별 짓기와 타자화, 비인간화와는 대척점에 서 있다.

리영희는 한국 사회를 냉전 용어에 대한 '조건반사의 토끼'로 규정했다. "어떤 사상事象에는 어떤 용어를 사용해야 하고, 그 용어를 사용하면 반드시 일정한 스테레오타입적 관념을 머릿속에 형성"하는,[33] 곧 냉전 용어와 그 관념을 체화하여 자연화하고 있는 상황을 비유한 것이다. 베트남은 이를 넘어서기 위한 하나의 '우회로'였다. 리영희는 〈베트남전쟁 I〉에서 베트남전쟁에 대한 탈냉전적 이해를 촉구하면서 다음과 같이 언급한다.

'태초의 말씀'과 '바른말'의 정신으로 베트남전쟁을 볼 수 있다면 모든 정치적 선전과 조작된 관념을 뚫고 현재의 세계정세와 인류의 역사적 움직임을 더 올바르게 파악할 수 있다. 그리고 그 의식적 작업을 통해서 우리는 우리 사회의 실태와, 그 속에 나타나는 여러 가지 사실에 대한 올바른 눈을 가질 수 있을 것이라고 믿는다.[34]

리영희의 《조선일보》 활동 시기를 분석한 백승욱은 베트남이라는 '우회로를 통한 공격'의 의미에 대해 "사건 자체의 의미를 새롭게 이해하려는 데 한정되는 것이 아니라 우리가 세계를 어떻게 볼 것인지, 더 나아가 동시대적 경험과 역사적 경험들을 받아들이고 수용하는 '우리'는 대체 어떤 '우리'인가, 라는 질문을 제시"한[35] 것이라 설명한다. 베트남전쟁을 통한 한국 사회에 대한 우회적 비판과 이해는[36] '전차의 길을 막는 사마귀'[37]와 같은 것이었을지 몰라도 그것이 현대사에 미친 영향은 결코 적지 않았다.

'가설의 해설서'가 베트남전쟁을 읽는 방법

베트남전쟁에 대한 리영희의 논의가 지니는 의미와 가치에 대해 이 글에서 충분히 다루기는 어렵다.[38] 대신 접근 방법, 다양한 역사 겹쳐 읽기 방식(한·베 간 역사·정치, 베트남의 남·북과 남베트남 내부의 대립, 베트남 근현대사 등)에 주목하여 냉전적 상상 지리의 재맥락화, 탈냉전적 재구축이 지닌 특성과 그 사회적 의미를 살펴보고자 한다.

리영희의 베트남전쟁에 대한 접근 방법은 〈베트남 35년 전쟁의 총 평가〉와 〈베트남 정전협정의 음미〉를 통해 살펴볼 수 있다.[39] 여기서 그는 베트남전쟁에 대한 선입견의 배제, 평가와 판단의 입장, 이데올로기의 부차성, 역사적 이해를 제시한다. 첫째, '선입견의 배제'에서는 베트남전쟁에 대한 정보의 과잉과 편협성을 지적한다. 이는 냉전적 '확증 편향'과 '허구의 평형 상태equilibrium fictions'를 만들어 낸다.[40] 이런 상황에서는 기본적 사실의 인식 자체가 지극히 어려우며, 변화는 기존의 냉전적 고정관념을 넘어서는 것에서 시작된다. 둘째, '평가와 판단의 입장'은 사건 주체의 결정, 곧 "베트남 국민의 역사적·현실적 의지의 최대공약수적 방향을 평가의 기준으로 삼아야 한다"[41]고 본다. 셋째, 이 전쟁에서 이데올로기는 부차적이며, 전쟁의 본질은 30년 전쟁의 역사 속에 이어져 내려오는 "굵은 하나의 민족적 의지", 민족해방·독립과 통일로 집약된다.[42] 넷째, 베트남전쟁은 "'30년 전쟁'이라고 하는 베트남 인민과 외세와의 관계와 그 성격을 인식의 바탕"에 깐 역사적 접근을 통해 이해해야 한다.[43] 리영희의 이러한 접근 방식은 사실·주체·본질·역사라는 키워드로 요약할 수 있다.

리영희는 한·베 간 역사의 '겹쳐 읽기'와 역지사지를 통해 냉전적 '상상 지리'를 넘어서고자 한다. 베트남전쟁의 역사성과 기본적인 성격을 설명하는 다음의 논의가 그 대표적 사례다.

전후 프랑스 정부는 베트남의 지배를 위해 다시 들어왔다.……해방 전 조선에서 패배한 일본이 다시 식민지 통치를 위해서 종전과 함께 한국으로 그 군대를 진주시켰다고 가정하는 상황과 같다. 더욱이 일본의 식민지 재통치를 그 뒤에서 전승국가가 돕고 있다고 가정할 때 해방과 독립을 위해 싸운 45년 8월 당시 한국 민중이 어떤 반응으로 대했겠는가는 쉽게 상상할 수 있는 일이다.[44]

"베트남 사람들이 우리와 같은 처지이거나, 혹은 (같은 처지)일 수 있다고 하는……당시로서는 금기시되던 생각"이었고[45] 놀라운 발상의 전환이었다. 리영희는 양국의 분단,[46] 지도자인 이승만과 지엠,[47] 휴전협정 진행 중 남베트남의 정치범 석방과 한국의 반공포로 석방,[48] 종전의 영향[49] 등 다양한 측면에서 한·베 간 역사 겹쳐 읽기를 수행한다.

베트남전쟁의 성격은 남·북/남베트남 내부의 대립을 둘러싼 대비를 통해 보다 명확히 드러난다. 북부·남부 혁명세력과 남부 정권 주체의 민족적·사회적 정당성 문제,[50] 민족통일을 둘러싼 상이한 이해,[51] 남부 지역에서 과거 혁명세력(비엣민)에 의해 진행된 토지개혁과 남부 정권의 역진적 개혁[52] 등, 전쟁은 '민족해방', '분단된 민족의 재통일', '사회혁명을 달성하기 위한 저항과정'으로 재해석된다.

리영희는 베트남전쟁의 성격을 "프랑스 제국주의·식민주의를 반대해 싸운 베트남 인민의 80년 투쟁과 반민중적 권력에 대한 민중 투쟁의 연장선상"에서[53] 바라본다. 이러한 역사적 접근은 과거와 현재의 시간을 겹쳐 읽는 작업을 통해 사건의 연속성과 차이, 차이를 지닌 재현이 지닌 역사적 의미를 보다 명확히 드러낸다. 〈베트남 35년 전쟁의 총 평가〉, 〈베트남 정전협정의 의미〉는[54] 이러한 접근을 잘 보여준다. 리영희는 1973년 파리평화협정을 분석하면서 1954년 제네바협정을 계속 현재로 불러낸다.

> 파리협정의 해석이나 각 조항의 이행 여부의 구명은 20년 전에 체결된 그대로 존속해 온 제네바협정 체결의 정신과 배경 및 해석, 그리고 이행 여부 책임 소재를 토대로 해서 보완……파리협정의 역사,……정신적 모체는 제네바협정이다.……베트남 사태의 이해는 협정 해석 면에서 미국 개입 이후, 즉 1964년 이후 사태의 진전에 비추어서만으로는 불가능하게 되어 있다.[55]

파리협정은 제네바협정과 겹쳐지면서 그 내용과 의미가 재평가된다. 제네바협정은 '휴전선의 국경선 아님'과 '1956년 7월까지 통일 총선거

실시'를 규정했다. 이의 불이행이 이후 전쟁의 비극으로 이어졌다. 물론 그 뿌리에는 1945년 9월 베트남민주공화국의 형성을 부정한 프랑스의 구식민주의가 있었다.

리영희는 미국이 베트남에 직접 개입하려 할 때 드골이 케네디에게 "민족이라는 것이 한번 눈을 뜨고 궐기한 다음에는 아무리 강대한 외부적 세력도 그 의사를 강요할 수는 없다"고 했던 충고를 소개했다.[56] 냉전 시대의 '부정적 가치관'을 넘어서는 것, 그것이 1970년대 리영희가 제기했던 시대적 과제였고, "국제정세의 국면에서 그 작업이 가장 시급한 것"이 베트남전쟁이었다.[57]

1977년 11월 23일 리영희는《우상》,《8억 인과의 대화》필화 사건으로 연행됐다. 그는 대법원에 낸 상고이유서에서 자기를 옥죈 반공법을 비판하면서 "신앙화된 것을 비신앙화할 것, 절대화된 것을 상대화할 것, 특수주의 이데올로기로 신성불가침화된 것을 비판 대상의 영역으로까지 '격하'할 것 등"을 제안하고, "그럼으로써 잃을 것은 지성과 애국심을 소외시켜 온 억압과 공포감이요, 얻을 것은 인간 지성의 개화와 명랑한 민주사회의 구현"이라고 했다.[58]《전논》은 유신체제하에서 '문제 학생' 집을 뒤지면 반드시 있던 책,[59] "세계를 보는 새로운 눈을 깨우쳐 준 책"[60]으로 1970년 중후반~80년대 초반 청년·학생들에게 큰 영향을 미쳤다.[61] 그의 문제의식이 가져온 사회적 파장은 1970년대를 넘어 1980년대를 열어 가는 사상적 주춧돌이 됐다.

3. 1980년대 '혁명의 시대', 베트남전쟁(혁명)의 재인식

역사 다시 보기: 해방기 한국의 베트남에 대한 이해

냉전은 물리적 거리보다 훨씬 큰 심리적 거리를 벌리는 동시에 상상 지리의 영역을 확장시켰다. 과거 역사도 마찬가지였다. 냉전의식에 기초한 냉전 문화는 세계를 둘로 나누고 이에 부합하지 않는 역사적 기억은 사상捨象케 했다. 해방기 한국의 베트남에 대한 인식과 이해도 그러한 사례 중 하나였다. 냉전이 본격화되기 이전 한국은 베트남을 어떻게 인식했을까? 1980년대 학생운동을 중심으로 한 민주화운동 진영의 베트남전쟁(혁명)에 대한 이해를 '시차視差'의 측면에서 좀 더 입체적으로 살펴보기 위해서는 냉전이 심화되기 이전 한국의 베트남에 대한 이해를 살펴보는 것이 유용하다.

제2차 세계대전의 종전과 더불어 한국과 베트남에서 식민지배가 종결됐다. 1945년 8월 15일 해방을 맞이하자 한국에서는 건국준비위원회가 활동을 시작했고, 베트남에서는 8월 13일 결성된 전국봉기위원회를 중심으로 역사적인 '8월혁명'을 진행하여[62] 새로운 국가 건설을 위한 첫발을 내디뎠다. 하지만 이들에게 "전후란 갑자기 주어진 상황이고, 또 다른 억압과 규정의 시간대"가 되었다.[63] 제2차 세계대전이 끝나면서 누적되어 온 미·소의 갈등과 이데올로기적 차이는 점점 더 확연해졌다. 미국은 반파시즘 연대를 뒤로하고, 전후 새로운 적에게 맞설 수 있는 대응전략을 서둘러 모색했다.[64]

냉전의 시간이 도래하고 있었고, 그 직접적인 결과가 분단과 점령군의 진주였다. 한국은 북위 38도선, 베트남은 북위 16도선에서 분할됐다. 한국의 북쪽에는 소련군, 남쪽에는 미군, 베트남의 북쪽에는 중국군, 남쪽에는 한시적으로 영국군이 진주했다. 냉전이 무르익기도 전에 발생했던 이러한 상황은 새로운 제국으로 부상한 미국, 그리고 구 식민지배국의 이해를 반영한 것이었다. 미국은 돌진하는 소비에트 붉은 군대가 아니라 아시아 도처의 공산주의자와 민족주의자의 혁명을 두려워했고,[65] 영국·프랑스와 같은 구 식민종주국은 한 치의 땅도 양보하려 하지 않았다.[66] 이에 따라 미국은 남한을 직접 점령했고, 프랑스가 인도차이나에서 전전戰前의 위치를 회복하도록 한다는 결정을 내렸으며,[67] 영국은 프랑스의 대리자로 남베트남에 들어갔다.

전후 미·소의 입장 변화, 그 '시차 효과'를 반영한 세계사적 차원의 '냉전의 시간'은 한국과 베트남의 국내 시간에 영향을 미쳤다. 그러나 세계사적 시간에 대한 국내 시간의 친화력은 서로 달랐다. 냉전의 시간에 쉽게 포획된 것은 한국이었다. 미 군정하에서 민족과 반민족의 대립은 좌와 우의 대립으로 치환되었고, 이는 세계사적 냉전의 시간이 한국으로 이입되는 과정이었다. 하지만 사회 권력관계의 재편과 냉전의식의 침투·확산, 그리고 이러한 의식의 대외관계로의 투영은 얼마간의 시차時差를 두고 진행됐다.

1949년 10월 새로운 중국의 탄생과 1950년 이후 냉전이 본격화되기 이전 한국의 탈식민지 아시아에 대한 인식은 '아시아의 약소민족'이라는 자기 정체성 부여와 지역적 동류성 확인, 이에 기반한 상호 연대의 필요성을 강조하고 있었다.[68] 이는 베트남에도 투영됐다. 특히 베트남의 경우는 해방과 더불어 프랑스가 재진주하여 구식민주의의 복귀가 진행되었기 때문에 과거 식민국으로서 이에 대한 연대감이 표출되었다.[69] 일례로 1946년 12월 1차 인도차이나전쟁이 발발하자 "월남인은 노예가 되느니 오히려 죽음을 택할 것"이라는 호치민의 전쟁 선언을 기사로 실었고,[70] 전쟁이 진행 중인 가운데도 "안남 민족주의자들이 1945년 불인佛印의 독립을 획득하기 위하야……수립한 것"이라고 호치민 정부를 소개했다.[71] 물론 이념적 견지에서 베트남 문제를 평가하기도 했지만, 그와 동시에 호치민 세력은 민족주의자로 호명되었으며, 당시 동남아시아 민족운동의 대표적 사례로 소개되기도 했다.[72] 여기에서 주목할 만한 것은 베트남의 민족운동에 대한 성격 규정이다.

> 공화국 측 영도자인 호지명 대통령이 소련에서 훈련을 받았고 또 대불 투쟁의 선봉적 역할을 하고 있는 것이 공산당이기는 하나……그 운동은 정통 공산주의 이론으로 볼 때 너무나 큰 간격을 가지고 있는 것이다. 그들 목적의 제일의는 불란서 세력을 불인佛印 전토로부터 구축하고 안남인의 통일국가를 건설하여 식민적 노예생활과 유구한 봉건제도의 질곡을 벗어나려는 데 있으며 반드시 공산주의국가에 목표를 두고 있지 않다.[73]

이러한 시각은 베트남전쟁의 본질을 정확히 꿰뚫고 있는 것이었다. 그러나 탈식민주의, 민족주의적 관점은 1949년 8월 소련의 원폭 실험 성공, 10월 중국혁명 성공, 연이어 1950년 1월 18일 중국, 1월 30일 소련, 2

월 1일 북한이 호치민 정부를 승인하는 일련의 과정을 거치며 일대 전환을 맞이한다. "월남은 드디어 동아의 또 하나의 화약고로 등장"했고, 한국은 "공산주의의 만연을 방지함으로써 민주적 승리를 기하는 아세아의 공동운명"을 인지한다.[74]

한국전쟁을 경험하면서 한국의 대외적 시선은 반공에 정초되고,[75] 베트남은 국제관계에서의 개별적 주체라기보다는 냉전 지형의 일부로 대상화된다. "만약 인지印支가 공산주의 수중으로 들어가게 된다면……태평양 지역의 전 자유세계에 위협을 가하게 될 것이다"[76]라는 논의에서 볼 수 있는 바와 같이 인도차이나는 도미노론에 입각한 세계적 냉전의 최일선으로 부각되는 것이다.

역사적으로 보았을 때 한국의 베트남전쟁(혁명)에 대한 시각은 냉전 반공주의에 한정된 것이 아니었다. 냉전 세계체제, 분단과 전쟁을 통한 한국의 국가 형성, 반공으로 일원화된 사회와 냉전 문화가 사회적 인식 지평의 확장을 제약했다. 베트남전쟁(혁명)에 대한 재고는 1980년대 들어와 본격화된다. 그러나 이는 해방기 베트남의 민족주의에 대한 연대감, 이해와 관심이라기보다는 베트남이 성취한 민족혁명의 한국적 재현에 대한 희망을 담은 것이었다. 1980년대는 바야흐로 '혁명의 시대'였다.

'혁명'으로 다시 읽는 베트남전쟁

1980년대는 '5·18광주항쟁의 시대',[77] '부정한 시대',[78] '사회과학의 시대',[79] '위대한 각성의 시대',[80] 그리고 무엇보다 '혁명의 시대'였다.[81] 시기적으로 이는 1979년 10월 부마항쟁과 1980년 5·18을 거쳐 1987년 6

월항쟁에서 정점에 달했으며, 1992년 12월 대통령 선거를 거치며 후퇴해 갔다.[82] 당시 민주화운동 세력은 과거와는 다르게 베트남전쟁(혁명)에 보다 급진적 의미를 부여했다. 베트남전쟁(혁명)은 냉전의식을 허무는 '이성의 도구'를 넘어 '혁명의 도구'가 돼야 했고, 거기에는 군부독재에 저항한 1980년대식 '베트남 읽기'가 있었다. 베트남에 대한 이러한 재독해는 '5·18광주민중항쟁의 역사적 시간', '냉전에 대한 수정주의적 접근', '한국과 베트남의 역사적 유사성' 등을 배경으로 했다.[83]

첫째, 1980년대 변혁운동의 급진성을 규정했던 것은 '5·18광주민중항쟁'이었다. 황석영은 소설 《오래된 정원》에서 5·18과 1980년대에 대해 다음과 썼다.

> 모두들 광주에서의 무자비한 양민학살을 보고 들었고……이전처럼 어중간한 생각이나 형태로는 막강한 폭력을 이겨낼 수가 없고……모두가 혁명을 이야기했다. 급진적 경향은 절망과 치욕감을 이겨낼 수 있는 유일한 길이 되었다.[84]

5·18은 "1980년대 혁명적 대항 이데올로기의 원천"이었고, "사회운동의 거의 모든 논쟁의 화두는 '혁명'의 둘레를 맴돌았다".[85] 테르본Göran Therborn은 "중국혁명과 쿠바혁명은 아시아와 라틴아메리카의 나라들에서 각각 모방하려는 시도를 불어넣었다"[86]라고 했는데 혁명을 '모방'하려는 열망은 한국도 마찬가지였다.

1980년대 운동세력은 중국, 러시아는 물론 제3세계 혁명에 대해 폭넓은 관심을 보였고 베트남도 그중 하나였다. 5·18은 또한 한국의 반미운동의 출발점이기도 했다. 전두환 정권에 대한 용인과 5·18에 대한 유혈

진압 묵인 등 일련의 사건은 한국의 반미운동에 불을 지폈다.[87] 베트남전쟁(혁명)에 대한 이해에서 반미는 중요한 의미를 지녔다. 이는 베트남이 더이상 미국의 냉전적 시각에서 읽히지 않을 것임을 의미했다. 베트남전쟁은 혁명, 민족해방, 독립운동사로 다시 읽히기 시작했던 것이다.

둘째, 1980년대로 들어오는 입구에서 주목해야 할 책은 1979년 10월 16일 출간된《해방 전후사의 인식》(송건호·임종국 외, 1979)이었다. 이 책은 10·26이 터져 판금될 때까지 열흘 만에 4,000권이 나갔고, 1980년 '서울의 봄'까지 6개월간 1만 5,000권이 나갈 정도로 놀랄 만한 관심을 불러일으켰다.[88] 1980년대 한국 지식사회는 한국 현대사에 대한 관심으로 뜨거웠다. 그즈음 미국에서 브루스 커밍스의 *The Origins of the Korean War*(《한국전쟁의 기원》, 이하《기원》)가 출간됐다.[89] 윤건차는 1980년대 한국 사회의 변혁사상을 마르크스주의, 주체사상, 수정주의로 나누어 설명하는데 커밍스의 책은 한국의 '수정주의 사관', 혹은 '민중사관'에 큰 영향을 끼쳤다.[90] 냉전 연구에서 1940년대 후반 등장한 전통주의는 '소련 책임론'을 강조한 반면, 1960년대 후반 등장한 수정주의는 '미국 책임론'에 입각했다.[91] 수정주의의 등장 배경에는 베트남전쟁이 있었다. 베트남전쟁의 오류를 추궁하는 과정이 "한국전쟁을 포함한 미국의 아시아 정책에 대한 반성과 재평가"로 이어졌고,[92] 《기원》은 그 연장선상에 있었던 것이다.[93] 이렇게 본다면 한국의 수정주의 역사관은 베트남전쟁의 '의도치 않은 효과'의 영향 안에 있었다.

또한 커밍스의《기원》은 한국과 베트남의 역사 '겹쳐 읽기'에 대한 지속적인 상상력을 촉발하는 자극제가 되기도 했다. 《기원》의 서문에서 그는 "1945년에 한국은 혁명이 성숙되어 있었다.⋯⋯그러나 한국의 북부에서는 베트남식의 공산주의가 발전되지 않았으며, 남쪽에서는 뿌리 깊은 반란도 전개되지 않았다. 어째서 그러했는가도 이 연구의 주된 관심사의 하나"[94]라고 밝히면서 식민지 한국과 베트남의 도로·철도, 민족주의 운동, 신탁통치 문제, 탈식민 시기 치안력, 혁명의 지리적 조건 등에 대한 비교와 겹쳐 읽기를 시도한다.[95] 전쟁의 기원을 살피는 작업은 냉전이 설명할 수 없는 민족적·사회적 대립의 뿌리를 드러내는 것으로 전쟁에 관한 시각의 근본적 전환을 함축한 것이었다.

셋째, 한국과 베트남의 역사적 유사성은 한국이 베트남에 관심을 갖게 되는 기본적인 배경이 됐다. 두 국가의 근현대사는 식민지, 해방, 혁명, 분단, 전쟁을 주제어로 서로를 비추는 거울로서 손색이 없었다. 1945년 일본으로부터 해방된 한국·베트남은 남·북으로 분단되어 남에는 반공 정권, 북에는 사회주의 정권이 들어섰다. 남베트남의 지엠은 '베트남의 이승만'이었고,[96] 쿠데타를 통해 군부 정권이 들어선 것도 유사했다. 그러나 1975년 둘의 운명이 갈렸다. 베트남전쟁을 바라보는 시선의 양극단에는 '월남 패망'과 '민족해방·통일'이 있었다. 전자는 냉전의식을, 후자는 민주화와 사회변혁 의식을 대변했다. 1980년대에도 반공의식은 여전히 힘을 발휘했지만 혁명에 대한 희망 또한 커졌다.[97] 리영희의 1970년대식 베트남전쟁 읽기의 기본 지향이 냉전을 넘어서는 것이었다면, 1980년대 민주화운동 시기 베트남에 대한 '상상 지리'는 '민족적·사회적 혁명' 투쟁을 한국에서 재현하고자 하는 열망을 반영했다.

4. 번역과 혁명

금서의 시대, 운동으로서의 번역

1980년대 초반 한국 사회에 베트남은 낯익으면서도 낯선 나라였다. 긴 참전 기간에 비해 베트남의 역사는 제대로 알려지지 않았다. 국내 연구로는 베트남 현대사를 다룬 리영희(2006a; 2006b), 전설시대로부터 1945년까지를 다룬 유인선(1984)이 대중들이 접할 수 있는 몇 안 되는 책이었다. 그나마 현대사에 대한 비판적 접근은 리영희가 유일했다.

그러나 이러한 소박한 앎 속에서도 "80년대 초반 베트남은 '해방'의 다른 이름"이기도 했다.[98] 한국의 젊은 '혁명가들'은 베트남 현대사를 텍스트로 혁명을 모방·재현하고자 했고, 그 출발점에는 번역이 있었다.[99] 1980년대는 '번역 붐'이라 할 만큼 번역서 출판이 늘었고,[100] 이념서적의 홍수시대였다.[101] '불온한 것'의 번역·출판, 그리고 지하서클과 동아리에서의 '같이 읽기'는 그 자체가 정치성을 담보한 저항 행위였다.[102] 1980년대 중반을 경과하면서 베트남전쟁(혁명)에 관련한 책과 논문들이 번역되어 한국 사회에 소개됐다. 〈표 2〉는 이를 연도 순으로 정리한 것이다.

1980년대는 '금서의 시대', 책의 수난시대였다.[103] 베트남사와 관련된

<표 2> 1980년대 베트남전쟁(혁명) 관련 번역물[104]

저자	연도	옮긴이	제목
더글라스 파이크	1985	녹두편집부	베트남 공산주의운동사 연구
제임스 해리슨	1985	조동순	끝없는 전쟁-베트남 독립 운동사
太田勝洪·原田大三郎 編著	1986	편집부	胡志明
듀커 外	1986	박성식 엮음	베트남혁명 연구
眞保潤一郎	1986	조성을	베트남 현대사
구엔반봉	1986	편집실	사이공의 흰옷
유지열 편역	1986	유지열	베트남 민족해방운동사
버나드 B. 폴 엮음	1987	김대건	호찌민의 베트남혁명론
챤딘반	1988	김민철	불멸의 불꽃으로 살아-한 베트남 혁명전사의 삶과 죽음
고다인주온 외	1988	편집부	베트남 혁명과 마르크스주의 철학
보우엔지압	1988	한기철	인민의 전쟁 인민의 군대
러셀 스테들러 엮음	1988	류영래	인민전쟁 군사예술론-보 우엔 지압의 베트남 통일병법
오다마고또	1988	곽해곤	분단 베트남과 통일 베트남 그 현장을 가다
쟝 라꾸뛰르	1988	아시아·아프리카·라틴아메리카 연구원	베트남의 별
R.B. 에스프레이[105]	1989	편집부	세계 게릴라전사 3~4
베트남공산당중앙위원회 마르크스레닌주의연구소 산하 베트남공산당사 연구회[106]	1989	김종욱	베트남공산당사-베트남 인민의 반제·반봉건 투쟁에서 해방 후 사회주의 건설까지

최초의 금서는 1909년 금서가 된 판보이쩌우Phan Bội Châu의 《월남망국사》(주시경·이상익 옮김)였다. 이후 1970년대에는 리영희의 《전논》, 《우상》이 금서가 됐고, 1980년대, 적어도 1985~86년 발행된 위의 베트남 관련 서적은 모두 금서로 묶였다.[107] 또한 1987년 선별 해금 시기에도 《끝없는 전쟁》, 《베트남 민족해방운동사》 이외의 다른 책들은 미해금 상태로 남았다.

번역된 책들은 어떤 것들일까

책을 주제·형태별로 분류하면 역사서(파이크, 1985; 해리슨, 1985; 眞保潤一郎, 1986; 유지열 편역, 1986; 에스프레이, 1989; 베트남공산당사연구회, 1989), 혁명운동을 주제로 여러 논문을 선별하여 편역(듀커 외, 1986), 베트남혁명 주체 원전 소개(폴 엮음, 1987; 보우옌지압, 1988; 스테들러 엮음, 1988), 마르크스주의 철학(고다인주온, 1988), 인물평전(太田勝洪·原田大三郎 編著, 1986; 라꾸뛰르, 1988), 베트남 현장 르포(오다마고또, 1988), 전쟁문학(구엔반봉, 1986; 찬딘반, 1988)으로 분류해 볼 수 있다.

역사서 가운데 파이크(1985)와 베트남공산당사연구회(1989)는 집필 주체의 성격이 대조적이다. 파이크(1985)는 "베트남전쟁의 한쪽 당사자인 미국에서 바라본" 것이며,[108] 베트남공산당사연구회는 통일 이후 베트남에서 출판된 영어본을 번역한 것으로 베트남인의 시각에서 본 당사를 처음 소개한 것이었다.[109] 유지열 편역(1986)은 셰노Chesneaux, Jean의 *Le Vietnam-Etudes de politique et d'histoire*(1968)의 일본어 번역을 중역하고, 타니가와 요시히코谷川榮彦의 《東南アジア民族解放運動史》(勁草書店, 1972)

1장을 기본으로 다른 논문과 연구서 등을 보충·재편집하여 편역자의 입장이 강하게 드러나는 책이다.

베트남혁명의 주체에 관련한 책은 호치민(폴 엮음, 1987)과 보우엔지압(보우엔지압, 1988; 스테들러 엮음, 1988)을 대상으로 했는데, 호치민보다 지압 장군의 책이 2권 번역된 것은 당시 베트남전쟁(혁명)에 대한 관심과 운동의 분위기를 반영한 것으로 보인다.

인물평전은 둘 다 호치민에 대한 것이며, 일어 번역본인 오타 카츠히로 외(太田勝洪·原田大三郎 編著, 1986)는 호치민 평전으로서는 한국에 처음 소개된 것으로 의미를 지닌다. 오다마고또(1988)는 전쟁 시기가 아닌 통일 이후 베트남을 다룬 현장 르포의 번역물이라는 점이 특징적이다.

전쟁문학은 실존 인물을 다뤘다. 구엔반봉(1986)의 주인공 '홍'은 1960년을 전후로 사이공을 중심으로 학생운동을 했던 응우옌티쩌우Nguyễn Thị Châu였고, 챤딘반(1988)의 주인공 응우옌반쪼이Nguyễn Văn Trỗi는 미 국방장관 맥나마라 암살 기도에 실패하고 1964년 10월 15일 남부 정권에 의해 총살당한 인물이었다.[110] 이 가운데《사이공의 흰옷》은 특히 유명했다.[111]《전논》을 읽은 학생들이《사이공의 흰옷》을 읽는 것은 통과의례 같은 일이었고,[112] 운동권을 넘어 대학생이면 읽어야 할 교양서로 인식되기도 했다.[113]

번역의 의도와 책 읽기 방향

번역서의 내용은 대체로 첫째, 왜 베트남인가, 둘째, 베트남에 대한 기존 담론의 문제는 무엇인가, 셋째, 베트남을 어떻게 읽을 것인가, 넷째, 책 읽기에서 독자에게 바라는 것은 무엇인가, 등으로 나누어 그 특징을 살펴볼 수 있다.

첫째, 왜 베트남인가? 이는 매우 기본적인 질문이지만 어디에 초점을 두는가에 따라 그 대답이 달라질 수 있다. 리영희의 그것이 '냉전의 우상'을 넘어서기 위한 것, 베트남전쟁에 대한 '객관적 인식'을 위한 것이었다면, 1980년대 번역서에 투영된 것은 실천적 사회변혁의 열망이었다.

번역자들은 세계 최강의 미국이 제3세계 약소국 "검은 파자마를 입은 누더기 같은 꼬마놈들"[114]에게 왜 패했는지, 베트남인들은 어떻게 승리할 수 있었는지를 보여주고자 했다.[115] 이는 "혁명의 역사적 경험들에 대한 살아 있는 이해를 통해 현재 제기되고 있는 문제들에 대해 올바른 해결책을 모색"하기 위함이었다.[116] 또한 "사회주의 나라 사람들은 어떻게 먹고 살고 무엇을 생각하고 있는지"에 대한 호기심,[117] 이의 연장선상에서 "우리와 같은 분단을 경험한 베트남에 대한 체계적 연구가 통일이라는 우리의 시대사적 요청에 일정하게 부합하리라"는 희망을 투영하기도 했다.[118]

둘째, 베트남에 대한 기존 담론의 문제는 무엇인가? 먼저 주목할 것은 베트남전쟁 자체에 관련한 명명, 단계 구분 등 전쟁의 성격과 해석에 대한 부분이다. 유지열은 베트남인을 주체로 전쟁을 재명명해야 한다고 논의한다. '인도차이나전쟁'은 '저항전쟁', '내전'이 아닌 '침략전쟁', 베트남전쟁·베트콩이란 미국 중심적 용어의 거부, 1·2차 인도차이나전쟁이라는 두 개의 전쟁이 아닌 미국의 연속된 전쟁으로 전쟁의 재인식, 전쟁에서 북베트남의 주도성 거부 등이 그것이다.[119] 다음으로는 한국 사회의 문제다. "베트남에 파병까지 했으면서도 베트남의 상황과 기록이 거의 전무",[120] "베트남전쟁에 관한 연구서는 물론 역사적 개괄서조차 제대로 나온 적이 없는 실정"[121] 등 한국 사회는 베트남에 대해 기본적으로 무지

했다. 이는 베트남이 공산화됨으로써 "금단의 영역으로 멀리 떨어져"[122] '사상 지리'를 강화한 결과라고도 할 수 있다. 더 나아가 "전쟁에 직접 참여했던 당사자"였으면서도 베트남전쟁의 성격에 대한 "피상적인 극단적 이해",[123] 대중교육 현장에서 되풀이되고 있는 "베트남은 무책임한 사람들이 일으킨 사회 혼란으로 인해 망했으며 지금도 비참하다"는 논리와 "베트남 상황을 비참 일색으로 보도"하는 언론의 태도 등 한국의 베트남에 대한 인식은 불철저하기 그지없는 것이었다.[124] 이러한 문제 제기는 베트남전쟁(혁명)의 '다시 읽기'를 통해 한국 사회의 베트남 담론에 대한 근본적인 재인식을 요구한다.

셋째, 베트남을 어떻게 읽을 것인가? 이는 베트남의 입장에서 베트남 읽기, 한국과 겹쳐 읽기, 과거 혁명에 대한 혁명의 주체적 재해석과 이해 등으로 나누어 볼 수 있다. 리영희의 접근과 유사하게 베트남전쟁(혁명)에 대한 시각은 베트남의 입장에 토대를 둔다. 베트남전쟁(혁명) 당사자의 글을 통해서든,[125] 베트남의 입장에서 전쟁(혁명)을 재명명하든,[126] 혹은 베트남인들의 민족해방운동의 '대의'를 배워 가든,[127] 그 중심에는 베트남이 주체인 전쟁(혁명)이 있다.

이러한 입장은 번역물의 한계를 스스로 인식하는 방식에서도 드러난다. 예를 들어 "이 책은 어디까지나 베트남전쟁의 한쪽 당사자인 미국에서 바라본 것에 지나지 않는다"라는 논의나,[128] '호치민은 결코 공산주의자가 아니었고 초지일관된 민족주의자였음'을 강조하는 버나드 폴의 입장에 대해 "굳이 민족주의자였음을 강조하는 이면에는 이데올로기적 강요, 즉 서구세계의 허울 좋은 자유민주주의를 선택하라는 강요가 은폐되어 있다"라는 비판적 독해[129] 등은 목소리 주체에 대한 번역자들의 고민을 드러낸다. 한국과 겹쳐 읽기는 "우리나라의 역사를 떠올리면서 읽으면 보다 잘 이해될 뿐만 아니라 두 나라의 민족해방운동사에 대한 새로운 느낌을 받을 것"이라는 직접적인 제언, 더 나아가 베트남에서의 투쟁을 한국에서의 투쟁과 '대위법적으로 연결'[130]하여 베트남의 과거 투쟁이 곧 현재 우리의 투쟁일 수 있다는 '상상적 동일화'를 통해 수행된다.[131] 직접적인 언급은 피하더라도 번역자 논의의 맥락을 따라가다 보면 베트남의 '항미 항전'은 당시 한국의 현실 투쟁과 이미지적으로 겹쳐진다.

마지막으로 혁명의 주체적 재해석과 실천은 베트남의 경험이 "우리 자신의 문제"라는 의식을 반영한다.[132] "근현대사 연구학습의 궁극적 목표는 자기 민족의 해방투쟁사에 관한 실천적 규명"이며,[133] 이 과정에서 경계해야 할 것은 '과거의 역사적 경험을 기계적으로 모방·반복하려는 안이한 자세'와 '사회혁명이 갖는 역사적 법칙성을 부정'하는 것이다.[134] "혁명사에 대한 그릇된 이해와 해석은 곧바로 실천상의 오류로 직결"되므로 베트남 혁명사는 그야말로 "우리 자신의 문제의식에 기초"하여[135] 정리돼야 하는 것이었다.[136]

넷째, 책 읽기에서 독자에게 바라는 것은 무엇인가? "제국주의에 대한 인식", 그리고 "베트남 상황에 대한 올바른 이해에 도움"이 되는 것,[137] "베트남의 경험을 통해……해방 투쟁의 일반이론을 변화하는 자기 현실에 맞게 독자적으로 자유자재로 구사할 수 있는 폭넓은 인식과 실천능력"을 배워야 한다는 것,[138] "(베트남) 혁명뿐만 아니라 혁명 일반에 대한 우리의 이해가 한걸음 전진"하는 것,[139] "현실적이고, 살아 있는 문제의식을 통해 이 책을 소화해 달라는 것"[140] 등, 자신의 의지를 독자와 공유하고자 하는 희망을 보여준다. 사실 이들의 논의는 "혁명이란 잘 익으면 떨어지는 사과와는 다르다. 당신이 그것을 떨어뜨려야 한다"[141]는 체 게바라Che Guevara의 말을 다양한 수사를 동원해 반복하는 것이라 할 수 있다.

반공주의의 흔적들

번역자 서문 혹은 후기를 통해 드러나는 의식의 균열·충돌 지점은 어떤
것이 있을까? 이는 먼저 반공주의의 흔적들로 드러난다. 초기 번역된 한
책은 출판 의도 중 일부를 다음과 같이 설명한다.

> 여타의 공산권 국가에서는 그 유례를 찾아볼 수 없는 개인숭배와 부자세
> 습체제를 굳혀 나가고 있는 북한 공산집단과 대치하고 있는 현재의 분단
> 상황에 비추어 볼 때, 베트남 공산주의의 생성, 실패 그리고 발전과정
> 을⋯⋯검토한 이 책은 우리의 현실을 냉정하게 인식하는 데 도움⋯⋯.[142]

이러한 입장은 "공산주의자들의 승리는 우리에게 많은 경각심을 안겨
주고 있다",[143] "'우방'의 적극적인 지원과 많은 물자의 원조에도 불구하
고 베트남은 '패망'했다. 우리는 같은 분단국가의 입장에서 이 점을 냉정
하게 반성해야 한다"라는[144] 논의 등에서도 발견된다. 하지만 이를 활자
그대로 냉전·반공의 입장에서 읽을 수는 없다. 이 책들은 발행되면서 바
로 금서로 묶였으며, 파이크(1985)는 지하서클의 제3세계 혁명사 사회과
학 학습도서로 활용되기도 했다.[145] 반공적 수사는 비록 그것이 소용없을
지라도 책의 검열에 대비한 일종의 '보험'으로, '금서시대'의 일면을 반
영한 것으로도 읽을 수 있다.

베트남전쟁(혁명) 읽기의 '비동시성의 동시성'

서사 방식의 시대적 특성에서 먼저 주목할 것은 냉전적 사상 지리의 붕괴와 과거 적으로 규정됐던 '사회주의 베트남'에 대한 이념적 경도 현상이다. 이는 물론 마르크스주의의 세계사적 시간과 조응하는 한국 마르크스주의의 '비동시성의 동시성', 곧 압도적인 국가폭력에 적극적으로 대응하기 위한 명료한 대항이론으로서의 마르크스주의의 확산과 궤를 같이한다고 볼 수 있다.[146]

1980년대 베트남은 식민지 민족해방, 혁명의 '이념형'적 모델로 인식됐다. 리영희는 "시계의 추가 균형을 잡기 위해서는 이쪽 끝과 저쪽 끝을 맞추어야 하는 것"처럼[147] 사실을 직시하기 위해서는 현재의 극단을 넘어 반대 입장을 드러내야 한다고 했는데, 번역에서 드러나는 베트남전쟁(혁명)은 한국의 공식 역사의 역거울상이었다. 이로 인해 당시 변혁운동의 베트남 역사 다시 읽기는 한·베 관계의 변화와 현재성을 제대로 반영하지 못했다. 노태우 정권의 북방정책, 베트남의 1988년 서울올림픽 참가, 한·베 간의 경제관계 진전 등 현실 변화는 운동으로 환류되어 베트남에 대한 새로운 상을 만들어 가는 데까지 이르지 못했던 것이다. 변혁운동이 주목했던 것은 베트남의 현재가 아닌 과거 전쟁(혁명)이었고, 이것이 낳은 이중의 시차視差·時差가 당시 운동의 시각과 범위를 제한했다.

한국의 베트남전쟁은 번역자들의 관심의 범주에 포함되지 않았다. 한국의 참전은 종종 책을 번역하는 이유 중 한 부분으로 언급되기는 하나 그 자체가 중요한 것은 아니었다. 베트남전쟁(혁명)을 읽는 목적은 제3세계 혁명의 한국에서의 '재현'이었다. 베트남인들이 자신의 전쟁을 '미국전쟁'이라 불렀듯 베트남의 입장에서 전쟁(혁명)을 바라보려 했던 시각에 한국의 참전은 끼어들 수 없었다. 1980년대 군부 정권에게도, 변혁운동 세력에게도 한국의 베트남전쟁은 관심의 대상이 아니었다. 한국 사회가 경험했던 베트남전쟁은 의도했든 의도치 않았든 그렇게 기억 속에서 멀어져 갔고 잊혔다.

■ 1980년대 베트남전쟁(혁명) 관련 번역서 목록(번역 시기 순)

• 파이크, 더글라스, 녹두편집부 옮김, 《베트남 공산주의운동사 연구》, 녹두, 1985(Pike, Douglas, 1978, *History of Vietnamese Communism, 1925~1976*, Stanford: Stanford University, Hoover Institution Press).

• 해리슨, 제임스, 조동순 옮김, 《끝없는 전쟁−베트남 독립운동사》, 아리랑, 1985(Harrison, James Pinckney, 1983, *The Endless War-Vietnam's Struggle for Independence*, New York: Mc−Graw−Hill).

• 太田勝洪·原田大三郎 編著, 편집부 옮김, 《胡志明》, 성원, 1986(太田勝洪·原田大三郎 編訳, 1972, 《ホー·チ·ミン》, 東邦出版社−번역본 밝히지 않음).

• 듀커Duiker, William J. 외, 박성식 엮음, 《베트남혁명 연구》, 세계, 1986(논문모음으로 총 8개 장과 2편의 자료로 구성, 각 장에 출전 표기).

• 眞保潤一郎, 조성을 옮김, 《베트남 현대사》, 미래사, 1986(眞保潤一郎, 1968, 《ベトナム現代史：帝国主義下のインドシナ研究序説》, 春秋社).

• 구엔반봉, 편집실 옮김, 《사이공의 흰옷》, 친구, 1986(번역본 밝히지 않음).

• 유지열 편역, 《베트남 민족해방운동사》, 이상과현실사, 1986(Chesneaux, Jean, 1970, "Le Vietnam. Etudes de politique et d'histoire", *Revue Tiers Monde*, vol. 11의 藤田和子 번역본과 谷川榮彦, 1972, 《東南 アジア民族亥方運動史》, 勁草書店, 1장을 기본으

로 기타 논문·연구서·자료를 보충 편집·재구성).

....

• 폴, 버나드 B. 엮음, 김대건 옮김, 《호찌민의 베트남혁명론》, 거름, 1987(Fall, Bernard B., 1967, *Ho Chi Minh on Revolution, Selected Writings*, 1920~66, Frederick A. Praeger, Inc., Publishers).

....

• 찬딘반, 김민철 옮김, 《불멸의 불꽃으로 살아-한 베트남 혁명전사의 삶과 죽음》, 친구, 1988(번역본 밝히지 않음).

....

• 고다인주온 외, 편집부 옮김, 《베트남 혁명과 마르크스주의 철학》, 일월서각, 1988(岩名泰得 編訳, 1976, 《ベトナム革命とマルクス主義哲学》, 青木書店-번역본 밝히지 않음).

....

• 보우옌지압, 한기철 옮김, 《인민의 전쟁, 인민의 군대》, 백두, 1988(1부는 Võ Nguyên Giáp, 1962, People's War, People's Army, Frederick A. Praeger, Inc.를 2부는 *Big Victory, Great Task: North Viet-Nam's Minister of Defense Assesses the Course of the War*와 *Banner of People's War, Party's Military Line*, Praeger판 완역임을 밝힘).

....

• 스테들러, 러셀 엮음, 류영래 옮김, 《인민전쟁 군사예술론-보 우옌 지압의 베트남 통일병법》, 참한, 1988(Stetler, Russell, 1970, *The Military Art of People's War*, Monthly Review Press).

....

• 오다마고또, 곽해곤 옮김, 《분단 베트남과 통일 베트남 그 현장을 가다》, 일송정, 1988(小田實 著, 1986, 《ベトナム以後を歩く》, 東京: 岩波新書-번역본 밝히지 않음).

• 라꾸뛰르, 쟝, 아시아·아프리카·라틴아메리카 연구원 옮김, 《베트남의 별》, 소나무, 1988(Lacouture, Jean, 1967, *Ho Chi Minh*, Editions du Seuil, Paris).

....

• 에스프레이, R. B., 편집부 옮김, 《세계 게릴라전사 3~4》, 일월서각, 1989 (Asprey, Robert B. 1975, *War in the Shadows: the guerrilla in history*, N.Y.: Doubleday & Company, Inc).

....

• 베트남공산당중앙위원회 마르크스레닌주의연구소 산하 베트남공산당사연구회, 김종욱 옮김, 《베트남공산당사—베트남 인민의 반제·반봉건 투쟁에서 해방 후 사회주의 건설까지》, 소나무, 1989(The Institute of History of the Communist Party of Vietnam under the Institute of Maxism Leninism, 1986, *History of the Communist Party of Vietnam*, Foreign Language Publishing House).

2부

전쟁의 기억,
기억의 전쟁,
과거청산

5장

잊힌 전쟁
불러오기

1. 주변부 지역에서의 냉전과 탈냉전

냉전, 주변부 전쟁과 망각

독일의 역사학자 슈퇴버Bernd Stöver는 냉전을 "두 개의 양립할 수 없는 세계관이 상호 경쟁적인 사회체제론을 바탕으로 전개한 대립"이라고 정의했다.[1] 총력전의 형태로 전개된 냉전은 정치·경제·군사적 영역을 넘어 사회문화와 일상적 영역까지 심대한 영향을 끼쳤고, 진영 간 분리뿐만 아니라 사회 내부를 갈라 놓았다.

제2차 세계대전 종전과 더불어 진행된 탈식민과정은 글로벌 질서 차원에서 보면 "제국적인 형태에서 양극적인 형태로 변모"함을 의미했고,[2] 이는 전승국이 "점령한 지역에 자신의 사회체제를 강요"하는 방식으로 실현됐다.[3] 홉스봄Eric Hobsbawm은 "독립과 탈식민화를 지향하는 일반적인 운동은 특히 1945년 후 의심할 바 없이 사회주의적/공산주의적 반제국주의와 일체감을 느꼈다"고 했는데[4] 냉전체제하에서 이는 많은 문제를 야기했다.

전후 미국의 새로운 외교정책은 "전 세계의 모든 혁명에 반대하고 미국의 위대성을 구현"하는 것을 이념적 토대로 한 '반혁명'정책이었다.[5]

제3세계에서의 반란이 소련보다는 "미국에 대항한 것이었기 때문에 미국은 거리낌 없이 개입"했다.[6] 한국전쟁 당시 국무부 동아시아태평양담당국 차관보, 베트남전쟁 당시 국무장관으로 베트남전쟁의 정책 대변인으로 활동한 러스크Dean Rusk는 지정학의 실천적 함의를 "한 곳에서 발생한 사건은 다른 곳에서 발생할 사건에 영향을 줄 수밖에 없다"라는 말로 정리했다.[7] 미 국무장관을 지낸 애치슨Dean Acheson은 "한 개의 썩은 사과는 사과통 전체를 썩게 할 수 있다"는 비유로 이를 표현하기도 했다.[8]

1945년 이후 미국이 주변부 지역에 개입한 사건의 연쇄는 미국의 정책의 본질이 무엇이었는지 잘 보여준다. 1945년 8월 한국의 분단, 1947년 3월 트루먼독트린 선언과 1949년까지의 그리스 내전 개입, 1950년 한국전쟁 참전과 1차 인도차이나전쟁에서의 프랑스 지원, 1954년 베트남 문제에 대한 직접 개입과 1965년 베트남전쟁 파병으로 이어지는 연속적인 전쟁사 속에서 미국은 언제나 주역이었다. '제국'으로서의[9] 미국에게 세계는 '거대한 체스판'이었다.[10]

권헌익은 "글로벌 냉전이 실제로 어떻게 지역적으로 다양할 뿐만 아니라 상충되는 양극시대 정치 경험들로 이루어졌는지"를 살펴본다.[11] 또한 제3세계에서의 '탈식민지 정체성'과 '양극시대의 정체성'의 충돌을 논의한다.[12] 이는 중심부와 주변부 냉전의 상이성과 시각차를 반영한다. 냉전기 동아시아에서 치러진 두 번의 전쟁, 한국과 베트남에서의 전쟁은 "냉전의 중심부였던 유럽"에서 볼 때 "머나먼 변방"의 전쟁[13]이었을지 모르지만 냉전사에 지울 수 없는 흔적을 남겼다.

1945년 해방과 더불어 한국과 베트남은 독립국가 건설, 토지 문제를 둘러싼 계급관계 변혁 등 사회적 관계의 재편을 위한 민족적·사회적 혁명을 추구했다.[14] 미국은 두 곳 모두에서 반공 보수주의자들을 지원했고,

이는 냉전 시기 가장 큰 피해를 낳았던 전쟁으로 이어졌다. "베트남전쟁 이전의 베트남전쟁"[15]이라 불릴 만했던 한국전쟁은 베트남전쟁의 폭력성을 오롯이 담고 있었다. 또한 "베트남전쟁은 미국이 아시아에서 수행한 냉전정책의 절정인 동시에 미국 외교의 이데올로기적 패턴을 세상에 강요하려는 고질적 충동의 절정이었다."[16] 한국은 미국의 동맹군으로 8년 6개월여를 베트남전쟁에 참전함으로써 베트남과 직접적인 연관을 갖게 됐다. 이로 인해 베트남전쟁은 미국의 전쟁이자 한국의 전쟁이 됐고, 한국 현대사의 일부가 됐다.

한국과 베트남에서의 전쟁은 냉전적 세계체제, 국가 형성, 민족 내부 문제 등 다층적 구조의 갈등과 길항, 직접적 충돌과정을 반영했다. '내쟁內爭 같은 국제전쟁'이요, '외전外戰 같은 동족전쟁'[17]이라는 말이 그 전쟁의 성격을 단적으로 보여준다. 전쟁에서의 폭력은 복합적이었고 참혹했다. "대량학살은 분명 전쟁의 산물"이었지만, 정치폭력과 결합되어 내전과 유격전의 양상을 동시에 띤 전쟁이었기에 학살의 규모가 컸다.[18] 이 글에서 학살의 참혹함을 구체적으로 드러내거나 규모를 다시 이야기할 필요는 없을 것 같다. 다만 양쪽 모두에서 전쟁의 가장 큰 피해자는 비무장 민간인이었고, 이들의 죽음이 망각됐다는 점은 꼭 짚고 넘어가야 한다.

한국과 베트남에서는 모두 전쟁기 학살과 죽음에 대한 국가의 공식적 망각과 기억의 억압이 있었다. 김동춘은 한국에서의 경험을 '압제 받는 체험', '부인된 기억'이라는 말로 정리했다.[19] 그러한 죽음은 기억마저 자유롭지 않았다. 연좌제로 인한 신분적 제약과 국가의 감시·통제,[20] 애도 행위조차도 안보 위협으로 간주했던 국가의 직접적인 탄압 등, 좌익·용공의 딱지가 붙어 희생된 피학살자 가족들에게는 기억의 권리마저 허락되지 않았다.[21]

한국과 양상은 다르더라도 전쟁 중 희생된 민간인들에 대한 망각은 베트남도 마찬가지였다. 베트남 남부의 민간인 집단사망에 대한 기억의 부재와 체계적인 망각은 "북베트남의 특정한 전쟁관(민족해방전쟁)을 남부에서 겪은 전쟁의 차별적 현실(민족해방전쟁일 뿐만 아니라 내전/냉전이기도 했다)에 강요한 결과"였다.[22] 체제는 달랐어도 양쪽 모두에서 전쟁의 희생자들은 망각됐다. 이는 국가·사회적 수준에서의 공식적 기억의 망각이었다. 그러나 전쟁 경험과 기억의 주제들, 특히 피해자들의 기억은 억압될 수는 있어도 사라질 수 없는, 어떤 방식으로라도 돌아올 것이었다.

냉전 해체의 중층적 시간성: 세계체제, 국가, 사회

1989년 11월 10일 베를린 장벽이 붕괴됐다. 황석영은 '베를린 장벽이 사라졌다'라는 큰 제목 아래 '베를린은 다시 베를린이 되었다!'라는 소제목이 붉은 글씨로 찍혀 있던 호외를 언급하며 긴박하면서도 흥분에 들떠 있던 당시 독일의 풍경을 묘사했다.[23] 베를린 장벽은 하나의 민족을 인위적으로 갈라 놓은 경계일 뿐만 아니라, '두 개의 세계'를 구분하는 경계선이었다. 장벽의 붕괴는 냉전체제의 붕괴를 세계적으로 선언하는 획기적 사건이었다.[24] 1990년 10월 독일이 통일됐고, 1991년 12월 고르바초프Mikhail Gorbachev 대통령의 사임으로 소련이 해체되고 러시아연방이 출범했다. 이로써 제2차 세계대전 이후 세계를 양분하던 미·소 냉전체제는 종언을 고했다. 그즈음 프란시스 후쿠야마Francis Yoshihiro Fukuyama는 자유민주주의로 귀결되는 '역사의 종말'을 주장해 세계적인 주목을 받기도 했다.[25] 그의 논의는 현실적 적실성과 학문적 논쟁을 떠나 당시의 역사적 드라마를 직관적으로 드러내는 것으로 보였다. 사회주의 종주국 소련의 일방적 해체는 그만큼 급작스럽고 놀라웠으며 드라마틱했다.

중심국 수준에서 시작된 냉전체제의 붕괴는 '사상-인신-장소'를 경계 짓고 구속했던 사상 지리의 해체를 예고하는 것이었다. 그렇지만 분리되고, 적대한 시간이 길었던 만큼, 중심국과 주변국에서의 냉전의 형성과 전개과정이 달랐던 만큼 그 끝이 동일할 수는 없었다. 그래서 권헌익은 냉전을 '종결'이 아닌 '해체'의 측면에서 접근한다. 이는 "다양하고 지역적으로 특수한, 냉전이 서서히 끝나가는 방식"들을 가리키며, "냉전이 어느 시기에 세계에 공히 형성되었고, 또 끝났다는 인식에 반한다."[26] 또한 냉전의 해체는 중층적 시간성을 지닌다. 지정학적 차원과, 국가적 수준에서의 냉전의 해체는 개인적·사회적 수준에서의 그것과 등치되지 않으며, "서로 다른 시간성과 발전 사이클"을 지니는 것이다.[27] 결론부터 말하자면 세계체제적 탈냉전은 분단 한국의 통일로 이어지지도 않았고, 한반도를 제외한 탈사상 지리는 한국 내부의 냉전 반공이데올로기의 약화로 이어지지도 않았다. 남쪽 시민사회의 '남남 갈등'은 탈냉전 이후 오히려 본격화됐고, 베트남전쟁 당시 한국군의 베트남 민간인 학살 문제도 여기의 한 축이 됐다.

냉전의 해체과정은 지리학자 돈 미첼Don Mitchell의 탈영토화와 재영토화 개념과 연관해 볼 수 있다. 현재 우리는 전 지구화 시대, 곧 즉각적인 의사소통의 시대, 사람·자본·상품이 이동하는 방식이 근본적으로 재구조화되며, 국민국가의 영토적 경계가 약해지는 탈영토화 시대에 살고 있다. 그렇지만 여기서 미첼이 주목하는 것은 재영토화이다. 그는 "탈영토화가 곧 재영토화라는 것", "심지어 과거의 변경과 경계가 해체될 때조차도 새로운 변경과 경계가 구축되고 있다"고 논의한다.[28] 이러한 접근은 냉전 해체과정의 위험성, 탈냉전 시대의 냉전 논리의 재강화, 탈냉전과 냉전의 '비동시성의 동시성'을 설명하는 데도 유용하다. 이 책의 중심 주제인 한국의 베트남전쟁 기억의 문제로 돌아오면 탈냉전은 새로운 변화의 시기이기도 했지만 이전의 문제들이 증폭되고 질적으로 변화하는 계기이기도 했다.[29] 한·베 양국 간에 이는 과거 냉전 시기의 역사 문제를 둘러싼 국가 간 갈등으로 돌출되기도 하고, 한국 시민사회 내부의 이념 대립을 강화하면서 사회적 냉전의 '재영토화'를 초래하기도 했다.

국가적 차원에서 볼 때 1992년 12월 22일 한·베 수교는 과거 적대관계의 청산과 새로운 협력관계 구축의 신호탄이었다. 수교 협상과정에서 한국은 어떻게든 과거사를 의식하지 않을 수 없었다. 수교 당시 이상옥 외무부 장관이 "양국 간에 과거 일시적으로 불행한 시기"를 언급한 것은 이러한 속내를 보여준다.[30]

한국의 입장과는 다르게 베트남은 과거사 문제를 꺼내지 않았다.[31] 김정환은 과거사를 대하는 베트남의 태도를 "제국주의를 이긴 100년 전쟁은 사과도 사양하는 온화한 권위"라고 표현했다.[32] 베트남인들은 "침략을 당한 쪽은 우리이니, 우리가 아무 말 하지 않고 있으면 되는 것"이라는[33] 입장을 취하며 과거사를 가슴에 묻었다. 경제적 실리를 토대로 한 양국 간 이해의 접합이 국가 수준에서의 과거사에 대한 침묵을 가능케 했던 것이다.

바야흐로 탈이념·경제적 실리 추구가 한·베 관계를 규정하는 기본틀이 됐다. 그러나 과거사를 묻지 않는다는 것이 한국의 베트남전 참전을 정당화하거나 역사적 평가에 침묵하겠다는 것은 아니었다. 7장에서 자세히 언급하겠지만 한국의 베트남전쟁에 대한 역사화, 공적 기억의 문제는 냉전시대를 넘어 여전히 한·베 양국 간 갈등의 불씨로 남았다.

사회적 수준에서 한·베 수교는 금기의 땅을 열고, 상상 지리를 현실화하는 계기였다. 1990년대 탈냉전과 더불어 접하게 된 현실 사회주의에 대한 대중적 반응은 이상화된 이념과는 거리가 먼 붕괴 직전의 사회주의에 대한 환멸, 시장자본주의에 의해 속물화된 사회주의에 대한 반감으로 인한 반공주의의 강화와 탈냉전의 역진성, 정치적 무관심과 냉소주의 등이었다.[34] 그렇다면 베트남은? 한국의 베트남에 대한 인식은 일반 사회주의 국가들에 대한 인상을 포함하면서도 분명 그것과는 차별화된 지점이 있었다. 문학평론가 김수이는 김정환의 《하노이 서울 시편》을 평하면서 베트남에 대해 다음과 같이 썼다.

수사적으로 표현하면 베트남은 한국의 은유이자 환유이며, 또한 아이러니다. 베트남은 한국의 식민지 역사와 자본주의의 발전과정을 닮은 은유이고, 한국의 민중의식과 사회주의적 인식을 대체하는 환유이며, 한국이 미제국주의에 편승해 유린한 같은 약소국이라는 한국 역사의 치명적인 아이러니다.[35]

어떤 이에게 베트남은 과거 전쟁 당시의 호시절을 재현할 희망의 공간이었고, 어떤 이에게는 전쟁 기억으로 다시 가기 두려운 나라였다. 1980년대 혁명을 통해 베트남을 배웠던 사람들에게 현실 베트남은 보다 복잡한 감정을 불러일으켰다. 베트남을 경험한, 혹은 베트남을 역사로 알고 있는 사람들에게 베트남이라는 나라와 사람들은 한국과의 비동시성의 동시성을 생각하게 했다. 어쨌거나 수교한 이후 한국 사회는 한국과 베트남의 역사와 현실을 겹쳐 읽으며 한국의 시선으로 베트남을 읽어 가기 시작했다. 그렇지만 베트남을 찾는 한국인들이 생각하지 못한 것이 있었다.

그것은 베트남인들이 읽는 한국, 한국군과 연관된 그들의 전쟁 기억이었다. 베트남전쟁 당시 한국군의 베트남 민간인 학살의 기억은 당시 희생자들과 더불어 베트남에서도 가장 망각된 기억 중 하나였다. 그들에게 전쟁 기억은 "잊을 수는 없으나 기억하기도 괴로운 유령의 모습으로"[36] 남아 있었다. 탈냉전은 우리가 잊고 있었던, 그러나 누군가는 기억하고 있을 수밖에 없었던 유령을 불러내는 과정이기도 했다.

2. 과거청산과 새로운 기억의 장 열기

기억의 민주화와 과거청산

한국의 베트남전쟁 기억의 변화에서 1999년은 하나의 전환점이었다. 베트남전쟁에 대한 국가·사회적 망각의 벽을 허문 계기는 베트남전쟁 당시 한국군의 베트남 민간인 학살의 공론화였다. "부끄러운 역사에 용서를 빌자"라는 캐치프레이즈하에 1999년 9월~2000년 9월까지 무려 46주간 지속된 《한겨레21》 캠페인은 한국의 베트남전쟁 경험과 기억에 대한 사회적 관심을 촉발했다. 또한 캠페인을 전후해 형성, 전개된 베트남 민간인 학살 진실규명운동(이하 진실규명운동)은 한국이 경험한 베트남전쟁 기억에 일대 전기를 제공했다.[37]

이는 전쟁에 대한 또 다른 시각의 형성이었다. 베트남전쟁에 대한 국가의 공식적 기억이 반공·발전 전쟁이었다면, 1980년대 학생운동은 이를 혁명으로 읽었다. 이제 냉전의 거대 담론 밑에서 숨죽였던 학살의 기억이 기존 기억의 한편으로 올라왔다. 《한겨레21》 캠페인, 진실규명운동을 둘러싼 기억의 정치는 한국 사회가 다층적인 '동아시아 기억의 장'[38]에 대해 새롭게 인식하는 계기가 됐고, 한국뿐만 아니라 국가 간 관계에서도 베트남전쟁을 둘러싼 기억의 조건을 극적으로 변화시켰다.

이러한 전환은 세계사적 과거청산의 물결과 한국 사회의 민주화를 구조적 배경으로 했다. 먼저 1980년대 후반 탈냉전과 세계 도처에서 벌어진 권위주의 정권의 붕괴, 민주화 이행은 정치·사회적 자유의 확장뿐만 아니라 억압된 과거 기억의 복원을 촉진하고,[39] '이행기의 정의transitional justice',[40] '후회의 정치the politics of regret'[41]라고도 일컬어지는 세계적인 과거청산의 흐름을 만들었다.

독재에서 민주주의로 이행했던 나라들에서 과거청산은 중요한 의미를 지녔다. "은폐와 부정, 망각된 역사를 바탕으로 한 사회가 과연 민주사회를 건설할 수 있을 것인가?",[42] 이는 어두운 과거사를 가진 국가들이 민주화로의 이행에서 근본적으로 부딪힐 수밖에 없는 물음이었다. 정치권력의 교체는 과거에 대한 단순한 인적 청산이 아니라, 제도적 청산과 더불어 역사적·사회적 정의를 세우는 문제와 연관되며, 사회의 공동체성을 회복하는 과정이기도 했다.[43]

한국 사회가 세계사적 과거청산 물결에 합류해 들어갈 수 있었던 것은 민주화의 진전이 있었기에 가능한 것이었다. 한국의 민주화 과정은 냉전과 분단, 권위주의 독재체제라는 이중의 질곡에 대한 투쟁이었고, '운동 없이 민주화 없다'라는 말과 같이 '운동에 의한 민주화'를 특징으로 했다.[44] 한국 민주화운동에서 가장 전투적인 시기는 1980년대였다. 이는 대통령 직선제 쟁취, 군부 권위주의 체제의 약화와 형식적 민주주의의 진전 등 과거청산을 위한 기본조건을 만들어 갔던 변혁의 시대였다. 사학자 서중석은 "과거청산 문제에서 중요한 것이 민주화와 인권에 대한 의지"[45]라고 했는데 과거와의 투쟁은 현재와의 투쟁이기도 했다. 그리고 과거청산운동은 민주화운동의 연장선에 있었다. 한국의 베트남전쟁 기억 문제의 부상은 민주화와 과거청산의 세계사적 맥락, 그리고 그 속에서 전개된 한국 사회의 민주화운동의 성과를 배경으로 했다.

베트남전쟁 기억과 전쟁의 상처·고통에 대한 망각, 한국전쟁의 내부적 폭력 경험조차 침묵할 수밖에 없었던 한국 사회의 현실에서《한겨레21》 캠페인과 진실규명운동이 어떻게 가능했을까? 이를 이해하기 위해서는 한국의 전쟁 기억 문제와 더불어 진실규명운동 주체의 베트남과 베트남 전쟁에 대한 이해 지평의 확장과정을 살펴볼 필요가 있다.

풀려나는 기억들

한국 현대사에서 가장 잔혹한 폭력은 한국전쟁 전후의 민간인 학살이라 고 할 수 있다. 학살은 국가에 의해 체계적으로 망각됐고, 참혹한 전쟁을 경험한 한국 사회는 전쟁 당시 폭력에 대해 침묵했다. 망각의 밑바탕에는 강제와 더불어 체념, 두려움, 숙명론 등의 복합적 감정이 깔려 있었다. 김 동춘은 "전쟁의 최대 피해자들이기 때문에 이 문제 해결을 가장 절실하 게 원하는 사람들이 유족들이지만, 어떤 점에서 보면 그들은 문제의 근원 적 해결을 원하기보다 차라리 잊어버리려 하거나 거론을 원치 않는 '이 상한' 존재들"이라 했다. "피해자들이 문제 해결을 원하지 않는 운동, 이 것이 전쟁 피학살 진상규명운동의 특성"이라고 이야기할 정도로 침묵의 기제는 강력했다.[46] 피해 유족들이 자신의 상처를 공개적으로 드러내기 까지 참으로 오랜 세월이 필요했다.

민주화는 침묵을 허물고 국가가 독점했던 전쟁 기억에 균열을 가져왔 다. 1994년 개관한 용산 전쟁기념관같이 전 국민적으로 전쟁 기억을 동일화하기 위한 기념사업이 실시되기도 했지만, 이는 이미 독점적 지위를 구축할 수 없었다.[47] 1988년 4·3 진상규명운동이 시작됐고, 1991년에는 김학순 할머니가 일본군 '위안부' 피해를 증언했다. 1996년에는 한국전쟁 당시 대표적 민간인 학살사건으로 알려진 거창사건에 관련해 '거창사건 등 관련자의 명예회복에 관한 특별조치법'이 제정됐다.[48] 그렇지만 형식적 민주주의의 진척에도 불구하고 반공·반북 이데올로기의 벽은 높았다. 1998년 김대중 정권이 들어서서야 권위주의 정권에 대한 민주주의적 과거청산과 분단체제적 과거청산이 교통하고 협조할 수 있는 기반이 마련됐다.[49] 1999년 한국전쟁 당시 미군에 의해 자행된 노근리 학살사건 관련 AP통신 보도는 한국전쟁 전후 민간인 학살사건에 대한 사회적 관심을 확장해 가는 중요한 전환점이었다. 이는 한국전쟁 전후 수많은 민간인 학살사건에 대한 진상규명 요구를 불러일으켰다.

2000년 9월 7일 '한국전쟁 전후 민간인 학살 진상규명과 명예회복을 위한 범국민위원회'가 출범했고, 피해자들은 전쟁 시기 억울한 죽음에 대해 이야기하기 시작했다. 보도연맹사건으로 남편을 잃어 2000년 12월 15일 '6·25 피학살 양민 부경유족회' 창립대회에 참가한 양귀순은 다음과 같이 말했다.

너무나 억울합니다. 50년 세월에. 스물너이에 이날 이때까지 발자죽 하나 옆에 안 디디고……저는 살아나왔습니다. 그래서 발 벗고 나설랍니다. 풀어 주세요. 이 한을 풀어 주고 영혼들도 풀어 주세요. 보상도 다 되게 해 주세요.[50]

민주주의를 위한 기억 투쟁은 한국전쟁 당시 국가폭력의 억압된 기억을 일깨우고 공론화할 수 있는 동력이 됐다. 그리고 이는 베트남전쟁 당시 한국군의 베트남 민간인 학살 문제를 제기할 수 있는 토양이 됐다. 전쟁의 기억, '억압된 것들'이 돌아오기 시작했다.

시민단체의 성장과 상상 지리를 넘어 현실 베트남으로

루쉬마이어와 스티븐스 부부Rueschemeyer, Stephens & Stephens는 그들의 공동저작인 《자본주의 발전과 민주주의》에서 시민사회가 국가권력에 대항 축을 형성하기 때문에 "밀도가 높은 시민사회는 그 자체로 민주주의에 중요성을 갖는다"고 했다.[51] 한국 사회의 자본주의 발전과 민주화는 시민사회의 분화를 가져오고 그 자체의 밀도를 높였다. 다양한 시민사회 운동조직의 출현도 이러한 과정의 일부였다.

한국군의 베트남 참전과 베트남 문제의 부상에서 주목해 보아야 할 것은 인권·평화·국제 문제로 관심의 영역을 확장한 시민단체의 형성이다. 베트남전 진실규명운동에서 주도적인 역할을 했던 조직은 '건강사회를 위한 치과의사회'(1989년 조직), '베트남을 이해하려는 작가들의 모임'(1995년 조직), '나와 우리'(1998년 조직), '국제민주연대'(1999년 조직) 등을 들 수 있다.

여기서 1987년 6월항쟁의 직접적인 결과물이었다고 할 수 있는 '건강사회를 위한 치과의사회'를 제외한 다른 단체들은 출발부터 한국의 내부 문제뿐만 아니라 인권·평화에 대한 관심을 통해 한국과 세계를 연결하는 문제에 관심을 뒀다.[52] 단체명에서 베트남을 직접 거론하고 있는 '작가들의 모임'은 베트남과 한국의 특수한 역사관계에 관심을 갖고 있던 작가들이 "베트남을 이해하는 것이 곧 우리를 이해하는 것"이라는 슬로건하에 만든 단체였다.[53] '나와 우리'는 나와 다른 것들과의 '경계 없애기'를 목표로 했고, '국제민주연대'는 세계화시대 노동 문제, 인권과 평화의 보편적 가치를 중심으로 국제연대 활동을 모색하며 출발한 단체였다. 이들의 등장과 활동은 1980~1990년대 한국 민주화운동의 성과와 시민운동의 성장을 반영했다. 루쉬마이어와 동료들은 또한 피지배계급은 조직을 통해 권력을 획득하며, "어느 정도의 권력을 획득했을 경우에만 그들이 보기에 국가가 정당한지 아닌지의 차이가 의미를 지닌다"고 했다.[54] 시민사회운동의 발전은 바로 이러한 정당성의 문제를 다루게 될 토대 형성과정이었다.

운동조직과 더불어 운동 주체의 현실 베트남과 베트남전쟁에 대한 이해와 관심은 그들의 운동 경험에서 출발했다. 1980년대 운동 참여자들에게 베트남은 혁명운동에 대한 향수와 사회주의 사회에 대한 호기심을 자극했다. 이후 한베평화재단을 만들었던 구수정은 1993년 27세 나이에 홀연히 베트남으로 떠났다. 1992년 김대중 선거캠프에 몸담았다가, 결국 후보가 낙선하자 한국 사회에 염증을 느껴 한국을 떠나고자 할 때 떠오른 게 베트남이었다고 했다. 왜 베트남이었을까?

왜 베트남을 고집했는지 나도 모르겠다. 한국을 떠나야지 생각할 때 머리에 떠오른 게 베트남뿐이었다.……베트남어도 할 줄 모르고 아무 연고도 없었다. 다만 학교 다닐 때 베트남에 대해서 공부를 좀 했었는데 내가 가장 좋아했던 책이 《사이공의 흰옷》과 《불멸의 불꽃으로 살아》라는 소설책이었다. 특히 《불멸의 불꽃으로 살아》는 항미전사 응우옌반쪼이의 일대기를 그린 소설이었는데 그 표지 사진이 지금도 기억에 생생하다. 총살을 당하면서도 "눈가리개를 벗겨라. 내 조국의 청명한 하늘을 보고 싶다"고 말하고 마지막 구호를 외치며 죽었다는 이야기가 굉장히 강렬한 인상으로 남았다.[55]

80년대 혁명운동론에 대한 향수가 구수정을 베트남으로 이끌었다. 하지만 혁명은 이미 베트남에도 없었다. 비동시성의 동시성은 한국과 베트남의 경제적 시차에만 존재하는 것은 아니었다.

《랍스터를 먹는 시간》(2003)을 쓴 방현석 또한 1980년대 혁명의 기억을 베트남에 투사하면서 한국과 유사했던 역사를 지닌 사회주의 베트남에 대해 관심을 가졌다.

1990년대 사회주의가 무너지고 난 뒤, 여행 자유화가 이루어졌어요. 베트남은 한국과 유사한 역사를 가지고 있어요. 우리처럼 전쟁도 겪었고, 사회주의와 자본주의 체제로 분단도 겪었던 나라죠. 《사이공의 흰옷》에 나온 사람들은 지금 어떻게 살고 있을까. 사회주의 나라들은 어떻게 살아왔을까, 보고 싶었습니다. 그들이 우리를 돌아보는 거울이 될 수도 있겠다, 라는 생각이 들었습니다.[56]

이들의 이야기가 1980년대 학생운동이나, 사회운동 경험자들의 베트남에 대한 인식을 대변한다고 할 수는 없다. 하지만 적어도 진실규명운동에 적극적으로 참여했던 사람들의 베트남에 대한 기본적인 정서와 인식의 단면을 반영한 것이라고 말할 수는 있을 것 같다. 1980년대가 저물면서 베트남은 더이상 '혁명의 모방'을 위한 대상일 수 없었다. 다양한 주체들이 참여해 만들어 갔던 진실규명운동은 1980년대의 연장선상에 있으면서도 배타적 민족주의와 자민족 중심주의적 전쟁사를 넘어선 관계의 역사, 잊힌 기억을 현재화하는 역사를 만들어 갈 것이었다.

'낯선 기억'을 만나다

1998년 시민운동가 강제숙과 김현아는 우연히 만나 의기투합해 시민단체 '나와 우리'를 만들었다. 김현아는 "장애인과 비장애인, 이주노동자와 토착민, 동성애자와 이성애자, 여자와 남자, 사회주의자와 자본주의자 혹은 또 다른 이념의 소유자, 남과 북……" 나와 다른 것들에 대한 경계를 없애는 데 기여하고자 단체를 조직했다.[57] 단체를 만든 그해 3월 그들은 일본의 시민단체인 피스보트Peace boat의 초청을 받아 한국인으로는 처음으로 아시아 스프링 윈드 크루즈에 승선했다. 피스보트에는 세 가지 프로그램이 있었는데 그중 하나가 '베트남전쟁의 한국군' 코스였다. 답사코스였던 꽝남성 디엔반현에서 그들은 1967년 1월 있었던 한국군의 민간인 학살 증언을 들었다. 한국인 참가자들에게는 당혹스런 이야기였다.

1997년 당시 호치민대학에서 공부하고 있던 구수정도 베트남 정치국에서 나온 〈전쟁범죄 조사보고서-남베트남에서의 남조선 군대의 죄악〉을 통해 유사한 내용을 접했다. 그렇지만 이 문제를 확인하지는 않았다. 구수정은 "그런 일이 실제로 있겠나? 나는 실제로 그런 일이 있을 거라고 생각을 안 했어요"라고 했다.[58] 피스보트 참여 1년여 후 김현아는 베트남에 가서 한국군 참전 시기 베트남 마을에서 도대체 어떤 일이 있었는지 살펴보고자 했다. 김현아는 "어떤 사태에 직면할지 모르고", "너무나 해맑게" 마을에 들어갔다고 했다. 그렇지만 '설마 그런 일이 있었겠어' 했던 일은 실제였다.

베트남인이 영어로 한국군에 의해 죽었다. 몇 명 죽었다. 어떻게 죽었다.
……지금도 생각이 나. 베트남 사람들이 통역을 하면서 커트cut, 커트, 여
기 커트해서 죽였다고.……마을에 들어가면 우리를 제일 먼저 데려가는
곳이 위령탑이었어요. 티Thị[59] 워먼, 티, 워먼, 여자, 여자, 이런 식으로 이
야기하고. 영(0) 살 이런 거를……

첫 답사에서 김현아가 구수정에게 전했던 말들은 베트남인들로부터
들었던 커트cut, 킬드killed, 머더murder, 코리안 솔저korean solider, 몇 명
(죽은 사람 숫자)이었다. 그렇지만 김현아는 학살을 확인하는 과정에서도
이를 그대로 수긍하기 어려웠다. 내면의 반공 기제가 작동했고 사람들을
의심했다.

한국군과 교전 중에 그런 일이 일어난 게 아니었습니까?
당신은 당시 민간인이었습니까? 혹 V.C.(vietcong) 아니었습니까?
당시 죽은 사람들 중에는 V.C.가 있을 수도 있잖아요. 비밀 활동을 하면
당신이 모를 수도 있지 않습니까?[60]

김현아의 질문은 사실 이 문제가 공론화된 이후 한국 사회에서 무수히
반복됐던 것이다. 이는 일종의 '가해자의 신화'였다. 그런 일이 있었을
리 없고, 있었다고 하더라도 그만한 이유가 있었을 것이라는 것이다. 후
루타 모토오古田元夫는 1945년 베트남 북부에서 발생한 기근[61]을 조사하
면서 바로 이런 가해자의 신화가 지닌 문제점을 지적했다.

일본이 '믿기 어렵다'는 신화에 매달리는 것은 과거의 책임을 애매하게 만들 뿐만 아니라, 기근을 체험한 베트남 사람들의 실감을 부정하고, 사건 자체를 어둠 속으로 덮어버리는 폭력성을 가지고 있다.[62]

한국전쟁 당시 한국에서 벌어졌던 잔혹한 학살을 기억했다면 베트남에서의 학살이 그렇게까지 낯설거나 충격적이지는 않았을지 모른다. 한국전쟁을 경험하지 않았던 세대, 베트남전쟁이 한창일 때 태어난 세대로서 한국군의 학살을 인정하는 것은 '우리 안의 신화'를 허물어야 하는 일이었다.

베트남의 피해자들은 '민족해방전쟁'이라는 베트남의 공적 기억과 '반공전쟁'이라는 한국의 공적 기억 사이에서 잊힌 존재였다. 김현아는 학살이 있은 후 30년 만에 처음 마을을 방문한 한국인으로 이 두 기억의 틈새로 들어가 잊힌 기억을 만났다. 그가 마을에 들어가 가장 놀란 것은 학살의 이야기보다 마을 주민들이 보여준 정중함과 예의, 그리고 진지함이었다고 했다. 그리고 이는 김현아가 진실규명운동에 뛰어들게 된 동력이 됐다.

'나와 우리'의 첫 답사는 1999년 4월 16일~5월 13일까지 이루어졌다. 구수정은 '나와 우리'의 첫 기착지인 판랑까지 동행하여 린선사 학살사건을 접하게 된다. 그리고 이는 베트남전쟁 당시 한국군의 베트남 민간인 학살에 관련한 첫 기사 〈아, 몸서리쳐지는 한국군〉(《한겨레21》 1999. 5. 6)으로 세상에 알려졌다.[63] 이들은 자신들이 만난 낯선 기억과 그들의 행동이 어떤 결과를 가져올지 예상치 못했다. 베트남 마을에서 시작된 작은 날갯짓이 한국 사회에서 베트남전쟁 기억의 지형을 바꿀 폭풍이 될 줄은 그땐 몰랐다.

3. 베트남인 생존자들의 전쟁과 삶

〈순이 아지망은 죽어도 발쎄 죽을 사람이여. 밭을 에워싸고 베락같이 총질해댔는디 그 아지망만 살 한 점 안 상하고 살아났으니 참 신통한 일이 랐쥬.〉

〈아매도 사격 직전에 기절해연 쓰러진 모양입니다. 깨난 보니 자기 우에 죽은 사람이 여럿이 포개져 덮연 있었댄 허는 걸 보민…… 그때 발쎄 그 아지망은 정신이 어긋나버린 거라 마씸.〉 하고 작은당숙 어른이 말을 받았다.

〈해필 그 밭이 순이 아지망네 밭이었으니.〉……

〈아지망이 필경엔 바로 그 밭이서 죽고 말아시니, 쯧쯧.〉

어른들의 이런 이야기를 들으며 나는 야릇한 착각에 사로잡혔다. 순이 삼촌은 한 달 보름 전에 죽은 게 아니라 이미 삼십 년 전 그날 그 밭에서 죽은 게 아닐까 하고. 이렇게 순이 삼촌이 단서가 되어 이야기는 시작되었다.……세월이 삼십 년이니 이제 괴로운 기억을 잊고 지낼 만도 하건만 고향 어른들은 그렇지가 않았다. 오히려 잊힐까 봐 제삿날마다 모여 이렇게 이야기를 하며 그때 일을 명심해 두는 것이었다.[64]

현기영의 소설《순이 삼촌》에서 '순이 삼촌'의 자살을 둘러싼 위의 이야기는 4·3사건의 피해와 상처, 생존 이후의 삶과 트라우마, 기억의 전승에 대한 이야기를 압축적으로 보여준다. 식민지배와 분단, 전쟁 이전의 전쟁이 만든 비극이었다.

그렇다면 한국과 유사한 역사적 시간, 30년 전쟁이라고 불리는 긴 전쟁을 경험한 베트남인들의 삶은 어땠을까? 전쟁의 시간 동안 베트남 사람들은 전쟁과 더불어 살 수밖에 없었다. 가혹하기 그지없는 삶이었다. 김현아는《전쟁의 기억 기억의 전쟁》에서 "전쟁은 그들의 현재 삶을 규정하고 다음 세대로까지 이어지고 있다.……전후로 이어지는 삶의 이야기를 통해야만 전쟁과 전쟁의 기억이 한 인간의 삶과 영혼, 한 사회에 미친 영향을 이해할 수 있게 되는 것"이라 했다.[65] 30여년 만에, 혹은 더 오랜 시간이 흐른 후에 학살의 기억을 묻기 위해 찾아온 사람들에게 당시를 직간접적으로 경험한 사람들은 어떻게 자신의 삶을 이야기했을까? 베트남전쟁 당시 한국군에 의한 베트남 민간인 학살사건의 진실규명운동을 살펴보기 전에 먼저 그들의 목소리에 귀 기울일 필요가 있다.[66]

전쟁의 상처와 전쟁 같은 삶:
팜티호아Phạm Thị Hoa(1927~2013년 6월 16일)[67]

1927년생이며 2남 4녀 중 막내로 하미 마을에서 태어났다. 부모님은 중농 규모로 농사를 지었다. 마을에 부농은 두세 집 정도였고, 마을 사람들은 부농의 일을 거들며 관계를 유지했다. 식민지 시기 프랑스군은 파괴하고, 죽이고, 불 지르고, 강간하는 만행으로 기억된다. 이들은 두려운 존재였고, 이들이 나타나면 피하기 바빴다.

해방이 되자 조국은 교육열이 뜨거웠다. 1945~1946년경에는 시장을 가려 해도 A, B, C를 알아야 했다. 시장 입구에서 글자를 물어보고 모르면 시장에 들여보내지 않았다. 시장에 갈 때는 생각나던 것이 집안일을 하다 보면 금방 잊히곤 했다. 남편은 소학교 교사였고, 남베트남 정권에서 싸[68] 공무원을 했다. 결혼 생활은 그리 행복하지 못했다. 시부모를 모시고 살았고, 남편은 첩을 뒀다. 농사를 지어 살림을 꾸렸고, 남편의 외도 시기에는 사이공으로 가 9개월 정도 식모살이를 하기도 했다. 자신의 아이를 돌보지 못하면서 남의 아이를 돌봐야 하는 것이 가슴 아팠다. 1964년 남편과 사별하고, 37세에 혼자 되었다.

미국과의 전쟁이 나자 마을의 부유한 사람들은 전쟁을 피해 도시로 떠났다. 팜티호아는 재산이라고는 집밖에 없어 집을 떠날 수도 없었다. 미

〈사진 15〉
팜디호아(2007년 7월 8일 촬영)

군이 들어왔고, 여자들은 강간을 당했다. 친척 중에도 피해자가 있었다. 팜티호아 또한 강간당할 위기가 있었지만 몸을 지저분하게 해 위기를 모면했다. 그리고 한국군이 들어왔다. 그들은 처음에는 아이들에게 과자를 주거나, 한자를 써 붙인 집에는 함부로 들어가지도 않는 등 마을 사람들과 우호적인 관계를 맺었다. 그러나 1968년 1월 24일 하미 마을 학살이 있던 그날, 팜티호아는 다섯 살배기 딸과 열 살짜리 아들, 그리고 자신의 두 발목을 잃었다.[69] 피해를 당한 뒤 5개월여 후 몸을 추스르고, 방공호에서 2년을 살았다. 그 뒤 호이안으로 가 3년 정도를 구걸하며 생활했다. 그녀는 전쟁은 그야말로 "어쩔 수 없는 것"이라 했다.

통일된 후에는 남의집 일을 거들어 주며 연명했다. 도이머이 이전까지 배급제 시기 생활은 전쟁 시기보다 더 어려웠다. 차라리 미군 철수 이전 시기가 경제적으로는 더 좋았다. 4남매 중 유일한 생존자인 첫째 응우옌 럽Nguyễn Lập(1950년생)은 학살 당일 소 치는 일을 하기 위해 나갔기 때문에 살아남았다. 그렇지만 그도 전쟁의 참화를 모두 피하지는 못했다. 25세 때 한국군이 주둔했던 땅에서 농사를 짓다가 지뢰가 터져 파편에 눈을 다쳤다. 결국 팜티호아의 가족 모두가 한국군에게 피해를 당한 셈이었다. 럽은 44세 이후로 시력이 빠르게 악화됐다. 그는 한국군에 대한 분노를 그대로 가지고 있었다. 전쟁이 끝나고, 통일이 됐어도 미군이나, 한국군에게 피해를 당한 사람들은 아무런 배상도 받지 못했다. 국가에서 7킬로그램의 쌀을 지원받고 있는데, 이는 장애나 피해에 대한 것이 아니라 가난 구호를 목적으로 한 것이었다. 팜티호아는 전쟁이 끝났어도 폭죽 소리 같은 폭음이 나면 침대 밑으로 들어가 숨는다. 그리고 요즘도 전쟁의 악몽을 꾸곤 한다. 그녀는 자신들에게 왜 그런 일이 벌어졌는지 알지 못한다. 그리고 도대체 '왜' 그런 일이 발생했는지 끊임없이 질문을 던졌다.

쏘이더우xôi đậu:
응우옌떤꾸이Nguyễn Tân Quý(1942년생)[70]

베트남 남부 지역의 전쟁은 전후방이 구별되지 않았고 마을은 전쟁터가 됐다. 마을의 냉전을 지칭하기 위해 사람들은 '쏘이더우'라는 말을 만들었다. 쏘이더우는 검은콩을 넣어 밥을 지은 제사음식으로 흑백이 공존하는, 평정 지역이면서 '해방' 지역으로 존재하는 두 현실을 빗댄 것이었다.[71] 응우옌떤꾸이는 하나이면서 동시에 둘이었던 마을을 살아 내야 했던 민초의 삶을 보여준다.

응우옌떤꾸이의 고향은 유이응히아이고, 1942년생이다. 부모님은 농사를 지었고, 2남 2녀 중 막내였다. 프랑스와의 전쟁 때 가족이 흩어졌고, 1950년 폭격으로 아버지가 돌아가신 후 가족들이 다시 모여 살았다.

그는 가족을 생각해서 베트콩v.c.이나 마을 유격대 활동을 하지 않았다. 그렇지만 민족해방전선NLF의 지배 하에서 이들을 위해 쌀을 운반해 주었다. '해방전선'을 적극 지지했다기보다 정권 주체가 바뀜에 따라 체제에 적응해 살고자 한 일이었다. 1964년 이전에는 남부 정권이 지배했지만, 1964~68년경까지는 혁명세력이 이 지역을 지배했다. 그리고 1969년 한국군이 들어오면서 또 한 번 권력이 바뀌었다.

1969년 11월 12일 포격 소리가 울리기 시작했고, 그는 마을 유격대원들과 마을을 벗어났다. 오후 4~5시경 돌아왔을 때 가족 다섯을 잃었다는 사실을 알게 됐다. 어머니, 아내, 딸 둘과 아들 하나. 작은딸은 태어난 지 얼마 되지도 않은 아이였다. 알아볼 수도 없는 가족들을 겨우 수습해 묻었고,[72] 마을을 떠나 빈즈엉으로 이주해 농사를 지었다. 여기서 그는 베트콩에게 보급하는 일을 계속했다. 베트콩 지역이었으므로 하기 싫어도

해야 했다고 했다. 1970년 설날 휴전이 되어 다시 마을로 돌아왔는데 마침 베트콩을 찾고 있는 미군에게 붙잡혀 결국 꼰다오 감옥에서 5년간 수감 생활을 해야 했다.

그는 태어나서 1975년 해방될 때까지 계속 전쟁 속에 살았다. 통일이 되어 너무 기뻤다. 그러나 기쁨도 잠시, 고향으로 돌아왔으나 아무것도 없어 너무 힘들었다. 처음부터 다시 인생을 만들어야겠다고 생각했고 1976년 재혼했다. 전쟁이 끝난 지 30년이 지났지만 가족을 잃은 슬픔은 지금도 계속된다. 여성, 어린아이같이 아무 관련 없는 사람들의 죽음, 그 아픔을 누구한테 이야기할 수 있을까? 그는 말로 할 수 없는 고통을 "전쟁은 겪어 본 사람만이 안다"라는 말로 대신했다.

UY BAN NHÂN DÂN XÃ DUY NGHĨA			CỘNG HOÀ XÃ HỘI CHỦ NGHĨA VIỆT NAM Độc lập - Tự do - Hạnh phúc			
DANH SÁCH **NHÂN DÂN XÃ DUY NGHĨA BỊ QUÂN ĐỘI HÀN QUỐC** **TÀN SÁT TRONG CHIẾN TRANH CHỐNG MỸ (1964-1985)**						
TT THộ	Họ và tên hộ gia đình	TT	Họ tên người bị thảm sát	Năm sinh	Ngày thảm sát	Ghi chú
01	Lê Bá Nhạn	01	Nguyễn Thị Mai	1925	06/10/1969	
		02	Lê Thị Yến	1960	06/10/1969	Trẻ em
02	Lê Văn Hơn	03	Phan Thị Hược	1905	06/10/1969	
		04	Lê Thị Bốn	1931	06/10/1969	
03	Lê Văn Tâm	05	Nguyễn Thị Tần	1915	13/07/1969	
04	Lê Lục	06	Võ Thị Miền	1926	13/07/1969	
		07	Lê Thị Chát	1947	13/07/1969	
		08	Lê Văn Phát	1945	13/07/1969	
		09	Lê Văn Phú	1943	13/07/1969	
		10	Lê Thị Chua	1949	13/07/1969	
05	Lê Thuần	11	Ngô Thị Đường	1927	13/07/1969	
		12	Lê Văn Thu	1960	13/07/1969	Trẻ em
		13	Lê Văn Bình	1962	13/07/1969	Trẻ em
06	Nguyễn Cửu	14	Lê Thị Chính	1892	13/07/1969	Người già
07	Nguyễn Tần Quý			1946	13/07/1969	Bị thương
		15	Ngô Thị Khuê	1945	06/10/1969	Mang Thai
		16	Nguyễn Thị Huệ	1964	06/10/1969	Trẻ em
		17	Nguyễn Tần Sang	1966	06/10/1969	Trẻ em
		18	Nguyễn Thị Bé	1969	06/10/1969	Mới Sinh
		19	Lê Thị Lạc	1905	06/10/1969	Người già
		20	Nguyễn Thị Thượng	1947	06/10/1969	Mang Thai
		21	Võ Thị Bé	1964	06/10/1969	Trẻ em
08	Võ Thị Bèo	22	Nguyễn Thị Tòng	1901	13/07/1969	Người già
09	Lê Sang	23	Nguyễn Thị Hành	1925	13/07/1969	
		24	Lê Văn Thanh	1965	13/07/1969	Trẻ em
		25	Lê Thị Bé	1967	13/07/1969	Trẻ em

〈사진 16〉
유이응히아 인민위원회가 제시한 한국군 학살 통계 자료 중 일부[73]

전쟁을 피해 도망치듯 살았던 삶:
레떤까Lê Tân Cả(1953년생)[74]

1953년 4남 1녀 중 넷째로 태어났다. 부모님은 빈농이었고 토지를 빌려 농사를 지었다. 1964년까지는 혁명세력이 약해 밤에만 활동했고, 그때까지도 유격대에 대해 잘 이해하지 못했다. 1968년 한국군이 들어왔다. 마을 사람들은 한국군을 '박정희 군대'라고 불렀고 매우 무섭게 이야기했다. 미군이 한국군보다 오히려 착해 보이기까지 했다. 전쟁 중 가장 무서운 것은 폭격이었지만, 한국군도 무서웠다.

유이탄에서 한국군이 주민 28명을 학살했다는 이야기를 들었고,[75] 무서워 남베트남 티우군 쪽으로 도망쳤다. 1968년경 전략촌이 건설돼 부모님은 낮에는 논에 나가 일하고 밤에는 전략촌에서 잠을 잤다. 지금도 그렇지만 당시도 정치에 대해 아는 게 없었다. 남부 정권에 대해서도 특별한 생각이 없었다. 그는 인민들은 정권이 바뀌면 바뀌는 대로 따를 수밖에 없다고 생각했다.

1970년경 전쟁과 폭격을 피해 다낭으로 갔다. 도시는 그나마 안전했기 때문이었다. 가족 모두가 다낭 외곽에서 나무를 해다 팔면서 1975년까지 살았다. 누가 지배하고 관리하는가는 그리 중요하지 않았다. 정부가 있으면 있는 대로 따랐을 뿐이고, 통일이나 그런 문제도 중요치 않았다. 그는 티우 정권이나 공산당, 모두를 좋아하지 않았다.

전쟁으로 인해 집과 땅이 모두 파괴되고 황폐화됐기 때문에 1975년 해방 후에도 삶은 팍팍하기만 했다. 가난과 힘든 생활이 끝나지 않을 것 같았다. 그래도 도이머이 이후에는 생활이 나아졌다.

다시 전쟁이 난다면 지금이라도 싸움터로:
응우옌흐우마이Nguyễn Hữu Mai(1934~2018년 5월)[76]

응우옌흐우마이의 부모님은 농부였고 집안은 가난했다. 그래도 조국에 도움이 되고자 했다. 1945년 해방이 되자 현에서 국가를 도울 사람들이 필요하다는 방송을 듣고 비엣민을 돕기 시작했다. 3남 5녀 중 형 둘은 미군에게 잡혀 감옥에 갔다가 변절했다. 그렇지만 그는 1964년, 그의 여동생은 1966년 베트콩이 됐다. 그는 1964~1972년까지 보병으로 활동했고, 1972년부터는 유이쑤엔에서 민정 간부로 활동했다.

1차 인도차이나전쟁 당시에는 프랑스군에게 많은 피해를 봤다. 프랑스군은 짚으로 만든 그의 집을 두 번이나 불태웠다. 소금도 없어 바닷물을 끓여 사용해야 할 정도로 생활이 어려웠다. 마을에는 두 명의 지주가 있었는데 소작인에게 가혹했다. 소작인들 대여섯 명이 지주와 싸워 감옥에 가기도 했다. 1951~1952년에는 큰 홍수가 나 매우 힘든 시기를 보내야 했다. 프랑스군에게 분노하여 학교를 그만두고 투쟁에 나서고 싶었지만 주변의 만류로 중학교까지 마쳤다.

지엠 정권이 들어서자 비엣민을 탄압했고, 아버지는 잡혀가 반공교육을 받아야 했다. 지엠 정권은 과거 친불파를 그대로 묵인했다. 답답한 시절이었다. 1964년 8월 농촌 해방이 이루어졌고 베트콩에 참가했다. 결혼한 지 두 달 만에 유격대가 되어 미국과 싸우기 위해 나섰다. 그리고 첫째 부인과 헤어졌다.[77] 1966년경 미국에서 고문하는 사람들이 왔고, 강한 군대가 계속 들어왔다. 미군들이 부모님의 집을 불태웠고, 소가 6마리나 죽었다.

그리고 한국군이 들어왔다. 미군도 잔인했지만, 한국군은 대악이라 할 만했다. 한국군을 상대로 사격을 하면 당장 공격이 들어오기 때문에 지뢰나 폭발물을 설치하는 것으로 대신했다. 매설한 폭탄으로 한국군 3명이 죽기도 했다. 1969년 9월 17일 유이하이 마을에서 발생한 리에우 할아버지 방공호 학살사건을 목격했다.

그는 당시 한국군을 감시하는 유격대원이었다. 학살이 끝난 후 주민들의 매장 여부를 놓고 간부회의가 열렸으나 한국군이 다시 들어올 것을 염려해 매장하지 않았다. 7일 후 냄새가 심해지자 한국군이 철수했고, 시신을 매장할 수 있었다. 공산당에서는 미군이 학살을 지시했다고 이야기했다. 베트콩을 많이 죽이면 빨리 한국으로 돌아갈 수 있기 때문에 한국군이 그런 일을 벌였다고 했다.

1975년 해방 후 피해자들의 시신을 다시 수습했는데 국가의 지원은 없었다. 전쟁이 끝난 후 가장 힘들었던 것은 가난, 굶주림, 배급제도였다. 국가는 땅을 가져가 합작사를 만들고 점수에 따라 쌀을 배급했다. 쌀은 물론 고구마도 없었고, 사람들이 배가 고파 일을 할 수 없었다. 해방 후 1975~1978년까지 경찰 일을 했다. 이후 유이하이 문화통신청에서 3년,

〈사진 17〉
응우옌흐우마이
(2007년 7월 11일 촬영)

합작사 팀장으로 10년을 일하고 은퇴했다. 그는 학살의 피해자들을 생각하면 지금도 마음이 아프다고 했다. 베트콩으로 활동하면서 32명의 소대원이 있었는데 그중 2명만 살아남았고, 그가 그 둘 중 하나였다. 그는 다시 전쟁이 난다면, 지금이라도 유격대로 나가 싸울 것이라고 했다.

2007년 팜티호아를 비롯해 11명을 면담했다. 그들 가운데 팜티호아, 응우옌떤꾸이, 레떤까, 응우옌흐우마이 네 사람의 삶의 여정을 살펴봤다. 팜티호아는 여성으로서 식민지 지배와 전쟁을 경험했다. 외국 군대의 성폭행 위협뿐만 아니라 가부장제의 질곡 속에서 가족의 삶을 꾸려야 했다. 학살은 그녀의 삶을 무너뜨렸다. 두 아이를 잃었고 발을 잃었다. 그녀가 제일 알 수 없는 것은 학살의 이유였다. 응우옌떤꾸이는 유격대가 아니면 친미 인사가 되어야 하는 마을의 양극적 상황,[78] 그리고 그들이 한 마을에 공존했던 쏘이더우의 시간을 이야기했다. 레떤까는 전쟁을 피하는 삶을 살았다. 정치나 체제에는 관심이 없었다. 정권이 바뀌면 바뀌는 대로 인민들은 따를 수밖에 없다는 숙명론적 체념의 삶을 이야기했다. 마지막으로 응우옌흐우마이는 혁명세력의 편에서 전쟁을 치렀다. 그가 봤던 한국군은 대악이었다.

모든 이의 삶에서 통일, 해방도 행복의 시작은 아니었다. 화가인 테비The Vy는 그때를 '끔찍함'과 무기력으로 이야기했다.

전쟁이 끝나고 다시 강단으로 돌아오게 됐지. 그때 화가들에게는 1년에 3개월은 그림 작업을 할 수 있는 시간이 허락됐거든. 한데 물감이 없는 걸세. 물감은커녕 일주일 먹을 쌀로 한 달을 버텨야 하는 지경으로 가고 있었다고. 왜 전쟁 때보다 사는 게 더 피곤하고 끔찍해지는지. 왜 이리 무기

력한지, 아무도 대답을 못했어.[79]

통일 후 베트남은 전쟁으로 초토화된 국토, 캄보디아·중국과의 전쟁, 미국의 금수 조치, 사회주의에 대한 남부의 저항과 북부 사회주의 체제의 취약성 등으로 극심한 식량난에 빠졌다. 베트남인들은 사회주의의 머리글자인 'XHCN'을 따와 "하루 내내 줄 서는Xếp Hàng Cả Ngày" 체제라고 비꼬았다.[80] 전쟁의 끝, 전쟁 같은 삶이 이어졌다. 이러한 삶 속에서도 학살의 생존자들은 희생자들을 잊지 않았다.

주민들이 전쟁을 정리하는 것은 응우옌흐우마이의 마을에서처럼 희생자를 안장하는 것으로부터 시작됐다. 전쟁이 끝난 후 처음 만들기 시작했던 것은 증오비였다. "하늘에 가 닿을 죄악 만대를 기억하리라!"라는[81] 문구는 그들의 분노의 깊이를 보여준다. 이는 1980년대로 들어와 위령비 형태로 바뀐다.[82]

역사의 신화학은 "과거를 개선하고 살균하고 고급화하며, 이상화하거나 신성하게 한다. 다른 한편으로는······과거의 일부를 지워 버린다."[83] 이는 근대 국가와 국민을 연결하는 기억과 역사화 과정이고, 여기서 전쟁은 국가를 정당화하는 역사적 사건으로 자리한다. 신화의 구축과정은 통일 베트남에서도 유사했다. 권헌익은 베트남의 전쟁 기념을 논의하면서 "병사들의 죽음은 풍부한 상징들로 둘러싸인 반면, 마을 지지자들의 죽음은 그와 거리가 멀었다. 민간인의 집단사망은 '탐삿'으로서 어떠한 재생산적 의미나 긍정적인 기념의 가능성을 제공하지 않았다"고 했다.[84] 그야말로 열사와 그렇지 않은 죽음의 구별이었고, 죽음의 기억·기념에 대한 차별이었다.

1986년 도이머이 정책의 채택과 경제성장은 이러한 국가—사회 간의

'죽음의 기억 지형'을 바꿔 갔다. 1990년대 이후 전쟁의 피해자들은 기념·기억의 권리를 요구하고 적극적 행동에 나서기 시작했다.[85] 학살지 곳곳에 세워지는 위령비는 망자에 대한 생존자들의 종교적 '경건함',[86] 곧 살아 있는 자들의 의무로서 망자를 기리며 추모하는 상징을 세우는 것이며, 집단기억으로 고통의 역사를 기록하고 전승하는 행위다. 1999년 《한겨레21》의 보도와 베트남전 진실규명운동은 그들의 잊힌 기억 아닌 현재진행형인, 끊임없이 소환되는 트라우마적 기억의 한복판으로 들어간 것이었다.

6장

기억에서
운동으로

1. 베트남전쟁 진실규명운동의 출발과 전개

1999년 노근리와 베트남, 학살 기억의 해방

1999년은 한국과 베트남에서 '아래로부터의 전쟁 기억'이 한꺼번에 터져 나온 해였다. 두 기억의 재발견 과정은 묘한 공통점을 지녔다. 한국의 노근리와 한국군에 의한 베트남의 여러 '노근리'의 기억은 자신의 힘으로 해방될 수 없었다는 것이다.

한국의 노근리사건은 사회적으로 알려질 몇 번의 기회가 있었다. 1950년 8월 10일 자 《조선인민보》(조선공산당 기관지)의 보도, 노근리사건에서 아들과 딸을 잃은 정은용의 《그대, 우리의 아픔을 아는가》(1994년 4월), 1994년 5월 4일 《한겨레》 보도, 1994년 7월 월간 《말》의 심층취재 보도가 바로 그것이었다.

한국전쟁 중 나왔던 《조선인민보》를 제외하더라도 1994년에 연이어 나왔던 보도는 세간의 관심을 끌 만했다. 그렇지만 이는 주목받지 못했다. 이 사건은 1998년 7월 28일 48년 만에 희생자 유가족들이 치르는 첫 번째 위령제로 세상에 다시 알려졌다. 당시 학살사건 대책위원장 정은용은 "48년 전의 끔찍한 비극에 대한 정부 차원의 진실규명과 희생자에 대

한 배상이 반드시 이루어져야 할 것"이라고 주장했다.[1]

그렇지만 사건은 또다시 묻혔다. 한국전쟁 당시 민간인 학살 문제는 그것이 미군의 소행이었다고 해도 한국 사회에서 여전히 터부시되는 사안이었다. 특종은 AP통신이 가져갔다. 당시 월간《말》의 오연호는 국내 언론이 이를 공론화시키지도, 공론화 이후 스스로 이슈를 끌어가지도 못한 이유를 '주류 언론의 오래된, 전근대적 언론관', 곧 "국가의 이익과 사실(뉴스)이 충돌할 때 사실을 양보하는 경향", "심지어 정권의 이익과 사실 사이에서 사실을 죽이는 부끄러운 역사" 때문이라 지적했다.[2]

베트남의 경우도 전쟁 중의 민간인 희생은 묻힌 이야기였다. 이미 언급한 것처럼 국가는 기억할 죽음과 그렇지 않은 죽음을 구별하고 차별했다. 전쟁 중의 억울한 죽음은 마을과 가족의 사적인 수준에서 기억됐다. 국가와는 다른 층위의 애도와 위령이었다. 베트남에서도 외부 세력에 의한 피살과 폭력뿐만 아니라 "북과 남으로 나뉜 베트남인들 상호 간에 정치권력의 이해관계와 이념적 지향에 기반한 적대를 통해 거대한 규모의 인명살상이 자행"됐다.[3] 탈냉전과 더불어 베트남 정부 당국은 국가 정체성, 국가와 지역사회, 그리고 세계체제 속의 국가 간 관계라는 3중 구조 속에서 전쟁 시기 벌어진 '학살'을 고민해야 하는 입장에 놓였다.

베트남은 국가 정체성에 기반한 국가와 지역사회―특히 남부―의 관계 속에서 '학살' 문제를 공식기억 속에 전면적으로 포괄하기 어렵다. 이 문제는 외부와 내부를 갈랐던 만큼 내부를 가르고 있기 때문이다. 또한 경제개혁과 발전을 우선적인 목표로 한 상황에서 과거사를 전면화하는 것도 바라지 않는 바였다. 이에 대한 국가의 공식 입장은 '과거를 닫고 미래를 열자Khép lại quá khứ mở hướng tương lai'는 것이다.[4] 이는 외부에 대한 정책일 뿐만 아니라 내부를 향한 메시지이기도 했다. 전쟁으로 찢긴

국가를 하나로 통합하는 것, 이것이 통일 베트남이 해결해야 할 중요한 과제 중 하나였다.[5]

베트남의 침묵 구조는 냉전기에 벌어졌던 '학살'에 대한 한국의 그것과 닮았다. 전쟁기의 학살에 대해 국가는 침묵하고 외면했으며, 사회는 망각했다. 막혔던 기억의 물꼬를 튼 것은 가해국의 언론이었다. 결국 "노근리는 1999년 9월 30일 AP에 의해 해방"됐고,[6] 베트남의 '노근리'들은 1999년 9월 2일 《한겨레21》에 의해 해방됐던 것이다.[7]

전쟁 시기 한국과 베트남에서의 죽음에 대한 기억은 20세기 제3세계 지역에서 전개된 냉전 속의 열전에 대한 사회적 기억이며, 한국이 한 번은 자신의 전쟁으로, 다른 한 번은 미국의 전쟁에 들러리로 참전했던 전쟁의 결과물이었다. 두 기억의 귀환은 냉전, 국가의 배제 등으로 억압됐던 사회적·개인적 수준의 고통스런 기억의 재현이었다. 한국 사회는 노근리를 통해 베트남의 피해자들을 보다 깊이 이해할 수 있었다. 그러나 한국의 베트남전쟁 기억의 재현은 그 고통의 무게만큼이나 많은 갈등과 기억 투쟁을 동반했고, 그 갈등의 중심축은 한국과 베트남의 국가·사회 관계가 아니라 한국 사회 내부를 관통했다.

진실규명운동의 전개

1999년 9월 2일 보도에 이어 10월 28일 시작된 《한겨레21》의 '부끄러운 역사에 용서를 빌자: 베트남전 양민학살, 그 악몽 청산을 위한 성금 모금 캠페인'은 2000년 9월까지 46주간 지속됐고, 이와 함께 시민사회단체를 중심으로 한 진실규명운동도 본격화됐다. 운동과정은 언론과 시민단체

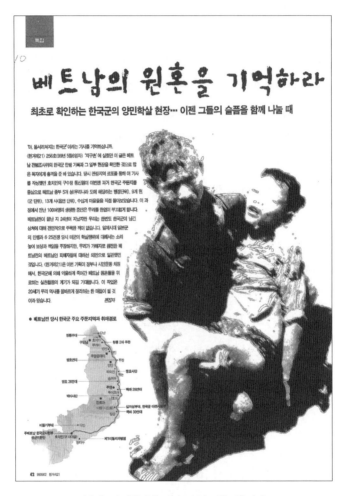

〈사진 18〉《한겨레21》1999년 9월 2일 기사

의 접합과 분리, 시민사회단체의 조직 변화에 따라 세 시기로 구분할 수 있다.

첫 번째 시기는 학살 보도에서 2000년 1월 28일 '베트남전 양민학살 진상규명 대책위원회(이하 대책위원회)'의 결성까지다. 대책위원회 결성 이전부터 몇몇 시민단체들이 베트남과 관계를 맺고 활동했다. 대표적인 단체로는 '베트남을 이해하려는 젊은 작가들의 모임', 베트남의 한국군 참전 지역을 답사하고 이를 알리는 데 적극적으로 앞장섰던 '나와 우리', 《한겨레21》 보도 이후 1999년 10월 평화와 화해를 위한 진료단을 베트남으로 파견한 '건강사회를 위한 치과의사회' 등을 예로 들 수 있다.

조직적인 측면에서 초기부터 진상규명운동에 활발히 나선 것은 국제민주연대였다. 국제민주연대는 1999년 12월 7일부터 '지구촌 좋은 이웃 되기 캠페인' 중 특별 캠페인으로 '베트남 참전 한국군에 의한 양민학살 사과에 대한 시민 캠페인'을 전개했다. 초기 캠페인 명칭은 '평화의 세기가 오기 전 베트남 여러분들과 화해하고 싶습니다'였다.[8] 12월 10일에는 베트남연대('나와 우리', '베트남을 이해하려는 젊은 작가들의 모임', '일본군 '위안부' 역사관', '함께 가는 사람들')의 이름으로 세계인권선언 51주년 기념 제1차 베트남 인권 세미나, '베트남에도 노근리가 있다: 베트남전 당시 파월한국군의 양민학살 의혹에 대한 진상규명을 위한 토론회'가 열렸다. 또한 서명운동을 통해 한국군 양민학살 진상규명과 한국 정부의 공식 사과를 촉구하는 시민사회단체 850명 공동선언을 조직했고,[9] 나아가 좀 더 지속적인 활동을 위해 대책위원회 구성을 제안한다. 초기 대책위원회에는 '국제민주연대', '인권실천시민연대', '나와 우리', '함께 가는 사람들', '민주화를 위한 변호사 모임', '일본군 '위안부' 역사관', '베트남을 이해하려는 작가들의 모임' 등 10여 개 단체가 참여했다.

운동 참여 주체에서 눈여겨볼 것은 운동의 연속성이다. 초기부터 운동을 조직하고 참여한 주체들은 1980년대 운동, 특히 1987년 6월항쟁에 적극적으로 참여한 경험을 가진 사람이 많았다. 민주화운동 경험자들이 진상규명운동, 이후의 평화운동에도 적극 참여했던 것이다.[10]

두 번째 시기는 2000년 1월 대책위원회 결성부터 2001년 4월 진실위원회 조직 개편 이전까지다. 대책위원회는 2000년 3월 '진실을 위한 첫발'로 베트남전 한국군 양민학살 자료집《부끄러운 우리의 역사 당신들에게 사과합니다!》를 발간한다. 이어 4월 28일에는 대책위원회 명칭을 '베트남전 민간인 학살 진실위원회'로 바꿨다. 사무국은 국제민주연대가 맡았고, 강정구 교수와 이해동 목사를 대표로 선임했다. 이 시기는 과거청산을 위한 진실규명운동이 가장 활발히 전개된 때라 할 수 있다. 2000년 9월 21일까지 46주간《한겨레21》캠페인이 지속됐고, 시민들의 많은 호응이 있었다. 진실위원회는 7월 6일 베트남과 함께 하는 평화문화제 '사이공, 그날의 노래'를 성공적으로 개최했다. 문화제는 반성과 화해로 나가는 수순을 밟기 위한 의도로 베트남과 한국의 현재와 과거, 미래로 나누어 진행됐다.[11] 12월 15일에는 진실위원회와 참전군인 측을 대표한 군사평론가협회 공동 주최 합동토론회가 열렸다. 토론회 명칭은 '베트남전 참전-그 빛과 그림자'였다.

2000년 진실규명운동에서 가장 큰 성과 중 하나는 워싱턴 국립문서보관소에 소장되어 있던 베트남전 당시 한국군 민간인 학살 관련 미국 공식 문서와 사진을 발굴·공개한 것이었다. 2000년 6월 1일 30년 만에 비밀 해제된 이 자료는 A4 총 554장(겹치는 부분을 제외하면 150여 장) 분량으로 주월미군사령부 감찰부에서 주월미군 사령관 및 고위 장성에게 보낸 보고서와 사진, 각종 첨부 문건으로 구성됐다. 진실위원회는 11월 14일 기자회견을 통해 자료를 공개했다.[12] 이는 베트남전쟁과 연관된 과거사 진실규명에 한 획을 긋는 사건이었다. 이와는 다른 방향에서 이 시기는 기억과 기념 문제에 대한 관심이 싹튼 시기이기도 했다. '나눔의 집' 문명금 할머니가 기탁한 성금을 바탕으로 한국군 피해가 가장 많은 지역에 역사박물관을 건립한다는 계획을 세운 것이다.[13]

세 번째 시기는 2001년 4월 '베트남전 민간인 학살 진실위원회'가 '베트남전 진실위원회'로 명칭을 변경한 시기를 기점으로 한다. 명칭 변경은 베트남전쟁으로 인한 국내 고엽제 피해자 문제를 포괄하고, 참전군인들의 반전·평화운동 참여를 위한 설득력 있는 명칭의 필요성 때문이었다. 또한 그간의 활동을 통해 베트남전 진실위원회라는 명칭만으로도 민간인 학살 진상규명운동임을 알 수 있을 것이라 판단했다. 조직적인 측면에서도 변화가 있었다. 연대조직 형태로 존속하던 진실위원회를 국제민주연대 산하의 특별위원회로 전환하여 조직의 효율성을 높이고 평화역사관 사업을 본격적으로 추진하고자 했다.[14] 평화역사관 건립 계획은 진실위원회가 베트남전쟁의 기억·기념 문제에 집중하는 계기가 됐고, 그 결과물이 2003년 11월 15일 창립한 '(준)평화박물관건립추진위원회'였다. 2003년의 변화는 단순한 조직상의 변화가 아니었다. 이는 과거청산운동의 인권·평화운동으로의 전환, 1999년 시작된 베트남전쟁 진실규명운동의 한 시기가 끝남을 의미하는 것이었다.

2. 진실규명운동의 특성과 기억 투쟁 지형

운동의 조건, 목표, 정체성

1999년 9월에서 짧게는 2001년 4월, 길게는 2003년 11월까지 전개된 진실규명운동의 특징은 언론매체인《한겨레21》의 주도적 역할, 운동의 정체성, 운동의 형태와 목표로 나누어 살펴볼 수 있다.

첫째, 진실규명운동의 중요한 특성 중 하나는《한겨레21》을 중심으로 한 언론매체의 주도적 역할이다. 당시《한겨레21》은 매주 1~2쪽을 할애해 이 문제를 맨 앞에 배치했다. 1999년 9월~2000년 11월까지 1999년 9월 2일, 12월 16일 특집 기사, 커버 스토리 4회를 포함해 캠페인에 할애된 지면이 170쪽을 넘었다.[15] "매스미디어의 뉴스, 기획 또는 집중 취재 프로그램들은 정치적 이슈와 사건의 명료화, 그로 인한 특정 감정의 유발에 결정적 영향력"을 미친다.[16]《한겨레21》은 독자들에게 전쟁 기억의 망각, 가해자이자 피해자인 한국의 이중 입장, 베트남 피해자들에 대한 사죄와 과거청산이라는 '프레임'을 제공했고,[17] 46주간의 캠페인을 통해 이를 확대·재생산함으로써 진실규명운동의 사회적 확산을 용이하게 했다.[18]

지속적인 캠페인의 동력은 무엇보다도 독자들의 반응이었다. 당시 이 문제를 담당했던 《한겨레21》 기자 고경태는 반응이 클 거라 생각했지만, 예상했던 것보다 2~3배의 반응에 놀랐다고 했다.[19] 독자들은 베트남전 당시 한국군의 민간인 학살사건에 대해 놀라워했다. 《한겨레21》의 여론조사(1999년 12월 18~19일) 결과에 따르면 '베트남전 양민학살 문제를 들어본 적이 있다'는 응답이 66퍼센트였고, 이를 사실이라고 보는 응답이 54퍼센트(사실이 아님 20.1퍼센트, 잘 모름 25.9퍼센트)였다.[20] 여론조사 시점은 본격적인 탐사보도 3개월여 후였다. 계속된 탐사보도는 한국이 참전한 베트남전쟁을 공식적 기억과는 다른 관점, 한국군의 가해와 베트남인의 시각에서 전쟁을 재인식할 수 있는 기회를 제공했다.

둘째, 진실규명운동의 특징 중 하나는 국내에 피해자가 없고, 가해자들은 학살을 적극적으로 부정하거나 침묵했다는 점이다.[21] 이러한 상황 때문에 학살 기억의 재현과 학살 문제의 사회적 의제화가 운동의 주요 축이 됐다. 《한겨레21》의 지속적인 피해자 증언 보도와 참전군인 증언 찾기, 평화문화제 '사이공, 그날의 노래' 개최와 '미안해요, 베트남' CD 제작, 한국군 파병과 민간인 학살 등에 관련한 학술토론회 개최(2000년 12월 5일), 교육용 CD 제작 등이 그 대표적 활동이다. 여기서 기본 목표는 '진실규명'이었다. 운동 초기부터 양민학살 여부를 가리기 위해 정부 차원에서 공동조사단을 꾸릴 것을 주장했고,[22] 이는 이후 한·베 양국 정부가 나서 민·관이 함께하는 진상규명위원회를 구성하라는 요구로 확대된다.[23] 초기부터 과거사에 대한 책임규명과 베트남 정부와 국민에 대해 사과·배상을 요구함으로써 과거청산운동의 성격을 드러냈다.

셋째, 운동의 정체성을 만들어 가는 데서 주목해 봐야 할 것은 피해와 가해의 양가성에 대한 인식과 냉전 문화, 이데올로기로부터 벗어나기다.

먼저 '미안해요 베트남 운동'의 가장 큰 특징은 한국이 체현하고 있는 피해와 가해의 양가성에 대한 인식이라 할 수 있다. 쓰루미 슌스케鶴見俊輔는 1965년 활동을 시작한 일본의 베헤이렌(베트남에 평화를! 시민연합) 운동의 특성을 미국의 반전세력, 미국과 맞서는 베트남인, 아시아 각지의 민중운동에 대한 공감과 연대에 기반한 '인터내셔널리즘'으로 논의했다. 또한 이시다 다케시石田雄는 이 운동의 큰 특징 중 하나를 '가해자와 피해자 의식의 결합'으로 보았다.[24]

한국의 진실규명운동도 이와 유사한 성격을 지녔다. 운동은 현대사에서 한국이 지닌 모순적 위치, 곧 일제강점기, 한국전쟁 시기의 피해와 베트남전쟁 시기의 가해, 이 양자를 접합하여 정체성을 세웠다. 일면 접합이 불가능할 것 같은 양극단의 경험은 서로가 서로를 호명함으로써 전쟁 기억의 탈국가성을 강화하고, 과거청산을 가속화는 기제로 작용했다. 이를 단적으로 보여주는 것이 〈베트남 양민 학살대책위 발족에 즈음하여〉(작성 일자 미상)라는 진실위원회 내부 문건이다. 이 문건은 "노근리를 바탕으로 베트남 학살의 참회로 나아가고, 다시 우리의 베트남 참회를 바탕으로 노근리 학살과 종군위안부의 역사청산을 이끌어 나가자"고 호소한다. 한국전쟁의 피해 경험을 통해 베트남전쟁의 가해에 대해 사과하고, 역으로 이를 통해 한국전쟁과 일제 식민지 시기의 과거사를 해결하자는 것이다. 이러한 복합적 접근 방식은 진실규명운동이 한국 사회와 분리된 운동이 아닌 '우리'의 운동이어야 함을 주장하는 것이었다.[25]

다음으로 냉전 문화, 이데올로기로부터의 탈피다. 이를 단적으로 보여준 것이 진실위원회 명칭 변경이었다. 앞에서 이미 언급한 바와 같이 '대책위원회'는 '베트남전 민간인 학살 진실위원회'로 명칭을 바꾼다. '양민'에서 '민간인'으로 나간 것이다. 대책위원회는 스스로 썼던 '양민'이

라는 용어에 문제를 제기했다. 양민良民은 사전적 정의로 '선량한 백성'
이다. 한국전쟁 전후 시기 한국에서는 양민이 아닌 자는 모두 '빨갱이'였
다. 냉전 이념에 따른 이러한 구분은 '국민'과 '비국민', 삶과 죽음을 가
르는 경계이기도 했다. 역사학자 김득중은 여순사건을 분석하면서 빨갱
이의 의미에 대해 다음과 같이 썼다.

> 도덕적·윤리적으로 인간 이하의 존재가 된 공산주의자는 이제 '빨갱이'
> 로 불렸다. 공산주의자라는 낱말이 정치적 지향을 일컫는 것에 반하여,
> '빨갱이'는 공산주의자를 비인간적 존재로 멸시하는 용어였다. 그들은
> 같은 민족이 아니고 인간이 아니었기 때문에 인간적인 동정조차 필요 없
> 었다.[26]

베트남의 전장에서는 빨갱이가 '베트콩'이었다. 이념의 이름으로 자행
된 학살은 한국을 넘어 베트남까지 이어졌다. "양민은 세계 보편적 개념
이 아니고 우리 역사의 특수한 개념"이다.[27] 따라서 한국에서 갖는 양민
의 이미지를 불식시키기 위해 민간인이란 용어를 사용할 필요가 있었다.
이러한 문제 제기를 통해 진실규명운동은 한국 사회의 냉전 문화, 한국전
쟁 시기 학살 문제, 인권에 대한 사회적 인식 지평을 확장해 갔다.

과거청산과 냉전 문화의 폭력성

진실규명운동 과정에서 갈등은 과거청산과 냉전 문화를 중심으로 가시
화됐다. 과거청산은 진상규명과 명예회복—책임자 처벌과 사과—배상—기

념사업·교육 등 일련의 복합적 과정으로 구성된다. 갈등은 출발 단계인 진상규명에서부터 시작됐다. 참전군인들은 학살 자체를 부정하거나, 인정한다고 하더라도 '상황 논리'로 이를 정당화했다. 주월한국군 사령관이었던 채명신은 《한겨레21》과의 인터뷰에서 한국군의 베트남 민간인 학살 보도에 대해 다음과 같이 밝혔다.

베트남 양민들이 한국군에 죽고 강간당했다고 하는데 그런 사실을 확인할 방법은 없다. 지금으로서는 그 사람들의 일방적인 주장일 뿐이다.……베트콩은 표 내고 다니지 않는다.……군복이나 계급장 같은 것은 없었다. 아낙네도 베트콩이고, 노인네도 베트콩일 수 있다.……우리는 무장하지 않은 베트콩과 싸우는 것이었다.……저쪽도 죽은 사람들이 양민이었다고 주장한다면 그들이 양민임을 입증해야 한다. 그들이 입증하고 우리가 인정해야 하는 것이다. 그래야만 양민으로 인정받는 것이다.[28]

채명신의 논리는 한국전쟁 당시 벌어졌던 민간인 학살에 대해 5·16쿠데타 이후 혁명재판부가 양민과 비양민을 구별하고, 피학살자들을 '좌익분자'로 몰아 학살을 정당화했던 것과 닮았다.[29] 이는 학살을 부인하는 기본 프레임이 된다.

또한 한국 사회 자체가 '가해자'로부터 자유롭지 않았다. 2000년 2월 26일 열린 '제주 인권학술대회 2000'에서는 "피해자의 피해 결과만 증폭시키지 말고 피해의 원인과 동기, 그리고 가해자의 가해 원인과 동기 등이 충분히 규명돼야 한다"는 '충고' 발언과 더불어 "'광기와 야만' 등 '과격한 용어'들은 순화할 필요가 있다", "가해자를 설득할 방법을 고민할 필요가 있다"는 의견이 제기되기도 했다. 이에 대해 '나와 우리' 김현아

대표는 "가해자의 인권을 말하고, 이들을 설득할 필요를 얘기하기 앞서 양민학살의 진상을 명백히 밝혀야 한다"고 지적했다. 같은 자리에서 구수정은 직접 들었던 증언에 비하면 용어는 결코 거친 것이 아니라면서 "가해자의 입장을 고려한다면 양비론에 걸릴 위험"이 있음을 지적했다.[30]

이러한 논란은 진실규명에 대한 사회적 합의의 어려움을 보여준다. 문제를 더욱 증폭시킨 것은 참전군인의 양가적 정체성이었다. 진상규명운동은 초기부터 참전군인에게 가해자이자 피해자라는 이중의 정체성을 부여했다. 참전군인들은 "비인간적 행위를 저지르도록 강요"받고, "아직도 고통에 시달리고 있는" 존재이며,[31] "후유증으로 고통받고, 그 고통을 후대에까지 대물림하고 있는 고엽제 피해자"들이었다.[32] 과거청산으로 가는 길은 이러한 양 갈래 길 사이를 걸어야 하는 민감성을 지닐 수밖에 없었다. 결국 베트남전 당시 한국군의 베트남 민간인 학살을 둘러싼 과거청산은 책임자 처리 문제에 대해 침묵한 채 주로 진실규명, 그 후속 조치로서의 배상·보상-기념·교육 문제에 집중된다.

진실규명운동은 얼마 안 되는 시간에 한국 사회에 많은 영향을 주었고, 과거청산, 인권·평화 운동의 가능성과 한계를 동시에 보여주었다. 먼저 가능성의 측면에서 주목할 것은 전후 세대의 인식이었다. "베트남에서 우리나라가 몹쓸 짓을 한 이야기를 들었단다.……너희 나라에 그렇게 큰 고통을 안겨주어서 미안해.……우리나라도 많이 반성하고 있고, 예전에 했던 잘못을 찾아내 잘못된 역사를 고치려 하고 있어"라는 한 초등학생의 편지는 인권·평화 담론의 형성과 교육의 중요성을 보여준다. 1999년 12월 《한겨레21》 여론조사에 따르면 베트남전 민간인 학살 문제에 대한 인지도는 20대와 30대가 74.2퍼센트와 74.8퍼센트, 40대와 50세 이상은 각각 68.4퍼센트와 46.9퍼센트, '이 문제를 명명백백히 밝혀야 하는가'

에 대한 문항에서도 '그렇다'는 응답은 20대가 81.2퍼센트, 30대가 70퍼센트, 40대가 66.9퍼센트, 50세 이상 46.6퍼센트로 연령이 높아질수록 낮아졌다.[33] 베트남전쟁 이후 세대, 전쟁에 대한 기억이 없는 세대는 전쟁을 새로운 기억의 장에서 바라보고 있다는 것을 보여주는 사례였다. 베트남전쟁을 반공·발전 전쟁으로 규정했던 국가의 공식기억과 보수 이데올로기, 혁명과 모방의 대상으로 사고했던 1980년대 학생운동 세대를 넘어 탈이념, 인권·평화의 관점에서 베트남전쟁을 바라보는 새로운 세대가 등장했다.

운동은 한국 사회의 인권·평화에 대한 의식만을 일깨운 것이 아니었다. 이는 시민사회 내의 냉전 문화와 이념 갈등의 현실을 드러내는 계기이기도 했다. 진실규명운동의 기본적인 목적은 과거청산을 통해 인권과 평화를 지향하는 21세기를 열어 가자는 것이었다. 그러나 이는 "국가 발전과 단결을 저해"하고, "국가 정통성을 훼손하며", "국민과 군을 이간시키는 시각"으로,[34] "균형감각과 사상조차 의심스러운" 세력으로 매도됐다.[35]

초기 운동과정에서 가장 큰 충돌은 2000년 6월 27일 발생했던 '대한민국 고엽제 후유증 전우회' 참전군인들의 한겨레신문사 난입사건이었다. 이 사건은 2000년 4~6월까지 연속적으로 터져 나오는 참전군인들의 고백 이후의 일이었다. 참전군인들은 "한겨레신문사가 보도한 '월남 참전 용사 베트남 양민학살 보도'가 전우들의 명예를 실추시켰다", "서울 민사지법에 낸 미국의 고엽제 생산업체 상대의 손해배상 임시 지급 가처분 신청이 《한겨레》의 보도에 영향을 받아 심리가 지연되고 있다"며 시위를 벌이다가 신문사로 난입했다. 가해와 피해 문제가 모두 《한겨레》의 책임으로 돌아갔다.

난입한 참전군인들은 방화를 시도하고, 기물을 파손하고, 차량을 부수고, 신문사 직원과 방문객을 폭행하는 등 직접적인 폭력을 행사했다. 이러한 물리적 폭력은 한국 사회의 군사 문화, 냉전 문화가 지닌 상징적 폭력과 함께했다. "야 이 XX야 관등성명 똑바로 못 대?", "너 이 XX들 전쟁이나 한번 해봤어?"라는 폭력적인 언사가 난무했고, 사진 촬영을 하던 사진부 기자를 가리키며 "베트콩이다"라고 소리치기도 했다.[36] 그 후 7월 6일에는 '베트남과 함께하는 평화문화제' 공연장에서 참전군인 10여 명이 소란을 피웠고, 10월 13일에는 '베트남전 민간인 학살 진실위원회'가 조직한 〈베트남전쟁과 한국군 파병에 관한 심포지엄〉 행사장을 점거해 행사를 무산시켰다.[37]

그들은 항의하는 행사 관계자들에게 "총도 쥐어보지 못한 것들이 전쟁을 아느냐", "우리가 목숨 걸고 싸울 때 기저귀 차고 있던 놈들과 무슨 대화를 하겠는가"라며 모든 대화를 거부했다.[38] 그들의 언어에는 "보다 근본적인 형태의 폭력",[39] 군사주의와 냉전 이데올로기에 토대한 한국 현대사의 폭력 구조가 녹아 있었다.

한겨레신문사는 기억의 전장이었다. 이는 한국의 베트남전쟁 기억이 본격적인 '기억의 전쟁'으로 전환되는 신호탄이기도 했다. 사실 진실규명운동 이전까지 한국의 베트남전쟁 참전과 전장에서의 폭력은 거의 문제시 되지 않았다. 이것이 새삼 문제가 될 때 이들이 취할 수 있는 행동은 냉전의 상상력을 다시 불러오거나, 침묵하거나, 과거를 인정하는 세 가지였을 것이다. 한국 사회에서 가시화된 것은 과거 전쟁 경험과 냉전의식의 재현이라고 할 수 있는 참전군인의 집단행동이었다. 참전군인의 공격성은 집단 방어기제의 발현이었다. 베트남전쟁을 둘러싼 탈국가적 기억, 인권·평화의 담론은 참전군인의 집단적 이해와 충돌하면서 정치적 갈등의 자원으로 전환됐고, 참전군인은 집단화·정치화되었다. 이는 한국 사회가 지닌 이념 지형의 협소함과 기억의 정치의 민감성, 사회적 냉전의 위험성을 보여준다.

3. 전쟁의 기억과 망각 사이에서

전쟁 기억의 탈국가성과 냉전의 유산: 기념할 수 없는 전쟁

한·베 수교 이후 인적·물적 교류는 눈부시게 성장했다. 단적인 예로 수교 후 2019년까지 한·베 간 국제결혼은 10만 5,437건이었고,[40] 2019년 한 해만도 450만 명의 한국인이 베트남을 방문했다.[41] 국가 간 관계도 2001년 '포괄적 동반자 관계'에서 2009년 '전략적 협력동반자 관계'로 격상됐고, 2014년 12월에는 한·베 FTA가 실질적으로 타결됐다. 양국 간 관계의 발전 속도는 놀랍고 표면적으로는 큰 문제가 없어 보인다. 그러나 이러한 양적 지표는 양국 관계가 한국의 베트남전쟁 참전이라는 껄끄러운 과거사의 기반 위에 서 있다는 사실을 이야기하지 않는다.

베트남과 한국 모두가 공식적 수준에서 냉전의 과거사를 묻어 두고 싶다 하더라도 과거의 상흔 자체를 없앨 수는 없는 일이다. 이를 보여주듯 1995년 4월 11일 수교 이후 최초로 한국을 방문한 도므어이Đỗ Mười 공산당 서기장은 국립묘지에 헌화하지 않았고, 1996년 11월 20일 베트남을 방문한 김영삼 대통령도[42] 호치민 묘소나 무명용사의 탑을 찾지 않았다.

이는 한국과 베트남의 국가·사회가 전쟁의 기억, 냉전의 여진으로부터 자유롭지 못함을 보여주는 상징적 사례였다.

한·베 간 과거사 문제에 변화의 단초를 마련한 것은 김대중 대통령이었다. 김 대통령은 1998년 12월 베트남을 방문하여 호치민 묘소에 헌화하고, "두 나라 사이의 불행한 과거"를 언급했다. 1999년 '미안해요, 베트남' 운동이 시작된 이후 2001년 쩐득르엉Trần Đức Lương 베트남 국가주석이 한국을 방문했을 때는 "본의 아니게 베트남인에게 고통을 준 데 대해 미안하게 생각한다"고 좀 더 적극적인 사죄의 뜻을 전했다. 2004년 10월 10일 베트남을 방문한 노무현 대통령은 호치민 묘소에 헌화하고 묘소 내부까지 들어가 예를 표했고,[43] 쩐득르엉 주석과의 회담에서 "우리 국민들이 마음의 빚이 있다"고 과거사에 대해 에둘러 사과했다. 당시 호치민 묘소 참배는 베트남 정부의 각별한 요청에 의한 것이었다고 한다.[44] 이를 흔쾌히 수용하고 과거사에 대해 사과한 것은 양국 관계를 규정하고 있는 역사적 문제를 완화할 수 있는 전향적 행보였다.

그렇지만 보수 정권이 들어서면서 한·베 간 과거사에 대한 한국 측 태도에 변화가 나타났다. 참배 외교는 물론 이후 정권으로도 이어졌다. 2009년 10월 베트남을 방문한 이명박 대통령은 호치민 묘소에 헌화했고,[45] 2013년 9월 박근혜 대통령 또한 호치민 묘소를 방문하여 조화에 간단히 목례를 올렸다. 그러나 두 정권 모두에서 과거사에 대한 사죄는 없었다. 이는 정권의 이데올로기적 기반, 국내 보수층과 베트남 정부를 동시에 의식해야 하는 딜레마의 표출이었다고 할 수 있다.

전쟁 기억의 탈국가적 성격을 둘러싼 이명박·박근혜 정부의 한계는 한국의 베트남전쟁 기념 문제를 통해 드러났다. 수교 이후 과거사를 거의 문제 삼지 않았던 베트남은 한국의 전쟁 기념 문제에 대해 민감하게 반응하기 시작했다. 이명박 정권 시기에 표면화된 양국 간 갈등은 2009년 10월 한국의 '국가유공자 예우 및 지원에 관한 법률 개정안'을 둘러싼 것이었다. 2009년 9월 국가보훈처는 개정안에 "세계 평화유지에 공헌한 월남전쟁 유공자"라는 표현을 사용했다. 베트남 정부는 이에 대해 베트남을 "세계 평화를 해치는 세력으로 규정하는 것"과 마찬가지라며 강하게 반발했고, 예정되어 있던 이명박 대통령의 방문을 한때 거부하기까지 했다. 이에 한국 정부는 유명환 외교부 장관을 긴급 파견하여 개정안에서 '월남전쟁'이라는 단어를 삭제하는 방안을 제시해 문제를 봉합했다.[46]

박근혜 정권하에서는 2014년 한국군의 베트남전쟁 참전 50주년 행사가 문제가 됐다. '기념의 시간성'을[47] 생각할 때 참전 50주년에 정부가 침묵하는 것도 자연스럽지는 않다. 정부는 보훈처 내에 베트남전쟁 파병 50주년 행사를 위한 별도의 팀을 꾸리고 보훈처와 외교부를 중심으로 기념행사를 기획했다.[48] 하지만 베트남 정부가 외교적 경로를 통해 한국 정부에 공식행사를 자제해 달라는 요청을 해 왔다는 보도와[49] 함께 행사 계획은 급제동이 걸렸다. 국방부는 보도 당일 베트남의 행사 자제 요청은 없었다고 밝혔다.[50] 이에 대해 민주당은 "베트남 정부가 자제를 요청했음에도 불구하고 냉전시대의 상처를 굳이 다시 끄집어내 베트남 국민의 감정을 자극하는 것은 외교적으로도 '잘못된 선택'이고 국익 차원에서도 득이 될 것이 없다"는 성명을 발표함으로써 참전 기념행사에 대한 반대 입장을 명확히 했다.[51]

참전군인의 반발과 더불어 행사에 대한 몇몇 찬반 논란이 있었지만 이후 베트남전쟁 참전 50주년 기념행사는 사회적 이슈가 되지 못했다. 애초 보훈처는 4월 미국의 베트남전쟁 참전 기념행사를 지켜본 뒤 이르면 7월, 늦어도 9월에는 정부 주관으로 행사를 진행하고자 했으나,[52] 이는 성사되지 않았다. 9월 정부는 베트남전쟁 참전 50주년 기념행사는 예전과 같이 참전군인 단체가 주최하는 것으로 결론 짓고 발을 뺐고,[53] 9월 25일 잠실실내체육관에서 대한민국 월남참전자회가 개최한 그들만의 행사로 치러졌다.

비록 사회적으로 큰 관심을 불러일으키지는 못했으나, 이러한 일련의 상황은 국가적 집단기억의 형성에 작동하는 기억의 정치, 베트남전쟁을 둘러싼 한국의 공식적 기억의 현주소를 보여준다. 이는 지난날 정상적이었던 과거가 더이상 정상적일 수 없음을 드러내는 증거들이었다. 베트남 전쟁이 자유 수호, 경제발전을 위한 전쟁이었다는 수사를 포기하지 않는 한 한국 정부는 과거사로부터 자유로울 수 없다. 그렇지만 국내 보수세력의 반발을 고려하면 정권 차원에서 기존의 공식적 기억을 부인하는 것도 쉽지는 않다. 국가가 주관하는 기념행사는 국가정체성의 문화적 구현과정이다. 이를 국가가 내화할 수 없는 상황은 한국의 정치 문화 지형에서 베트남전쟁의 공식기억이 처한 딜레마를 보여준다.

사회적 냉전과 기억 투쟁

진실규명운동은 한국의 베트남전쟁 기억 지형을 바꿨다. '반공·발전 전쟁'이라는 국가의 공식기억은 1999~2000년 집중적인 기억 투쟁과 갈등을 겪으면서 기존의 독점적 지위를 위협받았다. 당시 경험을 통해 한국 사회는 전쟁 기억의 탈국가성과 다면성에 대해 눈떠 갔다. 그렇다면 진실규명운동 이후 베트남전쟁에 대한 한국 사회의 기억 지형은 어떻게 바뀌고 재구성됐을까? 먼저 주목할 것은 진실규명운동의 '의도치 않은 결과'다.

첫째, 운동은 학살의 기억뿐만 아니라 한국의 베트남전쟁 참전에 대한 국가·사회적 관심을 불러일으켰다. 이미 살펴본 바와 같이 남베트남의 몰락 이후 한국의 베트남전쟁 참전은 망각됐다. 베트남전쟁은 미국의 전쟁으로, 반공을 위한 반면교사로, 혹은 사회변혁을 위한 혁명 사례로 호명됐다. 거기에 한국의 베트남전쟁과 참전은 제대로 설 자리가 없었다.

진실규명운동은 베트남전쟁과 한국군을 다시 현재로 불러왔다. 비록 베트남인들의 피해의 기억을 불러오는 과정에서 참전을 언급한 것이지만, 베트남전쟁은 다시 관심의 대상이 됐다. 특히 국방부는 이러한 문제에 적극적으로 대응하고자 했다. 이를 단적으로 보여주는 것이 군사편찬연구소의 설립이었다. 국방부는 국방연구원 부설기관인 국방군사연구소를 국방부 직할 군사편찬연구소로 재창설하면서 그 이유를 "종래의 기능에다 노근리 및 월남전 양민 학살사건 등 과거사를 규명하는 조사기능을 새로 보완하기 위해서"라고 밝혔다.[54]

그렇지만 연구소 창설은 "노근리 등 양민 학살사건에 대한 국방부 차원의 조사·연구를 하지 않을 수 없게 되자 민간인 연구원들을 배제하고 현역과 군무원으로 구성되는 연구소를 신설해 국방부가 그어 놓은 선에서 조사 연구"를 하기 위한 것이라는 주장이 제기되는 등 과거사에 관련한 조사는 출발부터 한계가 명확해 보였다.[55] 출범 이후 군사편찬연구소의 베트남전쟁 연구는 주로 군사사 부분을 중심으로 연구 결과를 축적해 왔다. 그렇지만 초기 창설 목적 중 하나였던 '월남전 양민 학살사건'에 관련한 조사·연구는 그 결과물을 찾아볼 수 없다. 이 문제에 관련해서는 오히려 학살을 부정하는 참전군인들의 입장과 목소리를 적극적으로 반영했고, 기존의 보수적 담론을 재생산하고 강화했다.

둘째, 진실규명운동이 추구했던 핵심적 목표 중 하나는 전쟁을 둘러싼 한·베 간의 과거청산이었다. 그러나 그 결과는 한국 사회 내부의 이념적 적대와 갈등의 심화였고, 그 중심에는 참전군인이 있었다. 한 참전군인은 2000년 국방부 군사편찬연구소와의 인터뷰에서 다음과 같이 언급했다.

국군을 폄하하는 이들 이적단체와 언론매체에 적극적으로 대항하기 위해 스스로의 정당성과 합법성, 그리고 논리성을 갖추어 무장하도록 노력해야 합니다.……자손만대에 불명예스러운 용병 및 양민 학살자란 굴레에서 참전군인들이 벗어나도록 하고…….[56]

인권과 평화, 과거청산 담론은 '이적'으로 치환되었고, 참전 명분을 지키는 것이 곧 참전군인의 '명예'를 지키는 것이 되었다. 이는 참전군인의 보수적 정치화를 촉진했고, 냉전적 가치의 재활성화를 초래했다. 반국가·종북세력 척결을 외치는 참전군인 단체의 활동은 이명박[57]·박근혜 정권을 거치면서 더욱 활성화됐다.[58] 탈국가적 전쟁 기억의 확산은 다른 한편으로는 한국 사회의 기존 냉전 기억, 냉전 문화의 재활성화를 가져왔다. 이는 냉전의 해체와 온존·강화가 동시에 진행되고 있는 한국 사회의 중층적 이데올로기 지형을 보여준다.

셋째, 1999년《한겨레21》캠페인 이전까지 한국의 베트남전쟁 기억은 국가의 공식기억이 주를 이루었다. "베트남전에서 돌아온 이들은 술좌석이나 예비군 훈련장에서 자신들의 학살 행위를 자랑처럼 떠들었고, 많은 사람들은 그런 이야기를 그저 재미있는 이야깃거리로 들었다."[59] 그러나 《한겨레21》캠페인과 진실규명운동 이후에는 전쟁의 탈국가적 기억과 국가적 기억이 대립하는 양상을 띠게 되었다.

기억 지형의 변화 속에서 참전군인에게 한국군의 베트남 민간인 학살에 관련한 담론과 기억은 일종의 '금기의 영역'이[60] 됐다. "32만 파월장병들이 일치단결하여 옳지 않은 것은 옳지 않다, 라고 한목소리를 내야 한다"[61]는 주장과 같이 학살의 기억은 침묵과 망각을 강요받고 있고,[62] 이는 참전군인 내부뿐만 아니라 사회적 망각을 강제한다.[63] 학살 기억의 부상浮上이 학살에 대한 더욱 강한 부인과 침묵기제를 형성케 하는 계기가 된 것이다.

전쟁에 대한 참전군인의 집합적 기억이 더욱 폐쇄적인 형태로 고착되어 갔던 반면 진실규명운동은 과거청산운동에서 인권·평화운동으로 그 영역을 확장해 갔다. '베트남전 민간인 학살 진실위원회'는 2000년 1월~2003년 11월까지 4년여의 운동을 정리하면서 2003년 11월 15일 '(준)평화박물관건립추진위원회'로 명칭을 바꾸고, "'제1선'에서 벌어지는 다양한 평화운동이 미처 챙기기 힘든 역사적 기록과 기억들을 수집, 정리, 보존하는 한편, 이런 투쟁을 일반 대중들에게 널리 알리기 위한 전시와 교육 프로그램을 준비하는 것을 자기의 사명"으로 내세웠다.[64] 이는 시민운동 형태의 다양화와 질적 고양으로 평가할 수 있지만, 다른 한편으로 그간 진행된 과거청산운동의 한계를 반영한 것이기도 했다. 헤이너는 과거청산 과정에서 "'아는 것knowledge'과 '인정하는 것acknowledgment' 사이에는 뚜렷한 차이가 있다"고 하면서 국가의 잘못에 대한 시인과 옳지 않음에 대한 승인이 과거의 상처를 치유하는 시작이라고 했다.[65] 사실 이러한 측면에서 본다면 베트남전쟁을 둘러싼 과거청산은 그 출발부터 한계에 부딪혔고 더 나아가지 못한 측면이 있다. 국가는 진실규명에 대한 의지가 없었고, 진실규명운동이 이를 강제하기에는 역부족이었다.

기억·기념의 전쟁

참전군인들이 학살의 기억을 의도적으로 망각했다면, 진실·책임규명을 미완의 과제로 남겨 놓은 채 진행된 운동의 이행은 진실규명운동의 '상대적 약화'로 귀결됐다. 베트남 문제는 인권, 반전·평화운동의 일부가 됐다. 한국 사회가 안고 있는 수많은 과거사 문제 중 하나가 된 것이다. 《한겨레21》 캠페인을 통해 정점에 올랐던 한국군의 베트남 민간인 학살과 관련된 사회적 논란과 기억 투쟁은 그 이후 서서히 약화됐다. 학살 기억의 2차적 망각이었다. 이러한 분위기 속에서 한국의 베트남전쟁을 둘러싼 갈등의 축은 학살의 과거사 그 자체보다는 기억·기념의 문제로 옮겨 갔다.

참전군인들은 자유 수호·반공전쟁, 발전전쟁으로 베트남전쟁을 기억·기념하기를 원했다. 1987년 12월 공식적으로 치러진 '따이한 용사 만남

〈사진 19〉
베트남 하미 마을 위령비

의 장' 행사의 목적이 참전기념탑 건립 후원회 발기인 대회 형식으로 치러졌다는 점을 기억할 필요가 있다. 2000년 이후 베트남전 참전기념물이 빠르게 늘었다. 이는 참전군인들의 기억 투쟁이었다.[66] 기념물들의 텍스트는 베트남전쟁의 참전 명분으로 '자유 수호', '세계 평화', '국가 경제 발전의 초석' 등 반공주의 및 애국주의를 강조한다. 또한 그 기념 문화는 국가의 공식적 기억과 지역 및 부대의 집단성을 강조했다. 그러나 집합적 기억의 원형으로서 개인의 기억, 희생자를 추모하고 평화를 추구하는 전쟁의 교훈을 담아 내는 데는 소홀했다.[67]

평화박물관이 이러한 기념물에 본격적인 관심을 갖게 된 것은 2008년 10월 강원도 화천군 오음리에 개관한 '베트남 참전용사 만남의 장'이 재현하고 있는 전쟁 기억의 폭력성을 접하면서였다. 총을 겨눈 한국군과 땅에 무릎을 꿇고 항복하고 있는 베트남인을 재현한 실물 크기 인형의 모습은 한국의 베트남전쟁에 대한 몰이해와 자기중심적 역사 인식을 단적으

〈사진 20〉
오음리 평화수호 참전기념탑

로 보여주는 것이었다.[68] 이를 계기로 평화박물관은 2009년 1월 이 문제에 관심이 있는 몇몇 단체와 국내의 베트남 참전 관련 기념비와 비문 내용에 대한 조사를 협의하고 이를 실행에 옮겼다.[69]

이후 이러한 작업은 베트남 현지에 있는 피해자 위령비 조사로까지 확대해 진행됐다. 한국의 참전기념비가 전쟁의 정당성을 강조한다면, 베트남의 위령비는 냉전의 폭력과 상처를 묵묵히 비문에 새겼다. 상반된 기념물은 서로 화해할 수 없는 과거를 오롯이 현재에 재현한다. 열전 못지않은 기억의 전쟁은 냉전의 유산인 동시에 살아 있는 실제다.

7장

초대에 의한 정의와
베트남전 시민평화법정

1. 지연된 정의와 부인하는 국가

대체로 "개별 국가는 공식적인 사죄 방식을 피하거나 사죄 대신에 후회나 유감이라는 단어를 선택하여 책임을 최소화하거나 불편한 선례를 만들지 않으려고 애쓴다."[1] 또한 "자국의 과거 행동이 도덕적으로 정당화될 수 없는 것으로 비칠 때 솔직한 자기 인식을 피하려고 한다."[2] 베트남 문제에 대한 한국의 태도도 여기에서 크게 벗어나지 않는다.

한·베 간 과거사 문제에 적극적인 자세를 취했던 김대중·노무현 정권기에도 '불행한 과거', '베트남인들에게 고통', '마음의 빚' 등의 표현으로 과거사에 대해 에둘러 사과했지 학살에 대해 '시인'하거나[3] 직접적으로 사과하지 않았다. 이명박·박근혜 정권기에는 이마저도 없었다. 아니 박근혜 대통령은 오히려 청산·극복돼야 할 시기로 역사의 시계를 돌려 놓았다. 그 대표적인 예가 2016년 1월 13일에 있었던 '안보·경제 위기 비상 상황 대국민 담화'였다. 박 대통령은 "안보와 경제는 국가를 지탱하는 두 축인데 지금 우리는 이 두 가지가 동시에 위기를 맞는 비상 상황에 직면해 있다"면서 "월남이 패망할 때 지식인들은 귀를 닫고 있었고, 국민들은 현실 정치에 무관심이었고, 정치인들은 나서지 않았습니다"라며 국민이 힘을 모아 줄 것을 호소했다.[4] 이는 1975년 4월 29일 '월남 패망'에 관련해

국민총화를 호소했던 박정희의 '안보강화 특별담화'의 재현이었다. 박근혜 대통령은 국내 정치를 위해 역사적 시간을 현재로 불러오면서 현재 베트남과의 외교·경제·역사적 관계는 크게 염두에 두지 않았던 것이다.[5]

이미 살펴본 바와 같이 최근까지 한·베 간 과거사에 관련한 갈등은 주로 한국의 전쟁 기념 문제를 둘러싸고 벌어졌다. 이는 문재인 정권에서도 유사한 형태로 반복됐다. 그렇지만 여기서 주목할 것은 이제 베트남 측이 학살 문제를 거론하기 시작했다는 점이다. 2017년 6월 6일 제63회 현충일 추념사에서 문재인 대통령은 "베트남 참전용사의 헌신과 희생을 바탕으로 조국 경제가 살아났습니다.……폭염과 정글 속에서 역경을 딛고 묵묵히 임무를 수행했습니다. 그것이 애국입니다"라고[6] 했다. '428030, 대한민국의 이름으로 당신을 기억합니다'라는 주제로 진행된 추념식은 '보훈'과 '국가의 책임'을 강조했다. "현재주의적 가정과 체제의 권위를 지지하기 위해 인위적으로 구성된 과거의 정당성에 호소"하는 것,[7] 전쟁에서의 희생과 의의를 강조하는 것은 국내 정치 지형을 고려할 때는 당연한 것일지 모른다. 전쟁의 신화화는 참전자들에 대한 위안을 넘어 무엇보다 국가를 정당화하기 때문이다.[8]

그러나 이러한 일국적 전쟁 기억은 관계적 전쟁 기억 속에서 동요한다. 베트남은 문 대통령의 추념사에 대해 즉각 반발했다. 6월 9일 베트남 외교부 관계자가 주베트남 한국대사관을 통해 한국 정부에 항의했고, 6월 12일 베트남 외교부는 자체 홈페이지에 레티투항Lê Thị Thu Hằng 대변인 명의로 "한국 정부가 베트남 국민의 감정을 상하게 하고 양국 우호와 협력관계에 부정적 영향을 줄 수 있는 언행을 하지 않을 것을 요청한다"는[9] 입장을 밝혔다. 이에 앞서 6월 9일 베트남 언론인 쩐당뚜언Trần Đăng Tuấn은 '한국 대통령의 애국심에 대한 이상한 관점'이라는 기사를 통해 베트남전쟁 당시 한국군의 베트남 민간인 학살을 비판했다.[10] 같은 날 전 베트남 국회사무차장 응우옌시중Nguyễn Sĩ Dũng 박사도 *VTC NEWS*를 통해 한국의 베트남전쟁 참전이 경제, 돈 때문이라면 이는 '청부살인'이라 부를 수밖에 없다고 강하게 비판하면서 한국의 경제성장은 한국민의 희생과 투쟁, 창조적인 노동 정신과 헌신, 정권 기관의 청렴과 헌신 덕택이지, 베트남에 용병으로 참전했기 때문이 아니라고 했다. 또한 그는 "박정희 군이 베트남전쟁에 참전한 기간 중 지극히 야만적으로 행동했다"면서 "베트남인은 과거를 잊지 않는다. 단지 과거에 얽매여 살지 않을 뿐이다"라며 과거의 기억을 대하는 베트남인의 태도를 이야기했다.[11]

　사실 한국의 전쟁 기억 방식에 대한 베트남 당국의 민감한 반응은 어느 정도 예상할 수 있는 일이었다. 최근 베트남 언론은 학살 문제를 본격적으로 다루기 시작했다. 대표적인 예로 호치민시의 유력 일간지인《뚜오이째tuổi trẻ》는 중부 지역에서 진행된 한국군의 베트남 민간인 학살 50주기 위령제에 주목하고, 2016년 9월 11~17일까지 한국군의 학살에 관련한 특집 기사를 실었다. 1~5편 '학살 이후의 삶'에서는 한국군 학살과 생존자들의 삶, 6편에서는 안빈 마을 학살사건 생존자 응우옌떤런, 7편에서는 한국의 '미안해요 베트남' 운동을 소개했다. 구수정은 베트남의 2016년은 베트남 민간인 학살 문제가 처음 제기됐던 한국의 1999년과 닮았다고 했다.[12] 억울한 죽음을 더이상 방치하지 않으려는 베트남인들의 아래로부터의 열망이 학살 50주기 위령제를 통해 피해 마을을 넘어 베트남 사회로 확장돼 가며 '잊힌 학살'을 다시 불러왔다.[13]

　현대 정치가 "과거 전쟁의 유산을 둘러싼 담론 투쟁이 벌어지는 전쟁의 또 다른 연장"이라면,[14] 한·베 간의 과거사도 이로부터 자유로울 수 없다. 각자, 혹은 서로의 겹침 속에서 진행된 전쟁이 국가 간 관계뿐만 아니라 사회 내부를 갈라 놓았기에 그 위험성은 더 크다. 여기서 특히 한국의 베트남전쟁 참전이 반공·경제발전을 위한 기회였다는 선구조화pre-structured된 인식은[15] 세대·이념·국가 간 경계를 나누며 '부인 구조'를 심화한다.[16]

문재인 대통령은 2017년 11월 11일 베트남 호치민에서 열린 '호치민–경주 세계문화엑스포 2017' 개막식 영상축사를 통해 "한국은 베트남에 마음의 빚을 지고 있다"고[17] 했고, 2018년 3월 23일 쩐다이꽝Trần Đại Quang 베트남 국가주석과의 정상회담에서는 "우리 마음에 남아 있는 양국 간의 불행한 역사에 대해 유감의 뜻을 표한다"라고 밝혔다.[18] 김대중, 노무현 대통령에 이어 세 번째 사죄의 표현이었다. 이명박, 박근혜 정권보다 진전된 입장임에는 틀림없다. 그러나 법학자 이재승의 논의대로 "중대한 인권침해에 관한 국가의 사죄가 실질적인 회복조치를 담지 않았다면 그 사죄는 단지 진정성이 부족한 사죄로 그치지 않고 부정의한 사죄"가 된다.[19] "부인은 언제나 부분적 현상이다", '알면서도 모르는 상태'라는 역설, 이중성이 '부인' 개념의 핵심이라고[20] 볼 때 베트남전쟁 과거사에 관련해 한국은 여전히 '부인하는 국가'이고, 정의의 구현은 '지연'되고 있다.

2. 베트남전 과거청산운동의 변화와 재구성

전쟁 기억의 도래

6장에서 살펴본 바와 같이 한국의 베트남전쟁 관련 기억은 과거 '공식적 기억의 정형화와 망각'에 대한 '대항기억의 형성과 기억 투쟁'을 거쳐 '전쟁에 대한 2차적 망각과 기억을 위한 투쟁'의 사이클을 그리며 변화해 왔다. 베트남전쟁에 관련한 과거청산 문제를 재론하기 위해서는 사회적 무관심, 2차적 망각과의 투쟁, 이와 더불어 개인적·집단적 차원에서 비판적 기억을 다시 세우는 작업이 필요했다. 이러한 측면에서 보면 베트남전 과거청산운동의 3기는 2015년 본격화됐다고 볼 수 있다. 그 중요한 계기는 베트남전쟁 당시 한국군의 학살에서 살아남은 '생존자' 응우옌떤런과 응우옌티탄의 한국 방문이었다. 이들은 2015년 4월 4일 평화박물관의 초청으로 한국에 왔다.[21]

응우옌떤런과 응우옌티탄이 한국에 들어와 가장 먼저 방문한 곳은 일본군 '위안부' 피해자가 있는 '나눔의 집'이었다. 역사 속에서 피해자이자 가해자였던 한국의 양가적 위치가 피해 생존자들의 만남을 통해 구체적으로 재현됐다. '위안부' 피해자 이옥선(85세) 할머니는 "다른 나라에도 우리와 같은 피해자가 있는지는 꿈에도 생각하지 못했다"며, "그래도 산 사람은 살아야 한다.……우린 아직도 전쟁을 하고 있다"고 말했다.[22] 전쟁 피해 생존자들의 고통의 경험·기억에 대한 발화와 상호 지지는 상처의 치유뿐만 아니라 현재의 투쟁에 의미를 부여하는 '고통의 연대'로서 중요한 의미를 지닌다.

한국에 온 생존자들을 당혹케 한 것은 참전군인들의 시위였다. 2015년 4월 7일 열리기로 되어 있던 이재갑 작가의 '하나의 전쟁, 두 개의 기억' 사진전[23] 개막행사는 참전군인의 압력과 시위로 취소됐다.[24] 또한 생존자들의 강연이 예정된 곳에는 어김없이 참전군인의 시위가 있었다. 두 생존자는 비공개 기자간담회에서 "진실을 알리고 싶었을 뿐인데, 그들이(참전군인) 이 사실을 인정하지 않는 게 너무 가슴 아프다"고 했다.[25] 이들이 원한 것은 가해자들의 시인과 사죄였으나, 돌아온 것은 '베트콩'이라는 이념적 적대의 폭력적 언어였다. 응우옌떤런은 4월 9일 경북대 강연에서 "역사의 진실을 들려주기 위한 것입니다. 어떤 원한이나 증오감을 부추기고자 하는 것도 아닙니다. 전 한국군 민간인 학살 생존자입니다"라고 호소했다.[26]

한국에서의 경험은 이들이 '생존자'로서의 정체성을 확인하는 기회였고, 2018년 응우옌티탄의 베트남전 시민평화법정 참여는 이러한 경험을 바탕으로 했다. 이들이 한국에 머문 것은 일 주일이라는 짧은 시간이었지만 그 의미는 작지 않았다. 이들은 베트남과 한국 사이의 공간을 건너온 것뿐만 아니라 과거의 고통을 현재로 불러들임으로써 한국의 '베트남전 과거청산' 문제에 새로운 전기를 만들었다.

한국에서 울린 생존자의 목소리는 한국의 국가·사회에 대한 요구인 동시에 베트남 당국에 대한 요구이기도 했다. 떤런은 베트남으로 돌아간 뒤

7월 빈딘성 관계자들과 면담과정에서 베트남 정부가 빈안 '탐삿'과 관련해 세 가지 내용—베트남에서 저질렀던 일에 대한 사과, 생존 피해자들에 대한 책임, 한국군이 저지른 '탐삿'의 피해자 가족에 대한 책임—을 한국 정부에 요구할 것을 제안했다.[27] 또한 2016년 빈안 학살 50주기 행사에 참석한 떤런은 학살 증언 말미에 "한국 정부가 이 일에 대해 책임지기를 원한다"고 말했다.[28]

꽝남성의 초등학교 도덕 수업 자료에는 '학살이 있던 방공호는 몇 곳인가', '학살 피해자 중 0~6세, 60세 이상은 각각 몇 명인가'와 같은 질문이 나온다고 한다.[29] 한국군의 베트남 민간인 학살을 다룬 다큐멘터리 〈마지막 자장가〉를[30] 제작한 베트남 국영방송 VTV 프로듀서 호녓타오Hồ Nhật Thảo는 "내 고향 꽝응아이성에는 한국군이 거쳐 간 마을마다 위령비가 서 있다.……나는 전후 세대지만 한국군 학살에 대해선 어릴 때부터 귀에 딱지가 앉을 정도로 들어 익히 알고 있었다"고 했다.[31] 학살의 기억은 잊힌 것이 아니라 국가의 공식기억과 나란히 할 수 없었을 뿐이다.

'초대에 의한 정의'와 아래로부터의 냉전의 해체

한·베 국가, 한국의 국가와 베트남 사회, 베트남의 국가와 한국 사회, 한국 사회와 베트남 사회 간에 나타나는 억울한 죽음에 대한 '시차視差'는 냉전의 기억, 기억의 민주화를 함축한 기억의 정치와 결합하면서 각 주체 간 냉전 해체의 '시차時差'를 만들어 간다. 한국 사회의 '베트남전 관련 과거청산의 시간대'는 이러한 이중의 시차에 영향을 받으며 변화했다.

여기서 주목할 것이 베트남 피해 지역·생존자와 한국 시민사회운동의 연대다. 이는 국가를 넘어선 지역정체성의 구축, 지역·피해자 개인과 한국 시민사회 간의 연대에 기초한 '초대에 의한 정의justice by invitation'[32]의 구성이라는 특성을 보여준다. 한국의 베트남운동에서 이는 '피해'와 '가해'의 양가적 의식을 복합적으로 체현한다. 베트남전쟁 시기 가해에 대한 과거청산의 노력은 식민지, 전쟁 경험 등에서 발생한 한국의 피해의 역사에 대한 정의를 요구하는 피해자의 정의와 맞물려 있다. 따라서 이는 시혜와 수혜의 권력관계를 넘어선 고통의 연대 성격을 지닌다.

1998년 3월 김현아 등 한국 활동가 10여 명이 일본의 시민단체인 피스보트에 참가하여 베트남 민간인 학살을 처음 접한 후, 1999년 이 문제가 한국 사회에 본격적으로 제기되면서 한국의 시민단체들은 통상적인 정치·경제·외교적인 국가·사회적 관계망과 경로 이외에 한국에선 잊힌 '기억의 장소'를 찾아 나섰다. '나와 우리', '베트남 평화의료연대' 등 시민단체들과 2010년 창립한 사회적 기업 '아맵A-Map'은 외부인들이 쉽게 들어갈 수 없었던 베트남 농촌의 한국군 민간인 학살 지역을 찾아 교류를 이어갔다. 시민단체들의 지속적인 방문과 인적 교류, 주기적인 사죄 행렬은 피해 지역·생존자들과 한국 시민조직이 신뢰와 유대를 형성해 가는 토대가 됐다.[33] 이들 간의 풀뿌리 연대를 통해 빈호아, 하미, 퐁니·퐁넛 등 베트남의 작은 시골 마을은 국경을 초월한 '망각과의 투쟁', '기억 투쟁'을 위한 공간으로 변화해 갈 수 있었다. 2015년 응우옌떤런과 응우옌티탄의 한국 방문도 이러한 아래로부터의 네트워크를 기반으로 한 것이었다.

2015년 4월 베트남 생존자들의 한국 방문, 9월 한베평화재단 건립추진위원회 설립 등 일련의 움직임은 이전과는 차별화된 '미안해요 베트남' 운동의 전개를 보여준다. 이미 언급한 바와 같이 베트남전 생존자의 한국 입국이 '베트남전 과거청산' 문제의 변화를 가져온 외적 요인이라면, 한베평화재단의 설립(2017년 2월)은 과거와 현재 운동을 구분 짓는 중요한 내적 변화라고 할 수 있다. 한베평화재단은 한국의 베트남 관련 과거사 문제의 해결을 위한 독자적 운동단체의 출현이라는 점에서 주목할 만하다. 재단이 제시하고 있는 주요 사업들 대부분—평화기행, 평화교육, 학술연구, 지원사업, 장학사업, 베트남 피에타—은 한국의 베트남 과거사와 연관돼 있다.

2015년 열린 베트남전 과거청산운동의 새로운 국면은 2018년 4월 21~22일 양일간 열린 '베트남전쟁 시기 한국군에 의한 민간인 학살 시민평화법정'(이하 '시민평화법정')으로 연결된다. 시민평화법정은 1999년부터 한국 사회에서 진행됐던 베트남전쟁 관련 시민사회운동의 연장선에 있으면서 운동 조직·형식의 변화 등을 담아 냈고, '과거사'뿐만 아니라 '망각'과의 투쟁이라는 성격을 동시에 함축했다. 이는 또한 '초대에 의한 정의'의 구성, '아래로부터의 냉전 해체'를 일궈 가는 한 방식을 보여주는 것이기도 했다.

하미와 퐁니·퐁넛 그리고 시민평화법정

시민평화법정의 기본틀을 마련한 것은 '민주화를 위한 변호사 모임'(이하 민변)이었다. 이들은 2015년 7월 베트남을 방문한 후 베트남전쟁 연구모임을 만들고, '베트남전쟁 시기 한국군에 의한 민간인 학살 진상규명을 위한 태스크포스'를 꾸렸다. 이들은 2017년 6월 2~7일, 2018년 2월 9~13일 두 차례에 걸쳐 베트남 마을을 방문하여 현장 조사를 진행하는 등 시민평화법정을 준비했다.[34] 이 법정은 하미와 퐁니·퐁넛 마을 학살 사건을[35] 집중적으로 다뤘다. 왜 이 두 마을이었을까?

첫째, 두 사건은 1968년 '꽝남 대학살'[36]의 일부로 2018년 학살 50주기를 맞았다. 의례를 통한 기억의 재현은 학살을 직간접 경험한 사람들에게는 '망각', 전후 세대에게는 '무기억 혹은 기억의 부재'와의 투쟁을 함축한다.[37]

둘째, 증거 자료와 증인이다. 퐁니·퐁넛 마을은 "주월미군 조사보고서, 해당 작전에 참여한 참전군인 증언 등 민간인 학살사건 중 상대적으로 가장 많은 증거가 확보된 사건"이며, 하미 마을은 "학살을 목격한 생존자가 비교적 많고, 유가족 단체가 조직"되어 있다.[38]

셋째, 하미 마을은 2001년 한국 정부, 참전군인 단체와 마을 주민 사이의 위령비를 둘러싼 갈등으로 한국 사회에 알려졌다. 하미 위령비는 학살

〈사진 21〉
베트남 피에타[39]

사건을 기록한 뒷면을 연꽃 그림이 그려진 대리석으로 덮은 반쪽 위령비다. "1968년 봄 정월 24일, 청룡부대 병사들이 마을 사람들을 학살했다"는 내용을 적은 위령비 뒷면을 화해와 평화의 메시지로 교체해 달라는 한국 측의 요구로 갈등이 빚어지자 주민들은 이를 수용하는 대신 기록을 봉인했다. 하미 마을 주민들이 그들 스스로에게, 그리고 "후손들에게 보내는 특정한 기억 내용을 적은 돌로 된 편지"[40]는 부칠 수 없었다. 기억의 재현 방식에 대한 갈등, "위령비 사건이 내포하는 의미도 대상 사건 선정에 큰 고려 요소"가 됐다.[41]

3. 베트남전 시민평화법정: 부인과 시인 사이

'알려진 사실'에서 '시인'으로: 국가범죄에 정의를 묻다

베트남전쟁 당시 한국군의 전쟁범죄를 공론화하는 시민평화법정은 1966년 조직된 '러셀법정'[42]과 그 역사적 맥락을 함께하며,[43] 보다 직접적으로는 2000년 도쿄에서 열린 '여성국제전범법정'(이하 '2000년 법정')[44]의 영향을 받았다. '2000년 법정'이 가해국 일본의 수도 도쿄에서 열린 것[45]처

〈사진 22〉
시민평화법정
(2018년 4월 22일)

럼 한국의 수도 서울에서 열린 시민평화법정은 '권력'은 없지만 '정의', '진실'과 '연대'를 담아 낸 법정,[46] "피고 대한민국에 '망각 금지'를 선고"한 법정[47]으로 평가된다. 아래에서는 원고 측의 소장訴狀과 재판과정을 토대로 시민평화법정의 목적, 주체, 형식, '시인 양식'의 특성을 살펴보겠다.

첫째, 1999년 이후 한국 정부는 베트남 문제에 대해 지속적으로 침묵하고 부인해 왔다. 국가는 베트남전쟁의 '바람직한 기억'—경제성장을 위한 전쟁—을 보존하고, 다른 기억 요소를 제거한 '선택적 기억상실'의 상태를 지속하고 있다. 시민평화법정은 '잊힌 기억의 회복'을 촉구하며, "베트남전쟁 시기 한국군에 의한 베트남 민간인에 대한 학살 등 총체적인 인권침해의 진실을 규명하고 피해자들의 권리를 회복함으로써 평화의 연대를 구축"하는 것을 기본적인 목적으로 했다.[48] 이는 "정의에 대한 국가 독점성을 파기"하는, '국가권력'에 대한 '인민권력'의 도전이라는 성격을 지녔다.[49] '2000년 법정'이 법정 판결의 대상이 되는 "인민들이 거꾸로 법정을 구성해서 국가를 상대로⋯⋯판단을 내렸다는 점에서 전복적이고 역설적인 의의"[50]를 획득한 것처럼 시민평화법정 또한 1999년 이후 베트남 문제에 대해 지속적으로 침묵하고 부인하는 국가에 대해 '진실'을 촉구한다. 이는 '시인 없는 앎', '보상 없는 고통',[51] '망각의 역사적 시간'에 대한 '아래로부터의 정의'를 지향했다.

둘째, 1968년 퐁니·퐁넛사건 이후 50여 년의 시간이 흐른 뒤 간접적이나마 당시의 피해 '생존자'와 '가해자'가 법정에 함께했다. 베트남에서 한국으로 생존자를 초청해 시민평화법정에 참여케 하는 것은 결코 쉬운 일이 아니었다. 시민평화법정을 준비한 법률가들이 2017년 6월, 2018년 2월 베트남 피해 지역을 현지 조사하며 하미와 퐁니의 두 명의 응우옌티탄[52]에게 법정 참여를 제안했다. 여러 여건상 생존자들의 한국행은 그들의 능동성보다는 주최 측의 의지가 더 강했다. 원고 측 대리인 임재성은 "운동을 함께 만들어 가는 동지로서 연대하기보다는 피해자와 그 권리를 대신 요구하는 대리인의 관계 위에서 시민평화법정의 준비가 이루어졌음을 부인할 수 없다"며 생존자를 주체로 세우는 어려움을 토로했다.[53]

그러나 생존자들이 법정에서 보여준 모습은 이러한 우려를 불식시켰다. '초대에 의한 정의'의 과정에 참여함으로써 생존자들은 '유기적 지성인organic intellectuals'이 되어 갔다.[54] 시민평화법정은 민간법정이지만 입증 수준은 실제 사법절차와 동일한 수준으로 맞추고자 했기 때문에 증거 확보가 중요했고, 재판 준비과정에서 퐁니·퐁넛사건 당시 작전을 수행했던 사병의 증언을 확보할 수 있었다. 그 참전군인은 "전쟁에서 자신이 한 행위를 인정하는 데서 말을 시작했다"고 한다.[55] 물론 참전군인의 증언이 처음은 아니었다.[56] 그러나 구체적 사건에 대한 학살을 인정하고, 그 현장을 증언한 경우는 많지 않다. 비록 한 참전군인의 양심선언일 수 있으나, 이는 이후 보다 많은 참전군인이 진실을 밝힐 수 있는 가능성을 보여주었다.

셋째, "법의 시공간은 법 적용의 범위와 한계를 규정짓는 관할을 의미"하기 때문에 그 외부의 상황에는 무관심하다.[57] 시민평화법정은 법정의 형식을 따르지만 그에 갇히지 않았다. '2000년 법정'이 법의 '엄격한 형식성'과 '양심의 메시지' 전달 사이에서 균형을 고민한 것처럼[58] 시민평화법정도 '진실'과 '연대' 모두를 아우르려 했다. "법정의 판결은 한국군에 의한 베트남전 민간인 학살에 대한 최초의 권위 있는 판단"이 될 것이며,[59] 동시에 생존자들에게는 "심판의 자리가 아니라 연대의 자리"가 되길 희망했다.[60] 여기서 법정과 운동은 분리될 수 없었다. 시민평화법정

준비위원회 집행위원장 임재성은 "시민평화법정은 최소한 그것을 준비한 우리를 바꾸어 놓았다"라고 그 의미를 평가했다.[61] 이들에게 법정은 "사람들이 한자리에 모여서 서로가 공유하지만 일상생활에서는 크게 느끼지 않는 가치들을 강도 높게 체험하고, 부흥된 가치를 중심으로 서로의 정체감과 유대감을 돈독히 하는" 일종의 의례의 장이었다. 여기서 행해지는 "연극적 장치와 재현, 상징 등의 연극적 요소와 연행"[62]은 변화를 일으키는 과정 그 자체가 됐다고 할 수 있다.[63]

넷째, 코언은 진실위원회, 형사재판, 대대적인 숙정, 배상·보상, 이름을 공개하고 모욕을 가함, 과거사의 부인을 불법화함, 추모와 기념, 속죄와 사과, 화해, 재건을 '시인의 열 가지 양식'으로 구분한다.[64] 시민평화법정은 이 가운데 진실위원회, 배상·보상, 추모와 기념, 속죄와 사과, 화해, 재건 등의 내용을 중심으로 했다. 먼저 본 법정은 가해자의 유무죄를 가리는 형사법정이 아니라 "국가의 불법행위, 인권침해에 대한 책임을 판단"하여 "배상적 정의"[65]를 실현하고자 했다. 여기서 형사법정이 아닌 민사법정 형식을 택한 이유에 주목할 필요가 있다. 소장에서는 "가해 군인에 대한 (형사) 처벌은, 국가범죄가 학살을 실행한 하급군인과 이를 명령했던 상급자 일부의 '일탈'처럼 축소될 우려가 있다는 점, 학살의 진실이 망각되는 것을 방관했던 보통 사람들과 공동체의 책임을 포괄하지 못한다는 점 등의 문제"를 이유로 들었다.[66]

여기서 망각의 책임은 국가뿐만 아니라 한국 사회로 확장된다. 이는 국가의 이름으로 자행된 범죄에 대한 집단책임으로서의 '정치적 죄'와 "양심과 참회의 여지가 있는 사람이면 누구에게나 존재"하는 '도덕적 죄'를 묻는다.[67] 또한 과거사와 현재 우리 존재의 '연루',[68] 전쟁 수행세대뿐만 아니라 전후 시대를 살아가는 사람들에 대한 '전후 책임'[69]을 제기한다.

배상적 정의의 시작은 진실이다. 진실위원회 모델은 진실을 사실적·법실체적 진실, 개인적·서사적 진실, 사회적 진실, 치유적·회복적 진실로 구분하는데 시민평화법정은 이 네 가지 진실의 내용을 함께 체현하려 한다.[70] 치유적·회복적 진실에 대한 진지함은 시민평화법정의 의미를 잘 드러냈다. 그러나 나머지 진실에 대한 접근은 절반의 성공이었다.

먼저 사실적·법실체적 진실규명에서는 사실을 입증할 수 있는 기록에 대한 접근성의 한계를 다시 한번 확인했다. 가해자(한국 정부)와 해당 기관(국방부, 국정원 등)은 사건을 시인한 적이 없고, 부인으로 일관하며 자료의 존재 자체를 부정하거나 공개를 거부한다.[71]

개인적·서사적 진실의 경우 피해자와 가해자의 목소리를 함께 들어볼 수 있는 중요한 기회를 제공했지만, 진실규명을 위한 법정이라는 형식적 틀로 인해 "증언자의 다양한 목소리"의 약화·축소가 불가피했다.[72] 마지막으로 사회적 진실의 경우 원고 측은 "대한민국 정부의 참여"를[73] 보장했으나, 정부가 이에 응하지 않아 민변 대리인이 정부 측 변론을 담당했다.

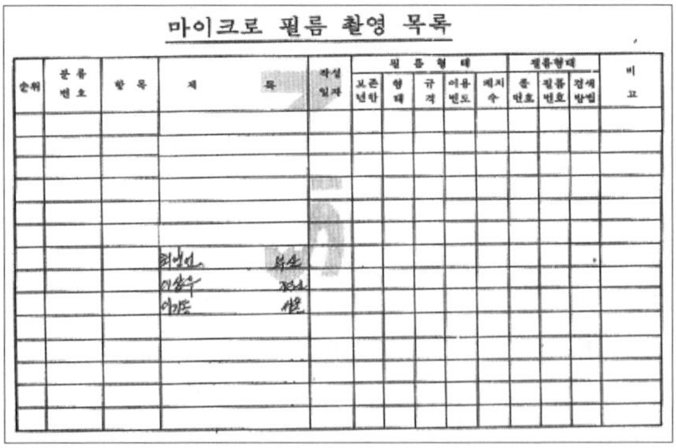

〈사진 23〉
민변 정보 공개 청구에 대한
국정원 공개 자료[74]

원고 측은 청구 취지로 '배상금 지급', '원고들의 존엄과 명예가 회복될 수 있도록 공식 사과'(제1항), '진상조사와 결과 공표'(제2항) 등 배상적 정의를 실현하기 위한 다양한 조치를 요구했다. 이 중 특징적인 것이 '기억에 대한 청구'(제3항)다.

전쟁기념관을 포함한 대한민국 군대의 베트남전쟁 참전을 홍보하고 있는 모든 공공시설과 공공구역에 대한민국 군대가 원고들에게 불법행위를 하였다는 사실 및⋯⋯진상조사 결과를 함께 전시하고, 향후 대한민국 군대의 베트남전쟁 참전을 홍보하는 공공시설과 공공구역을 설치할 경우에도 같은 조치를 취하라.[75]

이는 "역사의 기호들의 의미"를 변환시키는 과정, 기존 국가의 기념비에 대한 '역기념비Counter Monument'[76]를 만들어 가는 과정이다. "공식적 인정은 공식적인 부인의 강도에 비례해 그만큼의 강력한 힘"을 갖는다.[77] '기억의 의무'에 대한 청구는 국내외적 전쟁 기억의 역전을 강력하고도 구체적으로 촉구한다. 지금까지 국제관계에서 한국의 과거청산 작업이 "피해국으로서 가해국에 책임을 묻는 것"이었다면, 시민평화법정은 "가해국에 대하여 한국인들이 요구했던 것을 한국 정부와 한국인에게 되돌리는 과정"이라고 할 수 있다.[78] 이는 한국의 국가·사회가 자신의 역사를 직시하고 성찰하는 데 도움이 된다는 점에서 피해자뿐만 아니라 우리를 위한 행위일 수밖에 없다.

공식 부인 담론의 갈래들: 피고(국가) 측 변론

시민평화법정은 피고(대한민국) 측 변호인을 "시민평화법정준비위원회 법률팀 중 가장 연차가 많은 변호사"로 선임하고, 이들이 "변론과정에서 학살 증거로 제출된 자료 및 증인들의 진술을 공격함으로써 과연 그 증거와 증언이 신빙성 있는 것인가"를 검증하고자 했다.[79] 이 글에서는 피고 측 변론의 구체적 내용보다는 부인의 내용, 조직적 양태, 해명과 수사적 장치를 중심으로 그 특성을 살펴보겠다.

피고 측의 해명은 참전군인 개인·집단에 대한 '책임의 부인'에서 시작해 공식적 부인으로 나간다. 먼저 '책임의 부인'은 "자기 힘으로는 어찌할 수 없는 사정", "자기 의지에 따라 선택할 수 있는 상황이 전혀 아니었

〈표 3〉 부인으로서의 해명 유형[80]

조직	부인의 내용	부인으로서의 해명	사례
공식 부인	문자적 부인	문자·사실 관계적 차원의 부인	– 퐁니·퐁넛사건은 베트콩의 소행
	해석적 부인	법형식주의	– 가해자가 한국군이 아니라는 반대 증거, 원고 측 증거 결함 – 피해자의 일방적 진술, 신빙성 있는 증거 없음
		예외	– 병사들의 일탈행위, 작전 중 의도된 집단학살 아님
	함축적 부인	피해자 존재를 부인	– 피해자들이 순수 민간인임을 인정하기 어려움
		비판자를 비판함	– 증인의 전문성, 진정성을 부정
		맥락화, 특유한 사건 주장	– 게릴라전의 특수성에 의한 '의도치 않은 희생'

다"는 등의 논리에 기반한다.[81] 베트남의 전장은 "전선도 없고, 적과 아군의 구별도 어려우며, 보이지 않는 적의 저격 및 부비트랩의 공포와 싸워야 하는" 곳, "상관의 명령에 따라 어쩔 수 없이 작전을 수행"해야 하고, "적인지 아군인지 알 수도 없는 베트남인과 수시로 접촉"해야 하는, 그야말로 "살아남아야 하는 본능"만 강해져 살아남기 위해 "수많은 사람들을 죽이지 않으면 안 되는" 공간이었다는 것이다. 여기서 참전군인은 학살자이기 이전에 피해자이며, 베트남인의 피해는 어쩔 수 없는 불가피한 상황─'복종', '필요성과 자기방어'[82]─의 결과로 해석된다.[83]

공식 부인은 "공개적·집단적이며 고도로 조직화된 '부인', 특히 현대 국가의 엄청난 권력기구를 동원한 각종 '부인'"을 말한다.[84] 문자적 부인은 "아무 일도 없다", "사실 자체를 시인하려 들지 않는" 태도를 말한다.[85] 퐁니·퐁넛사건의 경우 1968년 6월 4일 채명신 장군이 주월미군 사령관 웨스트모얼랜드에게 보낸 1968년 6월 1일 자 조사보고서가 결정적 반대증거였다.[86] 이 보고서는 피해자의 사건 시간 증언과 한국군의 마을 진입과 철수 시간의 불일치, '베트콩'이 한국군으로 위장하고 마을 주민을 학살한 경우 등의 해명을 통해 한국군의 무고함을 주장했다.[87] 한국군의 학살 자체가 존재하지 않았다는 것이다. 퐁니사건에 대한 미군 측 보고서도 "한국 해병대가……학살을 했을지도 모른다"는 의혹을 제기하는 데 불과하기 때문에 학살 근거 자료로서 결정적 결함이 있다고 본다.[88]

해석적 부인은 "어떤 일이 일어났다는 사실 자체는 부정하지 않지만 실제로는 그렇지 않다"는 입장을 취한다.[89] 먼저 "마술적 법형식주의 magical legalism는 어떤 행위 자체가 불법이라면 그 행위가 발생했다는 혐의를 인정할 수 없음을 '입증하는 방법론'"이다.[90] 위에서 살펴본 바와 같이 피고 측은 이미 공개된 한국 측 문서나 자료 등을 반대증거로 내세우거나, 원고 측 증거, 혹은 피해자의 일방적 진술만 가지고는 어떤 입증도 할 수 없고, 법률적 관점에서 '합리적 의심'을 지닐 수밖에 없다고 주장하며 한국군의 민간인 학살을 부인한다. 또한 "이러한 사건들은 참전군인들 중 극히 일부의 일탈행위에 불과"한 '예외적 사건'이며, "대부분의 참전군인들은 민간인 학살과 무관하다"고 주장한다.[91]

'함축적 부인'은 사건의 정당화와 관련된다. 우선 '피해자의 존재의 부인'은 "피해자가 순수한 민간인임을 인정하기 어렵다"는 논리를 편다. '사상자들은 순수 민간인이었나?', '피해자는 양민인가?'라는 질문이 이러한 부인의 성격을 잘 보여준다. 피고 측은 퐁니·퐁넛, 하미 마을 주민 상당수가 베트콩이거나 그 동조세력이라 본다. 또한《파월한국군전사》에 나오는 여성·소년 베트콩의 체포 사실을 예로 들어 노인·여성·어린이라는 이유만으로 베트콩이 아니라는 논리를 배척한다.[92]

'비판자를 비판'하는 것은 연구자의 논리적 근거에 대한 비판이다. 피해자 증언 외에 "대한민국 군인들이 민간인 학살을 하지 않았다는 주장"을 들어보았는지, 참전군인은 몇 명을 만나 증언을 들었는지,[93] 한국 쪽 기록《파월한국군전사》,《전투상보》를 면밀히 검토했는지 등에 대해 질의함으로써 원고 측 증인(당시 한베평화재단 상임이사 구수정)의 전문성에 의문을 제기한다.[94] 또한 하미 마을 사건의 경우 당시 10세였던 응우옌티탄이 가해자를 한국군으로 특정한 것을 신뢰할 수 있는지, 그의 오빠인 응우옌꼬이Nguyễn Cọi가 베트콩이 아니었는지를 수차례 질문함으로써 피해자 증언의 신빙성과 진정성에 의문을 제기한다.[95]

마지막으로 '맥락화, 특유한 사건 주장'은 베트남 민간인들의 희생은 적과 아의 구별이 힘든 게릴라전이었을 뿐만 아니라 베트콩들이 민간인 촌락에 잠입해 있어 촌락 자체가 전쟁터로 변할 수밖에 없었던 베트남전쟁의 특수성 때문에 발생한 '의도치 않은 어쩔 수 없는 희생'이었을 뿐 '의도적 집단학살'이 아니라는 것이다.[96] 피고 측 대변인은 대한민국이 법적 책임을 인정하는 경우에도 원고의 청구 취지 제2항 한국군 참전 전 기간에 걸친 전쟁범죄 진상조사와 결과 공표, 제3항 진상조사 결과의 전시는 부당하다고 주장했다. 또한 진상규명 대상을 퐁니·하미사건으로 제한하고, 베트남 민간인 학살 관련 전시도 그 대상을 군인이 이용하는 시설·구역으로 한정해 달라고 요청했다.[97] 전반적으로 피고 측 변론은 한국의 베트남전쟁 과거사와 관련해 현재 진행되고 있는 기억 투쟁, 더 나아가 이후 법률적 투쟁과정에서 제기될 수 있는 복합적 부인 담론 지형을 미리 보여주고 숙고할 수 있는 기회를 제공했다는 점에서 중요한 의미를 지녔다.

"마지막 임무—이야기하기 위해 살다": '생존자' 이야기

베트남 시민평화법정을 특별하게 했던 것은 그 형식이나 규모가 아니라 생존자들의 참여와 증언이었다. 이들이 가해국 중심 서울의 시민평화법정에 서기까지 사건 이후 50여 년, 또 그 사건이 한국 사회에 알려진 이후 19년여의 시간이 필요했다. 그들의 한국행은 조국인 베트남에서부터 쉽지 않았다. 국가의 무관심, 법적·제도적 문제, 사회적 지지의 취약성 등이 그들의 발길을 막았다.

첫째, 한국의 베트남전쟁은 한국뿐만 아니라 베트남에서도 잊혔다. 전쟁 시기 베트남은 한국군을 '박정희 군대'라 불렀고, 한국군은 미국의 용병일 뿐이었다. 그들은 전쟁을 '항미 구국전쟁'이라 했고, 전승국으로서의 자부심을 가지고 있다. 그리고 통일국가를 건설하면서 그들이 먼저 보듬었던 것은 민간인 피해자들이 아니라 '열사'였다. 통일과정에서 발생했던 동족 간의 희생 또한 한국군과 연관된 과거사에 국가가 적극적으로 나서지 않는 요인으로 작용하고 있다고 알려졌다.

둘째, 법적·제도적 측면에서 사회주의 국가인 베트남 법원에서는 타국을 상대로 손배소가 제기된 적도 없고, 할 방법도 없다.[98] 일본군 '위안부' 피해 할머니들은 한국 법정에 일본 정부를 상대로 소송을 제기했지만, 베트남 피해자들에게 그러한 절차는 열려 있지 않다.

셋째, 이 문제에 대한 시민사회와 피해자운동의 비활성화다. 전쟁 시기 한국군에 의한 민간인 학살과 관련한 진실규명운동은 초기부터 한국의 시민단체에 의해 주도됐다. 단체는 이 문제를 한국의 국가폭력 문제로 접근했고, 국가에 의한 과거사 시인과 과거청산을 목적으로 했다. 베트남 현지 피해 지역에서는 피해 상황을 자체 조사했지만 이것이 한국 사회에 대한 직접적 문제 제기로 이어지지는 않았다. 피해 지역민도 마찬가지였다. 그들은 진상규명, 한국의 책임을 묻기 위한 조직화된 움직임으로 나아가지는 못하고 있다. 퐁니 응우옌티탄의 다음 이야기에서 현지 주민의 분위기를 읽을 수 있다.

다른 사람들은 가지 말라고 했지.[99] 많은 한국 단체들이 찾아와서 내가 만나 줬는데 마을 사람들이 화를 냈어. 그 단체들을 왜 만나냐고 내게 물었지. 한국 사람들이 우릴 죽였다는 분노에 찬 말들을 했고 내가 계속 그 단체들을 만나는 걸 말렸어.……내가 이 일을 하는 이유는 참전군인들로 하여금 퐁니·퐁녓 마을의 진실을 인정하게 하고 싶어서야. 그래서 이번

에 한국에 또 가기로 했지. 한 번 더 가보려고. 이번에는 지난번처럼 무섭지 않을 것 같아.[100]

마을 주민들은 과거의 사건에 대해 여전히 분노한다. 그렇지만 많은 주민이 외부와의 연대와 투쟁에는 적극적이지 않음을 알 수 있다. 국가폭력, 반인도적 범죄와 같은 사안에서 "진실규명의 출발점은 진실 말하기 truth telling, 또는 진실 모으기 작업truth-gathering work"이며,[101] 그 중심에는 생존자의 증언이 있다. 증언은 "지루한 사실과 불분명한 변수에 인간적인 차원을 추가"하는 것으로[102] "고통에 함축된 도덕적 의미와 더불어 비극의 핵심적 경험의 신성한 저장소"다.[103] 생존자들은 "증언과 진실 말하기를 통해 자신들의 개인적 이야기나 내러티브"[104]를 그들 마을, 국경을 넘어 한국 사회에 전했고, 이를 다시 베트남으로 환원하여 사회적·국민적 내러티브로 전환시킬 기반을 마련했다.

이제 시민평화법정의 생존자 증언을 중심으로 재판부 증언 구성의 특성, 증언 담론의 특징, '증언의 정치'와 '대항 내러티브의 주체 형성'[105] 과정으로서의 시민평화법정의 의미에 대해 살펴보겠다.

시민평화법정은 두 명의 응우옌티탄 이외에 퐁니·퐁넛, 하미 마을 학살을 증언하는 8명의 증인 영상을 함께 공개했다. 원고 측이 제출한 영상의 생존자들은 두 명의 응우옌티탄의 피해와 더불어 자신과 가족의 피해를 증언한다. 원고 측 증언 청취에서 재판부의 질문은 대체로 (1) 원고의 인적사항, (2) 사건 증언, (3) 피해 후 치유과정, (4) 1975년 해방 이후의 삶, (5) 지속되는 고통과 후유증, (6) 한국 정부와 국민에게 하고 싶은 말 등으로 구성됐다. 이 중 (1)항은 사건에 대한 사실적·법실체적 진실과 사회적 진실, (3)·(4)·(5)항은 개인적·서사적 진실, (6)항은 치유적·회복적 진실과 관련해 논의할 수 있다. 법정은 충분치는 않더라도 증언 범위를 사건사에서 생존자의 생애사적 영역으로 확장함으로써 배상적 정의를 구현하기 위한 기초를 마련했다. 사건과 더불어 시작된 생존자들의 고통은 그들의 전 삶에 걸쳐 있다. 따라서 배상적 정의는 사건뿐만 아니라 생존자의 삶 전체를 관통하는 고통에 주의를 기울여야 한다.

생존자들의 증언은 이야기와 연행performance이 결합된 구술 행위이다. 증언 영상으로 보이는 흐느끼는 목소리와 충혈된 눈동자, 떨리는 입술, 이 하나하나가 이야기와 결합되며 증언의 진정성을 높인다. 잊히지 않는 기억을 현재로 불러오는 것부터 재현하는 과정 모두가 고통일 수밖에 없다.[106] 퐁니 학살의 현장 목격자 응우옌티니아Nguyễn Thị Nhã는 "비참해. 다 죽었어. 죽었는데 소처럼 까맣게 죽었어. 다 태웠어"라고 이야기하면서 두 주먹을 쥐고 발을 구른다. 두 명의 응우옌티탄은 학살 현장을 울며 증언한다. 50년이 넘는 시간이 흘렀음에도 증언자들은 계속 학살 현장을 떠나지 못한다.

증언은 그 자체로 '고통의 언어'이며, 법정에 참여하는 모든 이들은 그 이야기와 함께 과거 고통의 현장을 간접 경험한다. 증언이 실체를 경험하는 느낌을 생산하는 일종의 '실체 효과'를 갖는 것이다.[107] '이야기'하는 행위와 더불어 증언자들이 극복해야 할 또 다른 문제는 '이중 부인'이다. 이들은 "어떤 일이 일어났는지 '입증'해야 하고, 자기들이……억울하게 당했다는 사실을 '반증'해야 한다."[108]

피고 측 변호인뿐만 아니라 재판부조차도 '베트콩이 한국군으로 위장한 것은 아닌가', '한국군임을 어떻게 확신하는가', '가족 안에 유격대가 있었는가'라는 질문을 던지고 생존자의 답변을 요구한다. 사실적·법실체적 진실을 위한 불가피한 과정이라고 할지라도 원고들이 '이중의 부인'을 넘어서는 일은 결코 쉽지 않다. 그들의 기억, 몸에 새겨진 진실을 외화하여 재입증해야 한다는 사실 자체가 그들에게 폭력적일 수밖에 없다. 재판정의 두 증인은 최종 진술을 통해 자신이 "증언했던 것은 모두 사실이라는 것을 강조하고 싶다"고 거듭 말하는 것으로 자신들의 진실을 재차 전달하고자 했다.

퐁니의 74명, 하미의 135명의 희생자, 그리고 생존자들을 대표해 법정에 선 이들이 가진 책임의 무게는 결코 가볍지 않았다. 그렇다면 '왜' 그런 일이 벌어졌는지에 대해서는 누가 대답해야 할까? 퐁니의 레딘믁Lê Đinh Mực은 받아들일 수 없는 현실을 다음과 같이 이야기했다.

교전 중에 민간인들이 폭탄이나 총에 의해 죽는 것은 어쩔 수 없는 일이라고 생각했어요. 그러나 우리 마을에서 1968년에 일어난 그 끔찍한 일은 내가 생각했던 그런 전쟁이 아니었어요.······가축을 잡아먹어도 불쌍한 마음이 드는데 어떻게 사람한테 그런 짓을 할 수 있었는지 이해가 안 돼요.[109]

증언자들은 지금까지도 학살 당일 한국군이 왜 그랬는지도 알지 못한다. 아니 납득할 수 없다. 이들의 질문에는 누가 답해야 할까?

한국 방문 후 베트남에서 보낸 편지에서 응우옌떤런은 참전군인과의 갈등을 빗대어 "전쟁도 격렬하지만 평화 역시 격렬하구나!"라고 했다.[110] 그리고 "학살은 없었다고 주장하는 그들에게 어머니의 죽음을, 제 누이의 죽음을 도무지 설명할 길이 없습니다. 억울한 죽임을 당한 자는 있는데 죽인 자는 없으니 누구를 어떻게 용서해야 하는지도 모르겠습니다"라며 자신의 심경을 토로하기도 했다.[111] "만일 누군가 과거사에 아무 잘못이 없다고 계속 우기고, 피해자는 자기들의 고통에 대한 책임을 한 번도

시인받지 못했다면 '화해'를 기대하기란 불가능하다."[112]

이후 떤런은《뚜오이째》와의 인터뷰에서 학살의 이야기를 기록하고 이야기하는 것을 자신의 '마지막 임무'로[113] 삼겠다고 했다. 생존자들은 "죽음과 마주치거나, 죽음에 노출되거나, 죽음을 목격해 온 사람들"이며,[114] 이들의 "개인화된 기억은 법령이나 무력으로 지워지거나 파기될 수 없다."[115] 이에 대한 부인은 생존자가 가질 수 있는 권리, 가치를 부정하는 것이다. 따라서 떤런의 투쟁은 기억에 대한 투쟁인 동시에 생존자로서의 인정 투쟁의 성격을 지닌다.

시민평화법정의 두 명의 응우옌티탄, 베트남 생존자들의 증언을 통한 법정 참여 또한 이러한 투쟁 위에 있다. 가족의 반대, 법정에 대한 부담과 두려움, 스트레스 등으로 증인들의 한국행은 쉽지 않은 결정이었다.[116] 그러나 시민평화법정에 선 원고들은 한국 정부와 참전군인에게 사실의 시인과 사과, 한국 정부의 배상을 요구했다. 또한 하미의 응우옌티탄은 연꽃 그림으로 덮인 위령비를 언급하며 "그 대리석 밑에 당일의 학살 사실이 담겨 있습니다.……여기 와 계신 모든 분들이 저희를 도와서 그 대리석을 떼주었으면 좋겠다"고 말했다. 그는 자신의 기억, 마을의 기억, 그날의 진실을 되찾고자 했다. 원고들의 법정 진술은 희생자와 생존자를 대표한 '증언의 정치', '인정의 정치'였다.[117] 생존자들의 이야기를 통해 풍니와 하미는 국경과 시간을 초월해 현재에 재현됐다. 이들의 "기억과 이에 근거해 쓰인 역사는 '망각에 대항한 기억의 투쟁'에서 우리의 유일한 무기 중 하나이며, 따라서 우리는 그들에게 귀 기울여야 한다."[118]

2018년 4월 22일 시민평화법정 재판부는 '베트남전쟁 시기 한국군에 의한 민간인 학살 진상규명을 위한 시민평화법정 피고 대한민국에 대한 손해배상 청구의 소에 대한 선고'를 초고 형태로 내렸다. 먼저 선고에서 재판부는 원고의 주장을 사실로 '인정'하고, 두 사건 모두를 "의도적인 집단학살로 보는 것이 타당하다"고 결론지었다. 진실의 의무 위반에 관련해서도 "어떠한 구체적인 조치도 취하지 않은 사실이 인정된다"고 판단했다. 피고 대한민국의 책임의 내용에 관련해서는 (1) 손해배상 책임, (2) 공식 인정 등 책임, (3) 진상조사 책임,[119] (4) 민간인 학살 관련 사실 전시의 책임, 이 모두를 인정했다. 시민평화법정 판결에 녹아 있는 한국의 베트남운동 20여 년의 고민은 '운동 없이 과거청산 없다'라는 말을 생각게 한다. 판결은 한국의 공식적·문화적 부인에 대한 전복과 '시인'의 문화·구조를 만들어 가는 과정으로서 중요한 의미를 지녔다.

법정의 세 주체는 한국의 베트남운동(원고 측 대변인), 부인하는 국가(피고 측 대변인), 베트남 생존자(증인)의 목소리를 대변했다. 이를 역사적으로 확장하면 각 주체의 목소리는 식민지배, 분단, 전쟁의 경험과 기억으로 점철된 20세기 폭력의 구조뿐만 아니라 이를 넘어서기 위한 노력을 체현하고 있다. 따라서 부인하는 국가, 한국 사회의 문화적 부인·망각, 이와 길항, 갈등, 대립, 투쟁하는 한국의 베트남운동과 베트남 생존자의 연대는 베트남 문제뿐만 아니라 지난세기 폭력의 상처를 치유하기 위한 '고통의 연대'로서 중요한 의미를 지닌다. 베트남의 한 신위deity는 "망자의 세계는 산 자의 세계의 이데올로기를 망각한다"고 했다.[120] 이미 망각된 이데올로기 때문에 '억울한' 죽음을 당한 망자를 기억의 영역에서 추방한 채로 두어서는 안 된다. 한국의 베트남전쟁을 둘러싼 과거청산 과정은 국가폭력의 '시인', 생존자들에 대한 배상적 정의 실현, 억울하게 스러져 간 망자들에 대한 '포괄적 애도', 이를 가능케 할 탈냉전 문화의 사회적 확산이라는 복합적 과정으로 구성될 것이다. 시민평화법정은 그 순탄치 않을 길을 가기 위한 한 걸음이었다.

에필로그

기억의 전쟁, 냉전 문화,
그리고 기억의 미래

베트남전쟁은 왜 한국에서 잊힌 전쟁이 됐을까? 이는 베트남전쟁에 대한 한국 사회의 기억 문제에 대한 질문이었다. 이에 답하기 위해 베트남전쟁에서 한국군이 철수한 시기부터 현재까지 한국의 베트남전쟁에 대한 담론과 전쟁에 대한 시차 형성, 기억 지형의 변화를 살펴봤다. 이는 자연스럽게 전쟁의 기억과 망각을 둘러싸고 세계, 국가, 사회, 집단·개인 사이에서 벌어진 기억 투쟁, 기억의 정치를 드러내는 작업과 연결됐다. 한국의 베트남전쟁 기억은 냉전 속에서 싹트고 성장했으며 변화해 왔다. 전쟁의 기억도 망각도 모두 냉전의 범위 안에 있었다. 그렇지만 세계사적 탈냉전과 한·베 수교, 기억의 탈국가화와 탈지역화는 이러한 냉전의 범위를 빠르게 해체해 갔다. 한국의 베트남전쟁을 둘러싸고 벌어지고 있는 기억의 전쟁은 탈냉전, 기억의 민주화 과정의 '의도치 않은 결과'였다. 이제 베트남전쟁의 기억, 특히 한·베 양측이 공유하는 전쟁의 기억을 들여다보는 것은 전쟁의 기억을 구성하고 있는 다층적이고 다면적인 과거사와 대면해야 하는 일이 됐다.

이를 잘 보여주는 사례가 퐁니사건의 응우옌티탄이 2020년 4월 21일 한국 정부에 제기한 손해배상 청구 소송이다. 그녀는 "이 소송은 나 개인에게 특별히 이익을 가져다주는 건 아니야. 그렇지만 내가 정말 바라던 일이지. 만약 승소한다면 베트남 피해자들의 명예가 회복될 테니까.……나는 이 소송을 통해 한국 정부가……학살이 있었다는 것을 인정하고 역사의 진실에 다가서기를 간절히 바란다"고 했다.[1] 2023년 2월 7일 이 소송의 1심 재판이 끝났다. 재판부는 한국 정부가 응우옌티탄에게 배상할 것을 판결했다. 학살을 공식 인정한 것이다. 학살이 있은 지 55년 만의 일이다. 응우옌티탄은 판결까지 "많은 영혼이 나를 도왔다고 생각한다"고[2] 했다. 이는 1968년 2월 12일 희생됐던 어머니를 포함한 가족 5명, 퐁니 주민 74명, 나아가 베트남전쟁 당시 한국군에게 희생된 베트남 민간인들을 위한 정의 실현의 출발이었다. 그러나 2월 17일 이종섭 국방부 장관은 "우리 장병들에 의한 학살은 전혀 없었다. 판결에도 동의하지 않는다"면서 학살을 부정했다.[3] 3월 9일 정부는 1심 판결에 불복해 항소했다. '피고' 대한민국의 입장은 별반 바뀐 게 없다.

시민단체와 피해자들은 일차적으로 과거사에 대한 진상규명을 요구하고 있다. 그렇지만 한국 정부는 베트남 문제의 공식화를 외면해 왔고, 국방부, 국정원과 같은 국가기구들은 이러한 요구에 대응하지 않거나, 사실을 부정하고, 자료 공개를 지연시키고 거부하고 있다. 현재 한국 사회에서 벌어지고 있는 기억의 전쟁은 한국 사회의 '장기 냉전'과 '냉전 문화', 탈냉전·인권·평화적 가치 사이의 충돌이며, '무엇이 사회적으로 정당한가'를 놓고 벌이는 일종의 '문화전쟁'[4]이 됐다.

그렇다면 현재 우리 앞에서 벌어지고 있는 기억의 전쟁에서 우리가 읽어 가야 할 것은 무엇일까? 이제 한국의 베트남전쟁 기억, 기억의 전쟁을 통해 드러나는 냉전 문화의 위험성과 기억의 미래에 대해 논의하면서 이 책을 마무리하고자 한다.

냉전 문화의 위험성은 한국 내부의 사회적·민족적 적대 강화, 인권·평화의 가치와 민주주의 발전의 저해, 한·베 국가 간 전쟁 기억의 충돌로 그 문제를 간추릴 수 있다.

첫째, 미국의 베트남전쟁 참전군인 빈센트 오카모토Vincent Okamoto는 "참전용사들에게 고통을 더하는 것은 국가가 전쟁을 쉽게 잊는 것이었습니다. 환영은 잠깐이었죠. 많은 이들이 베트남에서 홀로 고향에 돌아왔습니다"라고 했다.[5] 이는 한국도 마찬가지였다. 철군과 더불어 파월한국군도 잊혔다. 학살의 기억이 한국의 베트남전쟁 참전에 대한 기억을 일깨운 것은 일종의 아이러니였다. '반공의 십자군', '조국 근대화의 역군'이었던 참전군인들은 '새로운 기억'에 저항했다. 그들은 냉전의 기억을 전면에 세웠고, 베트남전쟁에 관련한 국가의 공식기억에 가장 강력한 지지자가 됐다. 참전군인들의 집단정체성은 냉전적 국가주의와 전쟁에 대한 국가·사회적 망각에 대한 저항이라는 모순된 의식의 접합을 기반으로 했다. 국가의 망각에도 불구하고 국가로부터 인정받고, 피해를 보상받고자 했기 때문에 그들은 과거의 파병 정당화론을 끊임없이 현재로 불러온다. 참전은 국가의 시각을 통해 정당화된다.

그 결과는 공식기억에 대한 자발적 과잉 일체화, 냉전의식의 내면화였다. 이에 의지한 집단동원과 인정 투쟁에서 전쟁의 폭력에 대한 성찰을 기대하기는 어렵다. 참전군인들이 냉전적 가치에 호소하면 할수록 수구세력의 이미지가 강화되며, 자신들이 원하는 참전자로서의 명예 선양, 사회적 존중으로부터 멀어진다. 베트남전쟁은 한국이 지닌 수많은 냉전 기억 중 하나이며, 이를 둘러싼 갈등과 기억 투쟁은 한국 사회의 이념 지형을 단적으로 보여주는 축도다. 과거 베트남에서의 열전은 한국에서 기억의 전쟁으로 재현됐고, 참전군인들의 냉전의식과 집단행동은 탈냉전시대 한국 사회의 냉전 문화가 지니는 '비동시성의 동시성'과 그 위험성을 보여준다. '베트콩'이라는 용어를 다시 불러내는 것은 과거 베트남 전장의 적대를 현재 한국 사회에서 재현하는 것이다. 이는 한국 내부의 사회적 적대, 나아가 민족적 적대를 강화한다.

둘째, 한국의 베트남전쟁에 대한 공식기억을 구성하는 반공전쟁, 냉전 근대화론은 인권·평화의 가치와 민주주의의 발전을 저해한다. 먼저 반공주의는 과거의 적대와 전쟁의 폭력을 정당화한다. 기억의 민주화를 통해 드러난 전쟁 폭력 피해자들의 학살의 기억은 다시 냉전의 기억과 충돌한다. 과거 물리적·직접적 폭력이 이제 기억의 폭력으로 피해자 앞에 선다. 냉전의 기억과 문화는 인권과 평화를 지향하는 탈냉전, 탈국가적 기억과 배치된다. 다음으로 전쟁과 경제발전을 연계한 신화는 참전군인들의 정체성을 구성하는 한 축으로 냉전의 정치를 지지한다. 이들이 '경부고속도로'를 자신의 젊음과 등치하고[6] 그 희생을 강조하는 것은 고도성장기 조국 근대화 담론을 자기화하는 것이다. 경제발전론에 대한 강조는 베트남이 전장이었다는 사실, 전쟁의 폭력을 망각케 하며, 독재와 경제를 분리함으로써 과거 체제를 정당화한다. 이는 한국 현대사를 둘러싼 기억 투쟁과 연결된다. 한국 사회의 민주화는 탈권위주의, 탈냉전, 탈식민의 맥락에서 사회적 기억의 전환을 가져왔다. 이에 대해 보수세력은 과거 냉전 근대화의 기억을 현재로 불러와 독재체제를 정당화하는 '반기억 혁명'[7]으로 대응했다. 박정희에 대한 향수는 반기억 혁명의 주요 자원이었다. 베트남전쟁과 발전을 등치시키고 이를 통해 박정희체제를 정당화하는 것은 한국 민주주의의 발전을 저해한다.

셋째, 탈냉전, 세계화의 진척은 기억의 경합, 갈등, 상호 참조와 교차 등 다양한 기억의 정치 상황을 만들어 갔다. 국가 간 전쟁 기억의 문제도 그중 하나다. 베트남 당국은 한국 대통령들의 과거사 관련 발언, 시민단체들의 '미안해요 베트남' 운동 등 민간인 학살에 관련된 과거사 문제에 대해서는 공식적인 입장을 제대로 밝히지 않았다. 그렇지만 한국이 베트남전쟁을 자유민주주의 수호전쟁, 경제발전에 이바지한 전쟁으로 기념하는 데는 민감하게 반응했고, 불편한 심기를 감추지 않았다. 이는 베트남의 국가정체성과 관련된 문제였다. 한국의 베트남전쟁에 관한 공식기억은 베트남에서의 학살의 기억뿐만 아니라 베트남의 공식기억과 충돌한다. 이는 한국의 베트남전쟁 기억을 둘러싸고 진행되는 국가 간, 국가와 사회 간, 사회 내부의 기억의 전쟁, 다층적 냉전의 실재를 드러낸다.

1980년대 혁명의 시대를 넘어 1990년대 기억 투쟁의 시대로[8] 이행하면서 최근까지 한국 사회는 식민지 시기, 국가 형성기, 권위주의 독재정권기에 발생했던 다양한 과거사 문제와 마주해 왔다. 그 가운데 대외적 측면에서 독특한 위치를 차지하는 것이 베트남전쟁에 관련된 것이다. 한국의 베트남전쟁 과거사는 초기부터 한·일 간 과거사 문제와 함께 논의됐다. 일본과의 과거사 문제를 해결하기 위해서라도 베트남 문제를 해결해야 한다는 것이다. 대중적 운동 지형을 고려한 것이지만, 우리의 과거사 문제 해결을 촉구하기 위해 베트남과 관련된 과거사에 사죄해야 한다는 논리는 베트남의 입장에서 본다면 반갑지만은 않을 것이다. 베트남 문제는 그 자체로 다뤄져야 한다. 그럼에도 불구하고 20세기 한국이 경험한 전쟁, 그리고 이와 연관된 과거청산 문제는 베트남전쟁을 함께 고려하도록 이끈다.

베트남전쟁에서 발생한 한국군의 베트남 민간인 학살 문제는 20세기 한국이 경험했던 전쟁 폭력의 순환 구조를 생각게 한다. 아시아·태평양전쟁 시기 식민주의의 외적 강제에 의해 민족에 가해진 폭력은 해방 후 민족 내부의 갈등과 한국전쟁의 폭력으로 폭발했고, 내적 폭력 경험은 다시 베트남전쟁을 통해 외부화됐다.[9] 이 가운데 한국전쟁과 베트남전쟁에서의 민간인 학살 문제는 그 궁극적 책임이 한국의 국가에 있다는 점에서 폭력의 맥락을 같이한다. 한국전쟁 문제와 베트남 문제는 유사한 시기에 세상에 알려졌고 운동화됐다. 한국전쟁에 비한다면 베트남전쟁 과거사는 훨씬 빨리 공론화된 셈이다. 베트남전쟁 민간인 학살 문제를 풀어가는 것은 한국전쟁 시기 민간인 학살 과거청산에 영향을 줄 수 있고 그 역도 마찬가지다. 한국에서 잊힌 한국전쟁 당시 민간인 학살, 베트남과 한국 모두에서 잊힌 베트남에서의 학살은 서로가 서로를 견인하고 재규정할 수 있는 사안이다.

한국전쟁 당시 민간인 학살과 비교할 때 한국의 베트남전쟁 문제는 규모도 작고, 민족 내부의 복잡한 폭력 지형을 반영하지 않는다. 그렇다 하더라도 과거청산 문제는 내적·외적으로 많은 문제를 헤쳐 나가야 하는 녹록지 않은 작업이다. 먼저 한국 내의 과거청산에 대한 저항과 냉전 이념을 넘어서야 하며, 국가가 이 문제를 적극적으로 끌어안을 수 있도록 지속적인 노력을 기울여야 한다. 또한 과거청산 작업의 당위성, 정당성, 필요성, 그것이 가져올 국가·사회적 정의실현의 효과에 대해 사회적으로 함께 논의할 수 있는 장을 마련해 가야 한다. 과거청산은 대중적 지지가 있어야 가능하며, 운동은 그 범위를 확장해 가는 일이다. 이것이 내부만의 문제가 아닌 까닭에 베트남의 국가·사회적 인식의 변화도 필요하다. 독일의 과거청산 작업에서 시사점을 얻을 수 있는 것은 과거청산을 압박하는 외부의 요구와 힘의 중요성이다.[10] 한국의 베트남전 과거사 문제에서 그것은 베트남 당국이나 베트남 사회가 될 수밖에 없다.

한국의 국가폭력 문제, 특히 전쟁 시기 민간인 학살과 관련된 사안은 과거청산을 위한 첫 단계인 진실규명부터 제대로 진척되지 않고 있다. 국가기관의 침묵·저항과 비협조, 과거청산에 대한 비판적 시각과 이념적 적대, 피해자의 뿌리 깊은 피해의식 등이 그 이유다. 많은 논란과 사회적 비용에도 불구하고 해결된 것은 많지 않다. 이는 과거사의 무게와 과거청산의 어려움을 보여준다.

그렇지만 과거청산 작업은 국가 정당성을 제고하는 일이며, 폭력의 시대를 넘어 인권·평화의 가치를 실현해 가는 도정이다. 더디게 갈 수는 있지만 포기할 수는 없는 일이다. 이것은 피해자뿐만 아니라 한국 사회 전체를 위해서도 꼭 필요하다. 과거청산은 '얇은 청산'과 '두터운 청산'으로 구분할 수 있다.[11] 전자가 사건들에 대한 진실규명과 법적·배상적 정의를 구현해 가는 것이라면, 후자는 구조 바꿈과 사회변혁을 통해 과거 극복으로 나아가는 것까지를 포괄한다. '얇은 청산'에서 '두터운 청산'으로, 그리고 이 둘을 함께 만들어 나가기 위해서는 '미래를 지향하는 기억'을 만들어 갈 필요가 있다. 이는 과거를 포기하는 것도, 조종하는 것도 아닌 끊임없이 새로운 의미가 부여되는 '지금'으로 역사를 위치 지우는 것,[12] 현재의 변화를 바탕으로 새로운 미래를 상상하는 것이다. 현재 지평에서 국가폭력의 과거사 청산, 냉전 문화와 사회적 냉전의 실질적 해체와 종결을 지속적으로 모색해 가는 것이 새로운 미래를 만들어 가는 기초가 될 것이다.

리영희가 〈베트남전쟁1〉(1972)에서 "이성의 눈으로 세계를 살펴보기 시작한 오늘, 어느 나라의 지식인도 민중도 냉전시대의 사상적 특징인 '부정적 가치관'을 고집할 수 없게 되었다"고[13] 선언한 지도 이미 50년이 넘었다. 그렇지만 한국의 냉전·분단·적대체제는 좀처럼 힘을 잃지 않고 있다. 베트남전쟁 관련 한국의 과거청산은 베트남 측 피해자뿐만 아니라 이미 오래전에 우리 곁에 와 있는, 그리고 여전히 미래를 위해 분투하고 있는 인권과 평화의 가치를 우리 사회에 실현해 가는 하나의 길이 될 것이다. 그런 면에서 진실규명을 위한 현재의 노력 하나하나가 지니는 가치와 소중함은 두말할 나위 없다.

에필로그

참고문헌

강영돈, 〈크로노토프 이론과 상호공존〉, 《현대영어영문학》 57(4), 2013.

강유인화, 〈한국 사회의 베트남전쟁 기억과 참전군인의 기억 투쟁〉, 《사회와 역사》 97, 2013.

강인철, 〈전쟁의 기억, 기억의 전쟁〉, 《창작과 비평》 108, 2000.

강정인, 《한국 현대 정치사상과 박정희》, 아카넷, 2014.

경향신문 특별취재팀, 《민주화 20년, 지식인의 죽음》, 후마니타스, 2008.

고경태, 《1968년 2월 12일—베트남 퐁니·퐁넛 학살 그리고 세계》, 한겨레출판, 2015.

_____, 《한 마을 이야기 퐁니·퐁넛》, 보림, 2016.

고은, 《바람의 사상》, 한길사, 2012.

구수정, 〈아시아로 통하는 두 개의 문〉, 《황해문화》 56, 2007.

군사편찬연구소, 《증언을 통해 본 베트남전쟁과 한국군 3》, 군사편찬연구소, 2003.

권경희, 〈베트남—미국 관계 정상화 과정에 관한 연구〉, 《국제정치논총》 36(1), 1996.

권인숙, 《대한민국은 군대다》, 청년사, 2005.

권헌익, 〈전쟁과 민간신앙〉, 《민족과 문화》 12, 2003.

권혁태, 〈'국경' 안에서 '탈/국경'을 상상하는 법〉, 《동방학지》 157, 2012.

김기태, 〈한·월 교류 관계 속에서의 1945년 전후의 베트남 거주 한국인〉, 《아시아지역연구》 2, 1999.

김길연, 《한국의 금서》, 지식과교양, 2018.

김남일, 〈베트남, 우리 미래의 거울〉, 《황해문화》 27, 2000.

김남일, 〈문학, 아시아와 어떻게 만나고 있는가〉, 《아시아문화연구》 14, 2008.

김누리, 〈한국 예외주의—왜 한국에는 68혁명이 없었는가〉, 《통일인문학》 76, 2018.

김동춘, 〈나의 학문 나의 인생: 리영희—냉전 이데올로기의 우상에 맞선 이성의 필봉〉, 《역사비평》 29, 1995.

_____, 《전쟁과 사회》, 돌베개, 2000.

_____, 〈한국전쟁 시 민간인 학살 문제의 해법과 그 의미〉, 《역사비평》 58, 2002.

_____, 〈한국 과거청산의 성격과 방향〉, 《민주사회와 정책연구》 8, 2005.

김득중, 《빨갱이의 탄생》, 선인, 2009.

김만수, 《리영희 살아있는 신화》, 나남출판, 2003.

김명희, 〈거창·산청·함양 사건 유족운동의 전개 과정〉, 《일감법학》 42, 2019.

김무용, 〈과거청산 작업에서 진실 말하기와 대항 내러티브 주체의 형성〉, 《한국사연구》 153, 2011.

김민웅, 〈한국군의 월남전 참전, 그 역사적 진실〉, 《말》 49, 1990.

_____, 〈미국과 대한민국〉, 《시민과 세계》 8, 2006.

김봉중, 〈닉슨의 베트남 정책과 닉슨독트린〉, 《미국사 연구》 31, 2010.

_____, 〈베트남전쟁의 기억과 미국외교〉, 《미국사 연구》 34, 2011.

김성수·임헌영, 〈경계에 선 전방위적 지식인 임헌영〉, 《문학과 경계》 4(3), 2004.

김수이, 〈잃어버린 시적 정의를 찾아서〉, 김정환, 《하노이—서울 시편》, 문학동네, 2003.

김연철, 〈노태우 정부의 북방정책과 남북기본합의서〉, 《역사비평》 97, 2011.

김영범, 〈집합기억의 사회사적 지평과 동학〉, 한국정신문화연구원 사회학연구실 편, 《사회사 연구의 이론과 실제》, 한국정신문화연구원, 1998.

_____, 《민중의 귀환, 기억의 호출》, 한국학술정보(주), 2010.

김예림, 〈냉전기 아시아 상상과 반공 정체성의 위상학〉, 성공회대 동아시아연구소 편, 《냉전 아시아의 문화풍경 1》, 현실문화, 2008.

_____, 〈전쟁 스펙터클과 전장 실감의 동력학〉, 《동방학지》 147, 2009.

_____, 〈1950년대 남한의 아시아 내셔널리즘〉, 《아세아연구》 55(1), 2012.

김원, 〈리영희공화국〉, 《역사문제연구》 27, 2012.

김원, 〈80년대에 대한 '기억'과 '장기 80년대'〉, 《한국학연구》 36, 2015.

김정한, 〈5·18 광주항쟁 이후 사회운동 이데올로기 변화〉, 《민주주의와 인권》 10(2), 2010.

_____, 〈1980년대 운동사회의 감성〉, 《한국학연구》 33, 2014.

김정환, 《하노이-서울 시편》, 문학동네, 2003.

김주현, 〈월남전 휴(종)전의 정치경제적 심상〉, 《한국문학논총》 72, 2016.

김진균, 〈1980년대〉, 이해영 편, 《1980년대 혁명의 시대》, 새로운 세상, 1999.

김질락, 《어느 지식인의 죽음》, 행림출판, 1991.

김학재, 〈한국전쟁 전후 민간인 학살과 20세기의 내전〉, 《아세아연구》 142, 2010.

김현아, 《전쟁의 기억 기억의 전쟁》, 책갈피, 2002.

김형곤, 〈한국전쟁의 공식기억과 전쟁기념관〉, 《한국언론정보학보》 40, 2007.

김훈, 〈건강사회를 위한 치과의사회〉, 《말》 153, 1999.

노영순, 〈부산 입항 1975년 베트남 난민과 한국 사회〉, 《사총》 81, 2014.

_____, 〈동아시아의 베트남 난민 수용과 각국의 난민 정책〉, 《해항도시문화교섭학》 16, 2017.

대통령비서실, 《박정희 대통령 연설문집 제12집 1975년 1월~1975년 12월》, 1976.

도진순, 《한국민족주의와 남·북관계》, 서울대학교 출판부, 1998.

리영희, 《우상과 이성》, 한길사, 1977.

_____, 《베트남전쟁》, 두레, 1985.

_____, 《새는 '좌·우'의 날개로 난다》, 두레, 1994.

_____, 《대화》, 한길사, 2005.

_____, 《리영희 저작집 1: 전환시대의 논리》, 한길사, 2006a.

_____, 《리영희 저작집 2: 우상과 이성》, 한길사, 2006b.

박경석, 《따이한》 전 11권, 동방문화원, 1987.

박선웅, 〈의례와 사회운동〉, 《한국 사회학》 41(1), 2007.

박종철, 〈남베트남: 혁명운동의 기원과 전개 과정〉, 염홍철·이수훈·박종철·양길현, 《제3세계의 혁명과 발전》, 경남대학교 극동문제연구소, 1987.

박철화, 〈노동현장에서 베트남까지〉,《작가세계》 98, 2013.

박태균, 〈베트남전쟁과 베트남에 파병한 아시아 국가들의 정치적 변화〉,《한국학연구》 29, 2013.

_____,《베트남전쟁》, 한겨레출판, 2015a.

_____, 〈남베트남 패망 40년, 베트남전쟁과 한국〉,《역사비평》 111, 2015b.

박희봉·이기중·김명준, 〈퍼포먼스 이론에서 바라본 '2008년 촛불집회'의 과정과 파급효과〉,《한국정책연구》 9(2), 2009.

방현석,《랍스터를 먹는 시간》, 창비, 2003.

배성인, 〈유신체제의 지배 이데올로기와 대중 통제〉, 배성인 외,《유신을 말하다》, 나름북스, 2013.

백승욱, 〈'해석의 싸움'의 공간으로서 리영희의 베트남전쟁〉,《역사문제연구》 32, 2014.

백원담, 〈냉전기 아시아에서 아시아주의의 형성과 재편 1〉, 성공회대 동아시아연구소 편, 《냉전 아시아의 문화풍경 1》, 현실문화, 2008.

서보혁, 〈북한과 미국의 관계 정상화에 관한 연구〉,《국제정치논총》 48(2), 2009.

서중석, 〈한국 사회의 과거청산〉,《기억과 전망》 4, 2003.

설병수, 〈해외 이민의 명암〉,《재외한인연구》 11, 2001.

성공회대 동아시아연구소 편,《냉전 아시아의 문화풍경 2》, 현실문화, 2009.

송건호·임종국 외,《해방전후사의 인식》, 한길사, 1979.

신동준, Harootunian, Harry & Cumings, Bruce, 〈미국 아시아학의 비판적 검토〉,《역사비평》 54, 2001.

신명순, 〈1980년대 학생운동의 성격 분석〉,《아세아연구》 30(1), 1987.

신병식, 〈박정희 시대의 일상생활과 군사주의〉,《경제와 사회》 72, 2006.

신종대, 〈1975년 인도차이나 공산화 시 김일성의 북경 방문〉,《동아연구》 78, 2020.

심아정, 〈'권력 없는 정의'를 실현하는 장소로서의 '인민법정'〉,《일본연구》 30, 2018.

심연섭, 〈인지전과 그 평화 협상〉,《신천지》 6월호, 1954.

심주형, 〈베트남전 참전에 대한 기억의 정치〉, 서울대학교 인류학과 석사학위 논문, 2003.

_____, 〈정처 없는 애도, 끝나지 않은 전쟁〉,《문화인류학》 50(2), 2017.

안병용, 〈남민전〉, 《역사비평》 10, 1990.

안병찬, 《사이공 최후의 표정 컬러로 찍어라》, 커뮤니케이션북스, 2005.

안정효, 《하얀 전쟁 1부》, 고려원, 1992.

양동안, 〈우익은 죽었는가〉, 《현대공론》 8월호, 1988.

양승함·박명림·박용수 편, 《한국대통령 통치자료집 Ⅵ》, 선인, 2010.

엄묘섭, 〈감정의 시대〉, 《문화와 사회》 6, 2009.

역사문제연구소 엮음, 《한국전쟁에 대한 11가지 시선》, 역사비평사, 2010.

오연호, 〈6·25 참전 미군의 충북 영동 양민 3백여 명 학살사건〉, 《말》 97, 1994.

_____, 〈노근리와 AP와 이 땅의 기자들〉, 《관훈저널》 73, 1999.

유시민, 〈나는 왜 문제 학생이 되었나〉, 《말》 2, 1985.

_____, 《거꾸로 읽는 세계사》, 푸른나무, 1988.

유영식·유재신, 〈캐나다 한인의 이민사〉, 《캐나다연구》 4, 1992.

유인선, 《베트남사》, 민음사, 1984.

윤건차, 《현대 한국의 사상 흐름》, 당대, 2000.

윤용선, 〈1960~70년대 파독 인력송출의 미시사〉, 《사총》 81, 2014.

윤정헌, 〈호주 한인 문학연구〉, 《한민족어문학》 37, 2000.

윤충로, 《베트남과 한국의 반공 독재국가 형성사》, 선인, 2005.

_____, 〈한미관계의 불평등 구조와 한국 사회의 미국화〉, 강정구 외, 《시련과 발돋움의 남북현대사》, 선인, 2009.

_____, 〈20세기 한국의 전쟁경험과 폭력〉, 정근식·이병천 엮음, 《식민지 유산, 국가형성, 한국 민주주의 1》, 책세상, 2012.

_____, 〈베트남전쟁 참전자의 삶의 맥락과 생애사적 시간〉, 《현대 문학의 연구》 54, 2014.

_____, 《베트남전쟁의 한국 사회사》, 푸른역사, 2015.

이경제, 〈한국소설에 나타난 베트남전 기억의 변모 양상〉, 《현대소설연구》 64, 2016.

이광근, 〈자본주의 세계 경제와 일국적 체제의 구조화〉, 《한국 사회학》 47(2), 2013.

이길보라·곽소진·서새롬·조소나, 《기억의 전쟁》, 북하우스, 2021.

이대용, 《사이공 억류기》, 한진출판사, 1981.

이대환, 《슬로우 블릿》, 실천문학사, 2001.

이동진, 〈국민과 비국민의 경계〉, 《사회와 역사》 101, 2014.

이미숙, 〈베트남 전쟁 시 한국군의 철수 결정 과정〉, 《군사》 45, 2002.

이병하, 〈비동시성의 동시성, 시간의 다중성, 그리고 한국 정치〉, 《국제정치논총》 55(4), 2015.

이봉범, 〈냉전과 월북, (납)월북 의제의 문화정치〉, 《역사문제연구》 37, 2017.

_____, 〈1980년대 검열과 제도적 민주화〉, 《구보학회》 20, 2018.

이상봉, 〈트랜스-로컬리티〉, 《21세기 정치학회보》 24(3), 2014.

이상석, 〈한국에 있는 베트남전쟁 메모리얼에 나타난 기념성〉, 《한국조경학회지》 44(4), 2016.

이상호, 〈베트남전쟁 파병 국군 전사자 현황과 국내 언론 보도〉, 《역사와 현실》 116, 2020.

이선미, 〈세계화와 탈냉전에 대응하는 소설의 형식〉, 《상허학보》 12, 2004.

이숙자, 〈사이공 최후의 목소리〉, 《문학사상》 33, 1975.

이승헌, 《남베트남민족해방전선 연구》, 고려대학교출판부, 1970.

이신재, 〈남베트남 패망 시기 한국군의 인도주의적 구호 활동〉, 《군사》 99, 2016.

_____, 〈주월한국군의 철군 과정과 한국 정부의 대응〉, 《군사연구》 145, 2018.

이영기, 〈2021년 베트남 현황과 방향〉, 《융합경영 리뷰》 20, 2021.

이영재, 〈과거사 피해보상에 대한 비판적 검토〉, 《기억과 전망》 23, 2010.

이용화, 〈현안과 과제: 한국·베트남 신뢰 회복의 성공과 시사점〉, 《이슈리포트》 44, 2013.

이유혁, 〈서벌턴 주체로서 일본군 '위안부'〉, 《인문 연구》 83, 2018.

이재승, 《국가범죄》, 앨피, 2010.

_____, 〈사죄의 수행상 오류〉, 《민주 법학》 59, 2015a.

_____, 〈식민주의와 과거 극복의 정치〉, 《법과 사회》 49, 2015b.

_____, 〈이행기의 정의와 크로노토프〉, 《민주 법학》 64, 2017.

이주영, 〈미국사학계의 새로운 냉전사 연구〉, 《역사비평》 110, 2015.

이진모, 〈두 개의 전후戰後〉, 《역사와 경계》 82, 2012.

이진선, 〈대중매체에 표상된 베트남 전쟁과 젠더 이데올로기〉, 《기억과 전망》 38, 2018.

이청준, 〈가위 밑 그림의 음화와 양화〉, 《황홀한 실종》, 나남, 1984.

이태주, 〈전쟁경험과 집단기억의 동원〉, 김귀옥 외, 《전쟁의 기억 냉전의 구술》, 선인, 2008.

이한우, 《베트남 경제개혁의 정치경제》, 서강대학교 출판부, 2011.

이해동·이종옥, 《둘이 걸은 한 길 1》, 대한기독교서회, 2014.

이해영 편, 《1980년대 혁명의 시대》, 새로운 세상, 1999.

이혜령, 〈사상 지리의 형성으로서의 냉전과 검열〉, 《상허학보》 34, 2012.

임유경, 〈1980년대 출판 문화운동과 옥중기 출판연구〉, 《민족문학사연구》 59, 2015.

임재성, 〈눈부셨던 응우옌티탄들〉, 《문학3》, 2(http://munhak3.com/detail.php?number=1273&thread=23r05r06#), 2018.

_____, 〈피고 대한민국에 '망각 금지'를 선고하다〉, 《프레시안》 2018. 5. 10.

_____, 〈시민법정을 통해서 만난 참전군인의 목소리〉, 《2018년 아시아평화인권연대 심포지엄》, 부산시민운동지원센터 혁신홀, 2018. 10. 2.

임종명, 〈탈식민 초기(1945. 8~1950 .5), 남한국가 엘리트의 아시아 기행기와 아시아 표상〉, 《민족문화연구》 52, 2010.

임지현, 《기억의 전쟁》, 휴머니스트, 2019.

임혁백, 《비동시성의 동시성》, 고려대학교출판부, 2014.

장준갑, 〈닉슨의 외교정책 읽기〉, 《미국사 연구》 28, 2008.

전진성, 〈기억의 정치학을 넘어 기억의 문화사로〉, 《역사비평》 76, 2006.

정구도, 〈노근리 대책위, 지난 40년 이렇게 활동했다〉, 노근리에서 매향리까지 발간위원회 엮음, 《노근리에서 매향리까지─주한미군 문제 해결 운동사》, 깊은자유, 2001.

정구종, 〈부산 월남 난민수용소〉, 《북한》 43, 1975.

정구호, 〈인지 교훈과 박 대통령의 안보관〉, 《신동아》 6월호, 1975.

정근식, 〈과거청산의 역사사회학을 위하여〉, 《사회와 역사》 61, 2002.

_____, 〈한국에서 사회적 기억 연구의 궤적〉, 《민주주의와 인권》 13(2), 2013.

정나원, 《아버지의 바이올린》, 새물결, 2005.

정병준, 〈중립을 향한 '반공포로'의 투쟁〉, 《이화사학연구》 56, 2018.

_____, 〈최인훈의 광장과 중립국행 76인의 포로〉, 《역사비평》 126, 2019.

정연선, 《잊혀진 전쟁의 기억》, 문예출판사, 2019.

정용욱, 〈한국의 역사 갈등과 과거사 정리〉, 《역사학보》 249, 2021.

정인섭, 〈한국에서의 난민 수용 실행〉, 《서울국제법연구》 16(1), 2009.

정종현, 〈루쉰魯迅의 초상〉, 《사이間SAI》 14, 2013.

_____, 〈투쟁하는 청춘, 번역된 저항〉, 《한국학연구》 36, 2015.

_____, 〈'해금' 전후 금서의 사회사〉, 《구보학보》 20, 2018.

정진성, 〈일본군 성노예 전범 여성 국제법정의 배경과 의의〉, 《여성과 사회》 12, 2001.

정호기, 〈이승만 시대의 위기 담론과 궐기대회〉, 《사회와 역사》 84, 2009.

조동준·차지현, 〈駐베트남 한국 공관원 송환을 위한 신호게임, 1975~1980〉, 《국제정치논총》 54(1), 2014.

조은, 〈부르디외를 빌려도 될까요?〉, 《문화와 사회》 11, 2011.

조은평, 〈'스펙타클'—자본주의와 이데올로기〉, 《시대와 철학》 84, 2018.

조진구, 〈한미관계의 맥락에서 본 한국군의 베트남전 철수〉, 《군사》 60, 2006.

조진석, 〈나와 우리가 함께하는 길〉, 《인물과 사상》 135, 2009.

조희연, 《현대 한국 사회운동과 조직》, 한울, 1993.

_____, 《박정희와 개발독재 시대》, 역사비평사, 2007.

채명신, 《베트남전쟁과 나》, 팔복원, 2006.

채오병, 〈이행과 번역〉, 《경제와 사회》 89, 2011.

채웅준, 〈지식 수용과 번역의 사회적 조건〉, 《사회와 이론》 31, 2017.

천정환, 〈책 읽기와 청년 그리고 자유〉, 고병권 외, 《리영희 프리즘》, 사계절, 2010.

최용호, 《통계로 본 베트남전쟁과 한국군》, 국방부 군사편찬연구소, 2007.

최은봉·이민주, 〈동아시아 기억의 정치와 탈냉전기 기억의 민주화〉, 《담론201》 20(3), 2017.

최인훈, 《광장/구운몽: 최인훈 전집 1》, 문학과지성사, 2012.

최장집, 《민주화 이후의 민주주의》, 후마니타스, 2010.

편집부 엮음,《공안사건 기록 1964~1986》, 세계, 1986.

편집부 엮음,《통혁당》, 대동, 1989.

편집부, 〈세계화와 신자유주의 속의 국제연대〉,《황해문화》36, 2002.

한성훈, 〈하미 마을 학살과 베트남의 역사 인식〉,《사회와 역사》118, 2018.

한숙영·박상곤·허중욱, 〈다크투어리즘에 대한 탐색적 논의〉,《관광연구저널》25(2), 2011.

한용원,《한국의 군부정치》, 대왕사, 1993.

한우리·허철, 〈보여주기의 문화정치학〉,《평화연구》18(2), 2010.

한홍구, 〈베트남전 민간인 학살 진상규명 운동에서 평화박물관까지〉, 동북아역사재단 편, 《일본의 전쟁 기억과 평화기념관 I》, 동북아역사재단, 2009.

_____,《유신》, 한겨레출판, 2014.

함택영, 〈베트남의 독립, 분단 및 통일〉,《한국과 국제정치》5(1), 1989.

허윤, 〈1980년대 여성해방운동과 번역의 역설〉,《여성학연구》28, 2012.

허정, 〈타인의 고통과 증상과의 동일시〉,《코기토》76, 2014.

현기영, 〈순이 삼촌〉,《창작과 비평》49, 1978.

황병주, 〈1960년대 지식인의 68운동담론〉,《역사비평》123, 2018.

황석영,《오래된 정원(상)》, 창비, 2000.

_____,《수인 2》, 문학동네, 2017a.

_____,《수인 1》, 문학동네, 2017b.

Alexander, Jeffrey C., 박선웅 옮김,《사회적 삶의 의미》, 한울아카데미, 2007.

Appadurai, Arjun, 장희권 옮김,《소수에 대한 두려움》, 에코리브르, 2011.

Armstrong, Charles K., 〈한국의 베트남전쟁〉,《볼》7, 2008.

Assmann, Aleida, 변학수·채연수 옮김,《기억의 공간》, 그린비, 2011.

Bảo Ninh, 하재홍 옮김,《전쟁의 슬픔》, 아시아, 2012.

Biebel, Anthony V., 김남형 옮김,《한국전쟁, 미군 병사들의 기록》, 백암, 2008.

Brzezinski, Zbigniew, 김명섭 옮김,《거대한 체스판》, 삼인, 2000.

Chomsky, Noam, 김보경 옮김,《미국이 진정으로 원하는 것》, 한울, 1996.

_____, 정연복 옮김,〈냉전과 대학〉,《냉전과 대학》, 당대, 2001.

Clemens, Diane Shaver, 마의웅 옮김,《얄타(YALTA)》, 대림기획, 1990.

Cohen, Stanley, 조효제 옮김,《잔인한 국가 외면하는 대중》, 창비, 2009.

Cumings, Bruce, *The Origins of the Korean War, Volume I*, Princeton, N.J., Princeton University Press, 1981.

_____, 김자동 옮김,《한국전쟁의 기원》, 일월서각, 1986.

_____, *Parallax Visions: Making Sense of American-East Asia Relations at the End of the Century*, Durham, N.C.: Duke University Press, 1999.

_____, 조행복 옮김,《브루스 커빙스의 한국전쟁》, 현실문화, 2017.

Department of State, *U.S., Foreign Relations of the United States, 1964~1968 Vol. II*, Washington D.C.: U.S. Government Printing Office, 1996.

Dower, John W., 최은석 옮김,《패배를 껴안고서》, 민음사, 2009.

Duiker, William, *U.S. Containment Policy and the Conflict in Indochina*, California: Stanford University Press, 1994.

_____, 정영목 옮김,《호찌민 평전》, 푸른숲, 2003.

Fanon, Frantz, 이석호 옮김,《검은 피부 하얀 가면》, 인간사랑, 2003.

Foucault, Michel, 윤택림 옮김,〈영화와 대중기억〉,《구술사, 기억으로 쓰는 역사》, 아르케, 2010.

Fukuyama, Fransis, 이상훈 옮김,《역사의 종말-역사의 종점에 선 최후의 인간》, 한마음사, 1992.

Gaddis, John Lewis, 박건영 옮김,《새로 쓰는 냉전의 역사》, 사회평론, 2002.

Goldstone Jack A., 노승영 옮김,《혁명*Revolutions*》, 교유서가, 2016.

Guy Debord, 유재홍 옮김,《스펙타클의 사회에 대한 논평》, 울력, 2017.

Hayner, Priscilla B., 주혜경 옮김,《국가폭력과 세계의 진실위원회》, 역사비평사, 2008.

Hirsch, Herbert, 강성현 옮김,《제노사이드와 기억의 정치》, 책세상, 2009.

Hobsbawm, Eric John, 강명세 옮김, 《1780년 이후의 민족과 민족주의》, 창작과비평사, 1994.

Hunt, Michael H., 권용립·이현휘 옮김, 《이데올로기와 미국외교》, 산지니, 2007.

Jaspers, Karl, 이재승 옮김, 《죄의 문제》, 앨피, 2014.

Johnson, Chalmers, 안병진 옮김, 《제국의 슬픔》, 삼우반, 2004.

Jones, Diane & Jones, Michael, "Allies Called Koreans", *Bulletins of Concerned Asian Scholars*, vol. 8 no. 2.

Kritz, Neil J., ed., *Transitional Justice vol.I-III*, Washington, D.C.: United States Institute of Peace Press, 1995.

Kwon, Heonik, 유강은 옮김, 《학살, 그 이후》, 민음사, 2012.

_____, 이한중 옮김, 《또 하나의 냉전》, 민음사, 2013.

_____, 박충환·이창호·홍석준 옮김, 《베트남전쟁의 유령들》, 산지니, 2016.

_____, 정소영 옮김, 《전쟁과 가족》, Archive, 2020.

Loth, Wilfried, 〈국가와 권력관계의 변화〉, Iriye, Akira, ed., 이동기·조행복·전지현 옮김, 《하버드 C. H. 베크: 세계사》, 민음사, 2018.

Lynn, John A., 이내주·박일송 옮김, 《배틀, 전쟁의 문화사》, 청어람미디어, 2006.

Maclear, Michael, 유경찬 옮김, 《베트남 10,000일의 전쟁》, 을유문화사, 2002.

Michell, Don, 류제헌·진종헌·정현주·김순배 옮김, 《문화정치 문화전쟁》, 살림, 2011.

Mosse, George L., 오윤성 옮김, 《전사자 숭배》, 문학동네, 2015.

Nguyễn Cao Kỳ, 홍인근 옮김, 《월남 20년 패망 20일 *Twenty Years and Twenty Days*》, 연희 출판사, 1977.

Nguyễn Văn Bổng, 배양수 옮김, 《하얀 아오자이》, 동녘, 2006.

Nguyen, Viet Thanh, 부희령 옮김, 《아무것도 사라지지 않는다》, 더봄, 2019.

Nora, Pierre, 이용재 요약 옮김, 〈기억의 범세계적 도래〉, 《프랑스사 연구》 14, 2006.

Olick, Jeffrey K., 강경이 옮김, 《기억의 지도》, 옥당, 2011.

Pike, Douglas, 편집부 옮김, 〈베트남 민족해방전선의 혁명전술〉, Osanka, F. M., ed., 《현대 게릴라전 연구》, 세계, 1985.

Popular Memory Group, 〈대중기억의 이론, 정치학과 방법론〉, 윤택림 편역, 《구술사, 기억으로 쓰는 역사》, 아르케, 2010.

Rueschemeyer, Dietrich, Evelyne Huber Stephens and Jonh D. Stephens, 박명림·조찬수·권혁용 옮김, 《자본주의 발전과 민주주의》, 나남, 1997.

Sacks, Milton, 박현채·김홍명 편, 〈베트남 민족해방운동과 통일전선〉, 《통일전선과 민주혁명 I》, 사계절, 1988.

Said, Edward, 박홍규 옮김, 《오리엔탈리즘》, 교보문고, 1991.

_____, 박홍규 옮김, 《문화와 제국주의》, 문예출판사, 2004.

Singer, Peter W., 유강은 옮김, 《전쟁 대행 주식회사》, 지식의풍경, 2005.

Skocpol, Theda, 한창수 외 옮김, 《국가와 사회혁명》, 까치, 1991.

Smith, Anthony D., 이재석 옮김, 《세계화 시대의 민족과 민족주의》, 남지, 1997.

Stiglitz, Joseph E., 이순희 옮김, 《불평등의 대가》, 열린책들, 2013.

Stöver, Bernd, 최승환 옮김, 《냉전이란 무엇인가》, 역사비평사, 2008.

Teitel, Ruti G., *Transitional Justice*, New York: Oxford University Press, 2000.

Tessa Morris-Suzuki, 김경원 옮김, 《우리 안의 과거》, 휴머니스트, 2006.

Therborn, Göran, 최종렬 옮김, 《권력의 이데올로기와 이데올로기의 권력》, 백의, 1994.

Truong Chinh, "The August Revolution", *Truong Chinh: Selected Writings*, Hanoi: Foreign Languages Publishing House, 1977.

Vine, David, 유강은 옮김, 《기지국가》, 갈마바람, 2017.

Wallerstein, Immanuel, *The Capitalist World Economy*, New York: Cambridge University Press, 1979.

_____, 송철순·천지현 옮김, 《반체제 운동》, 창작과비평사, 1994.

_____, 강문구 옮김, 《자유주의 이후》, 당대, 1996.

Westmoreland, William C., 최종기 옮김, 《왜 월남은 패망했는가》, 광명출판사, 1976.

Wolf, Eric, R., 곽은수 옮김, 《20세기 농민전쟁》, 형성사, 1984.

Zerubavel, Eviatar, 〈달력의 역사〉, Olick, Jeffrey K. 엮음, 최호근·민유기·윤영휘 옮김, 《국가와 기억》, 민주화운동기념사업회, 2006.

Zizek, Slavoj, 이현우·김희진·정일권 옮김, 《폭력이란 무엇인가》, 난장이, 2011.

Zunino, Marcos, "Subversive Justice: The Russell Vietnam War Crimes Tribunal and Transitional Justice", *International Journal of Transitional Justice*, 10, 2016.

岡眞理, 김병구 옮김, 《기억 서사》, 소명출판, 2004.

高橋哲哉, 이목 옮김, 《국가와 희생》, 책과함께, 2008.

古田元夫, 〈전쟁의 기억과 역사연구〉, 小森陽一·高僑哲哉 엮음, 《내셔널 히스토리를 넘어서》, 삼인, 1999.

久保 孝 治, 〈삶의 전기〉, 박재환, 일상성·일상생활연구회 편, 《일상생활의 사회학》, 한울아카데미, 1994.

東大作, 서각수 옮김, 《우리는 왜 전쟁을 했을까?》, 역사넷, 2004.

藤目ゆき, 〈일본인 '위안부' 문제의 공소와 그 의의〉, 《당대비평》 14, 생각나무, 2001.

藤田和子, 〈베트남혁명의 지도권과 통일전선〉, 민정구 엮음, 《통일전선론》, 백산서당, 1987.

米山リサ, 〈기억의 미래화에 대해서〉, 小森陽一·高僑哲哉 엮음, 《내셔널 히스토리를 넘어서》, 삼인, 1999.

冨山一郎, 임성모 옮김, 《전장의 기억》, 이산, 2002.

山口定, 〈두 개의 현대사〉, 타나카 히로시 외, 이규수 옮김, 《기억과 망각》, 삼인, 2000.

三牧聖子, 김민 옮김, 《전쟁을 모르는 세대는 어떻게 전쟁을 기억해야 하는가?》, 제이앤씨, 2018.

岩崎稔·板垣龍太·정지영, 〈기억으로 동아시아 생각하기〉, 《역사비평》 102, 2013.

伊藤正子, 《戰爭記憶の政治學》, 東京: 平凡社, 2013.

신문·잡지, 기타

《경향신문》, 《국방일보》, 《동아일보》, 《매일경제》, 《문화일보》, 《서울신문》, 《언론노보》,

《영남일보》, 《인천일보》, 《조선일보》, 《한겨레》, 《한국일보》

《말》, 《한겨레21》.

베트남전 민간인 학살 진실위원회, 〈성명서: '베트남전과 한국군 파병' 학술 심포지엄 무
    산에 대한 입장〉, 2000. 10. 16.

                           , 〈한 발 더 가까이〉, 소식지 제2호, 2000. 12.

                           , 〈회의록〉, 2001. 4. 13.

인권과 평화를 위한 국제민주연대, 〈베트남 참전 한국군에 의한 양민학살 사과에 대한 시
    민 캠페인〉, 문서번호: 국제연대 99-1207, 1999. 12. 7.

인권과 평화를 위한 국제민주연대, 〈천득렁 베트남 국가주석의 한국 방문과 양국 정상회
    담에 관한 성명서〉, 문서번호: 베트남2001-0822, 2001. 8. 22.

한성대학교 전쟁과평화연구소, 《전쟁경험과 집단기억의 동원》, 미간행 녹취자료집, 2006.

영상·음성자료

고경태·구수정·김현아·윤충로, 《한겨레21》 주최 좌담 자료, 2019. 10. 15.

이마리오, 〈미친 시간〉(독립영화), 2003.

이길보라, 〈기억의 전쟁〉(독립영화), 2020.

Burns, Ken & Novick, Lynn, Vietnam War vol. 1, Universal.(다큐멘터리), 2017a.

                           , Vietnam War vol. 10, Universal.(다큐멘터리), 2017b.

KBS, 〈새는 좌우의 날개로 난다-리영희〉, 《인물현대사》 제43회, 2004. 6. 4.

e-영상역사관, 2021/01/19 검색, 〈패망한 월남〉, http://www.ehistory.go.kr/page/view/
    movie.jsp?srcgbn=KV&mediaid=1557&mediadtl=8184&gbn=MH, 2004. 6. 4.

MBC다큐멘터리, 〈보도연맹1〉, 《이제는 말할 수 있다》 제29회, 2001. 4. 27.

KBS, 《추적 60분: 우리는 배신당했다-어느 고엽제 전우회원의 폭로》 제1308회, 2019. 4.
    12.

인터넷 검색 자료 언론매체 및 기타

민주화운동기념사업회, Open Archives, 〈사회과학 학습을 위한 도서목록〉(http://archives.
 kdemo.or.kr/isad/view/00197360).

《뚜오이째》, "마지막 임무: 이야기하기 위해 살다"(*tuổi trẻ*, "Nhiệm vụ cuối cùng: Sống
 để kể lại", https://tuoitre.vn/nhiem-vu-cuoi-cung-song-de-ke-lai-1172214.htm),
 2016. 9. 16.

시민평화법정 준비위원회, "베트남전쟁 시기 한국군에 의한 민간인 학살 진상규명을 위한
 '시민평화법정 준비위원회'를 소개합니다"(https://blog.naver.com/tribunal4peace/
 221144588300), 2017. 11. 20(검색일 2018. 8. 29).

_____, "시민평화법정 헌장"(https://blog.naver.com/tribunal4peac/
 221238308726), 2018. 3. 27(검색일 2018. 8. 29).

시민평화법정, 〈법정 자료 소장〉(https://blog.naver.com/tribunal4peace/221242684382),
 2018. 4. 2(검색일 2018. 8. 30).

한베평화재단, http://kovietpeace.org/

주

프롤로그

1   Karl Marlantes, 1969년 미군 해병으로 베트남전 참전(Burns & Novick, 2017a).

2   안정효(1992: 48).

3   이 말은 1951년 10월 5일 자 US News and World Report에 실린 'Korea: The Forgotten War'라는 제목의 기사에서 처음 언급됐다(정연선, 2019: 106).

4   Biebel(2008: 8).

5   Cumings(2017: 105~106).

6   이러한 인식은 베트남전쟁 종전 40주년에 출판된 윤충로(2015)의 부제 '잊힌 전쟁, 오래된 현재', 박태균(2015a)의 부제 '잊혀진 전쟁, 반쪽의 기억'에서도 그대로 드러난다.

7   이상호(2020: 116, 120).

8   《경향신문》(1992. 3. 1), 《동아일보》(1992. 3. 1). 그나마 이마저도 최종적인 것은 아니었다. 그 이후 정리된 자료에 의하면 전사 4,663명, 순직 275명, 사망 161명, 총 5,099명이다(최용호, 2007: 40).

9   Olick(2011: 178).

10   2014년 6월 17일 대한민국 월남참전자회가 베트남전쟁 참전 50주년을 기념해 동작구 국립서울현충원에서 지낸 위령제가 첫 위령제였다고 한다(《연합뉴스》, 2014. 6. 17).

11   Mosse(2015: 13).

12 Popular Memory Group(2010: 188).

13 구술 자료의 경우 구술자 이름은 기본적으로 익명으로 한다. 필자가 직접 진행한 면담은 면담 일자를 밝히고, 그 외의 구술 자료는 인용 출처를 밝힌다.

14 파월기술자 부인(2006. 9. 14 구술 면담).

15 박○○(2007. 11. 8 구술 면담).

16 오○○(2007. 11. 8 구술 면담).

17 Assmann(2011: 15).

18 《매일경제》(1969. 9. 17).

19 Foucault(2010: 160).

20 Cumings(2017: 105).

21 Nguyen(2019: 21).

22 이청준(1984: 22).

23 황석영(2017a: 216~217).

24 東大作(2004: 45).

25 채명신(2006: 469, 499).

26 Said(1991: 99~100).

27 三牧聖子(2018: 9).

28 베트남에서 이는 비극적 집단사망을 의미한다.

29 김수이(2003: 86).

30 岡眞理(2004: 68).

31 Dower(2009: 25).

32 Lynn(2006: 18~19).

33 강인철(2000: 346~347).

34 Nguyen(2019: 15).

35 '전쟁의 기억, 기억의 전쟁'은 베트남전쟁 당시 한국군의 베트남 민간인 학살을 본격적으로 다뤘던 김현아의 책 제목이기도 했다(김현아, 2002).

36 김남일(2000: 256).

37 성공회대 동아시아연구소 편(2009: 15).

38 Cumings(1999: 111~122).

39 Chomsky(2001: 46~47).

40 Kwon(2012: 256~257).

41 임혁백(2014: 43).

42 이병하(2015: 243).

43 강정인(2014: 80).

44 임혁백(2014: 73~74).

45 Kwon(2013: 27).

46 이는 어떤 자극이 주어진 후 그 영향이 결과로 나타날 때까지 지체되는 시간을 말한다. 현재 우리가 보고 있는 별은 이미 존재하고 있지 않은 별일 수도 있다. 시간적 지체는 현실, 존재와 부재에 대한 인식의 차이 등을 유발할 수 있다.

47 상상 지리의 자의성에 대해서는 Said(1991: 98).

48 Said(1991: 103).

49 사상 지리는 "지정학적 경계가 표현의 제도적·심리적 규율체계이자 존재-장소에 대한 상상과 이동, 이동성을 배치, 규율하는 권력-지식의 작동을 말한다". 이는 "한 걸음 더 나아가 특정한 사상이 깃들어 있는 신체가 거주할(또는 거주하지 말아야 할) 배타적 영토가 존재한다는 상상과 그의 제도화, 정치적 전략화이다"(이혜령, 2012: 144). 이에 대한 다른 논의는 정종현(2013), 이봉범(2017) 등 참조.

50 《조선일보》(1977. 6. 25).

51 Wallerstein(1994: 51).

52 Skcopol(1991: 37).

53 Therborn(1994: 160).

54 Goldston(2016: 38).

55 Said(2004: 51, 53).

56 Tessa Morris-Suzuki(2006: 47).

57 Hirsch(2009: 32).

58   Olick(2011: 209, 228).

59   최은봉·이민주(2017: 39).

60   Nora(2006: 194).

61   Smith(1997: 13~14).

62   Tessa Morris-Suzuki(2006: 49).

63   임지현(2019: 292~293).

64   Hirsch(2009: 52).

65   김영범(1998: 191).

66   Assmann(2011: 110).

67   전진성(2006: 455).

68   Olick(2011: 101).

1부 종전의 여진, 전쟁의 망각과 시차

1장 철군, 종전, 전장의 재현

1   UPI(United Press International) Photo.

2   《동아일보》(1971. 11. 9).

3   주월한국군사령부는 국방부 일반명령 16호로 창설되어 국방부 행정명령 제149호에
    의거해 3월 20일부로 해체됐다. 1965년 9월 창설된 이래 7년 6개월 만이었다(《동아일
    보》 1965. 10. 12; 《경향신문》 1973. 3. 20).

4   《경향신문》(1973. 3. 20), 《조선일보》(1973. 3. 21).

5   주한미국대사였던 윌리엄 포터William James Porter는 한국 정부가 베트남에 파병된
    한국군을 한미관계의 지렛대로 생각하고 있다고 보았다(Department of State, U.S.
    1996: 292).

6   조진구(2006: 216~217). 1968년 말까지도 한국 정부는 1966년 마닐라 정상회담에서 참전국의 철수조건으로 합의된, ① 적이 북으로 철수하고, ② 병력 물자의 월남으로의 침투가 중지되고, ③ 폭력이 월남에서 종식될 때 참전국이 6개월 이내에 철수한다는 세 가지 기본 방침을 고수했다. "월남공화국을 폭력으로 공산화하려는 월맹과 그 괴뢰 베트콩을 월남에서 축출함으로써 월남의 평화와 질서를 찾자"는 참전의 목적을 지켜야 한다고 했다(《동아일보》 1968. 11. 9).

7   Maclear(2002: 505).

8   닉슨은 임기 초기 베트남에 대한 뚜렷한 정책을 세우지 못했다. 1969년 2월 22일 시작된 북베트남의 대대적인 공격에 대응해 3월 18일 북베트남의 핵심 병참기지로 지목된 캄보디아 내 시아누크빌 공습을 승인하기도 했다. 임기 초 닉슨 행정부의 베트남 관련 정책과 닉슨독트린으로의 이행은 김봉중(2010), 닉슨 재임기의 탈냉전적 외교정책의 특징에 대해서는 장준갑(2008) 참조.

9   이신재(2018: 269).

10 이미숙(2002: 112).

11 이신재(2018: 267~268).

12 "주월 국군 철수 문제(철수 기간 단축 문제)", 1971. 8. 4, 주월 한국군 철수, 1971 전 2권(V.2, 7~12월), 제24권, 월남전 외교사료, 외교안보연구원(양승함·박명림·박용수 편, 2010: 499~503).

13 이신재(2018: 275).

14 이미숙(2002: 131~147), 이신재(2018: 278~283).

15 박태균은 "한국 정부의 전쟁특수에 대한 미련은 베트남 한국군 철수가 가장 늦게 시작된 가장 중요한 이유"라고 했다(박태균, 2015b: 185).

16 《동아일보》(1968. 12. 24).

17 김주현은 1973년 파리협정 결과 휴전을 설명하면서 "휴전은 휴전이었지만 (한국 사회에서 이는) 종전으로 사고되었다. 국내에서는 휴전과 종전이 구분 없이 사용되었는데……월남전의 선행 모델인 한국전이 휴전으로 사실상 분단체제를 만들며 종전했다는 인식을 반영한다"고 했다(김주현, 2016: 47). 이러한 인식은 사실 휴전론과 한국군

철수론이 나오면서 지속적으로 반복, 재현되는 이미지라고 할 수 있다. 한국의 분단모델이 베트남에 투영된 것이다.

18 《동아일보》(1968. 10. 22).

19 양승함·박명림·박수용 편(2010: 502).

20 《경향신문》(1971. 1. 19).

21 《동아일보》(1971. 12. 27).

22 《동아일보》(1971. 12. 3).

23 《동아일보》(1969. 1. 4). 베트남전쟁 종전 후 한국이 받을 충격을 비관적으로 봤던 한국은행의 한 국제수지 전문가는 그로 인해 지방으로 전출당하는 불운을 견뎌야 했다(《동아일보》 1969. 1. 4).

24 《동아일보》(1969. 5. 25), 《경향신문》(1970. 4. 22).

25 '포스트베트남'이라는 말은 1968년 파리평화협상이 시작된 이후 갑자기 유행어처럼 등장했다(《동아일보》 1969. 5. 29).

26 《조선일보》(1972. 12. 19).

27 《매일경제》(1973. 10. 6).

28 《동아일보》(1975. 4. 26), 김주현(2016: 51). 철군 이후 한국 정부의 남베트남에 대한 무상원조는 610만 달러에 달했다. 그러나 이 가운데 410만 달러는 미국이 이후 보전해 주겠다는 묵계 아래 이루어진 것이라 한다. 따라서 한국의 지원금액은 200만 달러라고 할 수 있다(《동아일보》 1975. 4. 26).

29 《동아일보》(1975. 4. 26).

30 윤○○(2010. 7. 18 구술 면담).

31 윤충로(2014: 131).

32 冨山一郎(2002: 34).

33 Guy Debord(2014: 15)

34 근무지가 메콩강 안의 섬에 있었기에 출퇴근은 군용 보트를 이용했다.

35 김예림(2009: 169).

36 조은평(2018: 222).

37 Burns & Novick(2017b).

38 Maclear(2002: 560).

39 《경향신문》(1975. 3. 11), 《동아일보》(1975. 3. 11), 《경향신문》(1975. 3. 12), 《동아일보》(1975. 3. 20).

40 《동아일보》(1975. 3. 25).

41 《동아일보》(1975. 4. 8).

42 《동아일보》(1975. 3. 21).

43 《경향신문》(1975. 3. 31).

44 《동아일보》(1975. 4. 18).

45 《동아일보》(1975. 4. 19). 이러한 논의와는 다르게 신종대는 당시 인도지나 사태를 남한의 안보위협 고조뿐만 아니라 북한에게도 심각한 안보위협을 가하는 상호 위협인식의 계기로 파악한다. 그는 김일성은 베트남전 종결 시 미군의 한반도 재배치 내지 주한미군 철수계획의 차질을 우려했다고 본다(신종대, 2020).

46 《경향신문》(1975. 4. 25).

47 인도지나에서 미국의 후퇴는 지난 1세기에 걸친 비아시아세력의 아시아 경영의 종막으로 인식되기도 했다(《경향신문》 1975. 4. 18).

48 《동아일보》(1975. 4. 29).

49 《조선일보》(1975. 5. 1).

50 Burns & Novick(2017b).

51 《한겨레21》(2005. 5. 3).

52 《한겨레21》(2005. 5. 3).

53 《경향신문》(1975. 5. 1, 〈이달의 시〉).

54 《경향신문》(1975. 4. 25).

55 고은(2012: 438).

56 정호기(2009: 182).

57 《동아일보》(1975. 5. 1).

58 《경향신문》(1975. 5. 1).

59 《동아일보》(1975. 5. 2).

60 이승만 시대가 되면서 궐기대회는 군중집회를 지칭하는 대명사가 됐고, 의례적 성격 보다는 목적의식과 주장을 분명히 드러내는 집단행동이었다(정호기, 2009: 185).

61 《경향신문》(1975. 5. 9).

62 《동아일보》(1975. 5. 9).

63 《조선일보》(1975. 5. 9).

64 《동아일보》(1975. 5. 10).

65 《경향신문》(1975. 5. 10).

66 이는 "이념 또는 가치체계로서의 군사주의의 일상화·사회화"를 말한다(권인숙, 2005: 27).

67 Mosse(2015: 185~186).

68 Mosse(2015: 185, 208).

69 《경향신문》(1975. 10. 10).

70 《경향신문》(1975. 4. 10).

71 《동아일보》(1975. 4. 15), 《동아일보》(1975. 4. 21).

72 대통령비서실(1976: 114~124).

73 제2전선론은 파병의 정당성을 주장하기 위한 수사적 성격이 강했다. 박 대통령은 1965년 2월 9일 〈월남파병 환송 국민대회 환송사〉에서 "월남을 지원하는 것은 바로 우리의 간접적인 국토방위가 된다"고 했지만 오히려 이는 한반도의 군사적 긴장을 더욱 고조시켰다(박태균, 2015a: 29~37).

74 정구호(1975: 96).

75 박준규는 이 인터뷰에서 "모든 정부 비판세력들은 이성을 잃었으며 구속자들이 석방된 토요일과 일요일, 월요일은 마치 혁명 전야와 같은 분위기였다"고 말했는데 이는 당시 집권세력의 인식을 잘 드러낸다(《동아일보》 1975. 6. 6).

76 《동아일보》(1975. 5. 8).

77 《매일경제》(1975. 5. 20).

78 《동아일보》(1975. 5. 21).

79 교수 재임용제의 신설을 내용으로 한다. 체제에 비판적인 교수의 재임용을 차단하는
　　것이 목표였다(조희연, 2007: 187).

80 배성인(2013: 203).

81 《조선일보》(1975. 4. 4).

82 한홍구(2014).

2장 뿌리가 뽑힌 사람들

1 최인훈(2012: 28).

2 정병준(2018: 53).

3 정병준(2019: 100~101).

4 《경향신문》(1975. 5. 10). 1975년 1월 주월대사관이 작성한 자체 '비상계획'은 베트남
　　에 체류하고 있는 대사관 직원 및 교민을 1,900여 명으로 파악했다(이신재, 2016:
　　268).

5 설병수(2001: 66~68), 윤정헌(2000: 242).

6 유영식·유재신(1992: 58~61).

7 일례로 《동아일보》에는 베트남에서 캐나다로 건너간 현지 제대 군인의 이야기가 실린
　　다. 1967년 파월장병으로 베트남에 갔던 김종복은 현지 제대해서 베트남 여성과 결혼
　　했다. 베트남에 거주하다가 전황이 악화될 무렵인 1975년 3월 19일 캐나다로 갔다.
　　그는 캐나다에서 직장을 구하는 대로 가족을 데려갈 계획이었다. 그러나 남베트남이
　　붕괴됐고, 부인이 난민으로 한국에 와 다시 상봉할 수 있었다(《동아일보》, 1975. 6. 7).
　　이는 베트남에서 다른 국가로의 이동과 정착을 시도했던 다양한 사례 중 하나였다.

8 《동아일보》(1974. 12. 20).

9 윤○○(2010. 7. 18 구술 면담).

10 파월기술자보다 앞선 사례인 파독 광부와 간호사에게서도 이러한 현상이 유사하게 나
　　타난다. 윤용선의 연구에 따르면 파독 광부의 경우 3년 계약 만료 후 귀국이 40퍼센

트, 독일 체류가 40퍼센트, 제3국 이주가 20퍼센트였다. 60퍼센트가 귀국을 선택하지 않았던 이유는 대체로 ① 귀국 후 경제적 기반 부재 ② 서독에서의 취업 모색 ③ 유학으로 전환 ④ 제3국 선택(호주 이민 등) 등이었다(윤용선, 2014: 439~440).

11 당시 《한국일보》 기자 안병찬은 끝까지 베트남에 대한 미련을 버리지 못했던 사람들은 베트남을 삶의 터전으로 삼아서 뿌리를 내려보려던 가난한 사람들이었다고 했다(안병찬, 2005: 224)

12 《조선일보》(1975. 5. 8). 윤○○은 1975년 4월 캄보디아를 탈출해 한국으로 돌아왔다. 이후 같은 해 9월 빈넬사가 제안한 사우디아라비아 궁정수비대 양성 프로젝트로 다시 해외로 나가게 된다. 그는 "별안간 국내에 들어와 적응하기도 쉽지 않고, 모험할 만한 용기가 나지 않아" 다시 사우디아라비아로 나가게 됐다고 했다(윤충로, 2014: 132). 당시 해외 취업은 높은 임금으로 큰 기회이기도 했지만, 다른 한편으로는 한국에서 취업을 위한 경력, 사회경제적 기반과 관계망 구축을 포기해야 하는 일이기도 했던 것이다.

13 《경향신문》(1975. 5. 7).

14 《경향신문》(1975. 5. 10).

15 《경향신문》(1975. 5. 7; 1975. 5. 9).

16 윤용선(2014: 446).

17 구술자와는 2010년 8월 5일, 11일, 19일 3회에 걸쳐 생애사적 면담을 진행했다. 이 내용은 그중 일부다.

18 브루킹스연구소의 싱어는 이러한 기업들을 '기업 전사Corporate Warriors'라 이름 붙였다(Singer, 2005: 8).

19 한국에 들어올 때까지 전영상의 베트남 생활에 대해서는 《동아일보》에 연재됐던 〈나의 베트남 36년, 하노이, 사이공, 그리고 모국까지 1-6〉(1975. 5. 14~22)을 토대로 했다.

20 식민지시대 베트남에 정착했던 한국인으로는 3·1운동 전후 들어갔던 김상률, 김병규, 배운열 등이 있었고, 그 후 일제강점기 말 연병용, 최낙훈, 유남성 등이 군인, 군속, 군납 상인으로 남방에 왔다가 베트남에 정착한 것으로 알려졌다. 1964년 기준 남

베트남에는 한인 1세대 30명과 그들의 자녀까지 모두 150명의 교포가 있었다고 한다 (《동아일보》1964. 10. 29). 베트남 초기 정착 한국인들에 관한 좀 더 자세한 논의는 김기태(1999) 참조.

21 생활구조의 변용과정, 삶의 과정에서의 중요한 이행이며, 이를 추적하는 것은 인생의 역동성에 다가서는 것이다(大久保 孝治, 1994: 314~316).

22 이렇게 남쪽으로 내려온 사람들이 7~8명쯤 된다. 《동아일보》(1964. 10. 29) 기사는 이들을 "17도선을 경계 삼아 휴전이 성립됐을 때 가재도구와 생활기반을 버리고 맨주먹으로 공산 치하를 뛰쳐나온 반공투사들"이라고 소개했다.

23 베트남에 거주하는 김태성의 회사로 전쟁 때 베트남 땅에 묻힌 고철을 파내 수출하는 사업을 하고 있었다. 많은 교민이 이 회사에서 일했다. 1958년에는 한국 수산물의 베트남 수출 등 한·베 무역업을 추진했다(《조선일보》 1958. 7. 16).

24 《동아일보》(1968. 5. 4).

25 교민회관은 1973년 11월 문을 열었다. 2층의 건물 내부에는 유치원, 한글학교, 교회, 공회장 등이 갖춰져 있었다.

26 《조선일보》(1976. 3. 21).

27 《동아일보》(1969. 1. 7).

28 《동아일보》(1968. 5. 4).

29 《동아일보》(1975. 5. 21).

30 안병찬(2005: 219).

31 안병찬(2005: 216).

32 《동아일보》(1975. 5. 14).

33 《경향신문》(1975. 5. 13).

34 《매일경제》(1975. 5. 14).

35 《동아일보》(1975. 5. 22).

36 《경향신문》(1976. 3. 20).

37 한국 사회에 잘 적응하지 못했던 딸이 미국 이민을 갔고, 그는 1994년 딸을 따라 한국을 떠났다. 식민지배와 분단, 두 번의 전쟁은 전영상의 삶을 규정했던 결정적·역사적

시간이었다. 식민지 시기 부친을 찾아 들어간 베트남, 그리고 두 번을 빈 몸으로 떠나야 했던 베트남에서의 삶, 다시 찾은 조국과 미국으로의 이민, 그는 노년기까지 한 곳에 정주하지 못했다.

38 난민 발생 시기 구분과 1·2차 난민의 차별성에 대해서는 노영순(2014: 329~332; 2017: 78~79) 참조. 이 글에서는 당시 1차 난민을 칭했던 '월남 난민'이라는 용어를 사용한다. 월남 난민은 1975년 5월 13일 LST 810·815편으로 들어왔던 1,364명, 한국 화물선 쌍룡호에 의해 구조되어 5월 23일 한국으로 들어온 216명, 총 1,580명이었다.

39 허정은 〈타인의 고통과 증상과의 동일시〉(2014)라는 논문에서 이에 대해 "타인의 고통을 극화한 프로그램을 보는 시청자들은 구경꾼이 된 채로 고통받는 사람들에게 짧은 시간 동안의 연민만을 베풀고 서둘러 자신의 일상으로 복귀해 버린다. 이를 통해 자신의 도덕성에 대해 만족감을 느끼면서 자신에 대한 이상적인 자아상을 구축하게 된다"고 했다(허정, 2014: 193). 이러한 상상적 동일시는 '이상적인 자아상'을 구축하기 위한 열망을 반영한다.

40 《경향신문》(1975. 4. 19).

41 《동아일보》(1975. 4. 8).

42 《경향신문》(1975. 4. 12).

43 《조선일보》(1975. 5. 1).

44 대통령비서실(1976: 96).

45 《조선일보》(1975. 5. 11).

46 《동아일보》(1975. 5. 1).

47 《동아일보》(1975. 8. 22).

48 김민웅(2006: 260).

49 《조선일보》(1975. 5. 3).

50 《경향신문》(1975. 5.07).

51 《경향신문》(1975. 5. 24).

52 《동아일보》(1975. 5. 3), 《조선일보》(1975. 5. 4), 《동아일보》(1975. 8. 27).

53 《경향신문》(1975. 5. 24).

54 《경향신문》(1975. 8. 9).

55 《경향신문》(1975. 12. 16). 1975년 12월 기준 한국에 정착한 월남 난민은 621명이었다. 이 중 귀환 동포가 83명, 연고자 415명, 무연고자가 117명이었다(노영순, 2014: 337). 한국은 인도주의와 인류애를 부르짖었지만 1977~1989년까지 입국한 보트피플에 대해서는 단 한 사람도 국내 정착을 허용하지 않았다(정인섭, 2009: 204). 이는 한국이 주장했던 인도주의의 실체를 보여준다.

56 식민지적 무의식은 식민주민의 집단 무의식, 일종의 정신병리 현상으로 주체의 상실과 식민주의자와 동일화되려는 욕망을 말한다(Fanon, 2003: 179~261).

57 이러한 시각으로 한·미·월 관계를 분석한 논의는 윤충로(2015: 102~131) 참조.

58 《동아일보》(1975. 5. 1).

59 《경향신문》(1975. 8. 9).

60 《경향신문》(1975. 5. 13).

61 《경향신문》(1975. 8. 9).

62 《경향신문》(1975. 3. 27).

63 이숙자(1975: 465~466).

64 정구종(1975: 220).

65 김봉중(2011: 213).

66 Burns & Novick(2017b).

67 《조선일보》(1975. 5. 1).

3장 전쟁의 망각과 냉전 해체의 시차

1 《조선일보》(1980. 4. 20). 억류된 한국 공관원 석방을 위한 정부의 교섭 노력은 비밀리에 진행됐고 1977년 말 본격화됐다. 1978년 남·북한 및 베트남 삼자 협상이 있었고, 한국 공관원과 남에 수감된 북의 '애국인사'를 교환하는 협상을 벌였다. 처음에 북한

은 외교관 3명과 남파 간첩 210명을 풀어 달라고 요구했고, 지루한 협상 끝에 1978년 말 1대 7 교환비율까지 합의했다. 그러나 베트남의 캄보디아 침공으로 북한과 베트남 관계가 소원해졌고, 베트남이 북한에 한국 공관원을 넘겨주지 않겠다는 의사를 분명히 하면서 이 협상은 더이상 진행되지 않았다. 공관원들은 결국 1980년 스웨덴의 중재로 석방됐다(조동준·차지현, 2014: 49~50; 《조선일보》 1980. 4. 20; 《중앙일보》 2016. 4. 18).

2   《동아일보》(1992. 4. 26).

3   《경향신문》(1987. 4. 27).

4   이 장 3절에서 살펴보겠지만 그가 돌아온 1987년 말에야 1975년 종전 후 처음으로 한국의 베트남전쟁 참전군인들이 공개적 모임을 가졌다.

5   강인철(2000: 349).

6   박태균(2015b: 189).

7   Armstrong(2008: 156).

8   보안사령관을 거쳐 육군 소장으로 예편한 강창성은 성우구락부 회장 이종찬이 주일대사 최경록 등과의 자리에서 12·12와 5·17에 대해 비판한 이후 귀국 후 수사기관의 조사를 받았고, 그해 12월 성우구락부가 해체됐다고 했다(《한겨레》 1990. 3. 30). 12·12가 군 소장층이 노장층을 몰아내고 권력을 장악해 간 과정이라면, 성우구락부의 해체는 사실상 소장층과 예비역 장성들의 결별이었다(한용원, 1993: 378, 409). 예비역 장성 모임은 1989년 11월 백선엽을 발기인 대표로 한 성우회로 재결성된다.

9   《한겨레》(1992. 1. 31).

10   박○○(2007. 4. 20 구술 면담).

11   한성대학교 전쟁과평화연구소(2006: 45).

12   이봉범(2018: 158~160).

13   《경향신문》(1981. 1. 27).

14   《조선일보》(1988. 4. 24), 《경향신문》(1988. 6. 3).

15   《경향신문》(1988. 2. 13).

16   《동아일보》(1987. 7. 9).

17 《한겨레》(2013. 7. 14),《중앙일보》(1984. 5. 14) 기사는 고엽제 제조사들이 1억 8천만 달러 배상금을 내기로 합의한 사안과 고엽제 피해에 대해 보도하면서 "소송사건의 원고 속에 미국인 말고도 같이 참전한 호주와 뉴질랜드 피해자들이 있는데 그들보다 몇십 배나 많은 병사들을 출전시킨 한국의 피해자들은 왜 들어 있지 않느냐"고 했다. 미 지방법원은 1985년 5월 28일 고엽제를 제조한 7개 업체가 내놓은 1억 8천만 달러와 이자 2천만 달러 가운데 1억 5천만 달러는 베트남전쟁 참전자와 사망자 가족에게, 4천 5백만 달러는 희생자와 그들의 가족을 돕기 위한 재단 설립에, 5백만 달러는 베트남전쟁에 참전해 피해를 입은 뉴질랜드와 호주의 참전자들에게 지급하라고 판결했다 (《조선일보》1985. 5. 30).

18 이는 대한파월유공자전우회(회장 황문길)가 고엽제 후유증 피해자들의 전공상戰公傷 심의를 위해 각 군과 병무청에 병적 기록을 조회하는 과정에서 드러났다. 이 단체가 육군본부 등에서 받은 파월장병 참전기록 회신에 따르면 확인 신청자 127명 가운데 51명이 '확인 불가능', '월남 참전 기록 없음'으로 나타났다(《한겨레》 1992. 7. 22).

19 신병식(2006: 154~156).

20 김동춘(2000).

21 노영순(2014: 359).

22 《경향신문》(1980. 5. 8).

23 이대용은 1981년 《사이공 억류기》를 출간했고 이 상황에 대해 기술했다(이대용, 1981: 259~277).

24 6월 23일 열린 서울시민 환영 및 귀국 보고대회에서 정상천 서울 시장은 "북괴와 대치하고 있는 역사적 전환기에, 우리는 월남의 비극을 값진 교훈으로 삼아……그 어느 때보다도 온 국민의 화합과 굳은 단결로 국력을 강화해나가야 할 것"(《조선일보》1980. 6. 24)이라고 했다.

25 〈월남패망 6년의 역사적 교훈〉(《경향신문》1981. 4. 30), 〈월남패망 7년의 교훈〉(《경향신문》1982. 4. 30), 〈무한 탄압의 인간지옥〉(《동아일보》1982. 4. 30), 〈피의 정글……적화 베트남〉(《경향신문》1983. 4. 30), 〈베트남 교훈〉(《경향신문》1984. 4. 30), 〈망국 9년의 절규〉(《동아일보》1984. 4. 30), 〈월남 난민 자치회장 팜티돗 여사 1975년 4월

30일, "그날의 악몽 잊을 수 없어요."〉(《경향신문》 1985. 4. 27), 〈공산 월남서 5년간 포로생활 이대용 전주월 공사 "나라 망친 집안싸움……월남 악몽 생생"〉(《조선일보》 1985. 4. 27), 〈망국 10년 생활전선서 우는 월남 난민〉(《동아일보》 1985. 4. 29), 〈베트남전 후 10년의 교훈〉(《경향신문》 1985. 4. 30), 〈사이공 정부 전 지도자의 오늘, 나라를 잃고……시름에 울고……〉(《동아일보》 1985. 4. 30), 〈베트남 이후 종전 10년 그 의미(4) 한국군 참전의 평가〉(《경향신문》 1985. 5. 1), 〈반공의 벽 무너져선 안 된다〉(《경향신문》 1986. 4. 30), 〈전 주월 공사 이대용 씨에게 듣는 월남패망 교훈 "사회 혼란은 국가 존립 위태롭게"〉(《경향신문》 1986. 4. 30), 〈그 교훈 오늘도 살아있다〉(《경향신문》 1987. 4. 27), 〈베트남 적화 12년 "빵도 자유도 없다"〉(《조선일보》 1987. 4. 30) 등이 있다. 또한 〈4천만의 경제〉 〈월남패망 8주기 특집〉(MBC, 1983. 4. 29), 〈월남패망 8년, 끝없는 비극〉(KBS 제1TV, 1983. 4. 30), 〈아! 사이공〉(MBC, 1985. 4. 28) 등의 다큐멘터리, 이대용 공사의 경험을 바탕으로 한 〈사이공 억류기〉(MBC, 1986. 5. 2)라는 드라마가 만들어지기도 했다.

26 《경향신문》(1982. 4. 30).

27 이 영상은 7분 39초 분량으로 〈나라 잃은 설움〉을 출처로 한다. e영상역사관(2021. 1. 19 검색, http://www.ehistory.go.kr/page/view/movie.jsp?srcgbn=KV&mediaid=1557&mediadtl=8184&gbn=MH).

28 《경향신문》(1982. 4. 30 〈조국 빼앗긴 뒤 조국애가 무슨 소용 있나요〉).

29 《매일경제》(1986. 4. 29).

30 《경향신문》(1986. 4. 30).

31 《조선일보》(1980. 10. 18).

32 《경향신문》의 〈'분단' · '통일'을 보는 국민의식조사〉에서는 응답자의 67퍼센트가 '월남 패망' 당시보다 반공의식이 강해졌다고 응답했고, 이는 '월남 패망'이 한국 사회의 반공의식 제고에 영향을 미친 것으로 해석됐다(《경향신문》 1985. 6. 25).

33 《경향신문》(1981. 4. 30).

34 《동아일보》(1982. 4. 30), 《경향신문》(1982. 5. 24).

35 《경향신문》(1982. 4. 30).

36 《조선일보》(1985. 4. 27).

37 《동아일보》(1985. 4. 17), 《매일경제》(1985. 4. 30).

38 《경향신문》(1985. 5. 1).

39 《조선일보》(1984. 3. 11).

40 이는 한국의 반대편으로 설정된 베트남도 마찬가지였다. 소설가 바오닌은 이를 다음과 같이 이야기했다. "30여 년간의 기나긴 베트남전쟁 기간 세계는 아주 거칠고 사납게 둘로 나뉘어 있었습니다.…… 당시의 베트남 소설가, 시인, 독자들은 오로지 스탈린 시대의 소련 문학과 모택동 시대의 중국 문학만 접할 수 있었습니다.……수십 년간 계속된 냉전시대 속에서 반공국가들의 시와 소설은 자본주의의 추악한 독극물로 취급되었습니다"(Bảo Ninh, 2012: 7).

41 권경희(1996: 250~252).

42 서울올림픽에는 수영 등 5개 종목에 선수 10명, 임원 6명, 총 16명이 내한했다. 이들은 베트남 공산화 이후 한국에 공식적으로 방문한 첫 베트남인들이었다(《경향신문》 1988. 9. 16).

43 김연철(2011: 85~87).

44 당국은 "베트남 측에서 최근 강력한 경제협력 및 관계 개선 의사를 표명해 왔다"고 밝히기도 했다(《동아일보》 1990. 4. 9).

45 《동아일보》(1988. 4. 28).

46 《매일경제》(1988. 2. 3).

47 《한겨레》(1989. 2. 16), 《동아일보》(1989. 2. 16).

48 이것은 기업만이 아니었다. 1968년 4월 베트남에 들어가 5년을 생활했던 정주섭(1936년생)은 한·베 수교 전인 1989년 베트남에 다시 갔다. 과거 베트남에서 호텔을 경영했던 그의 경험은 그를 다시 베트남으로 이끌었다. 그는 베트남 정착 경위에 대해 다음과 같이 이야기했다. "어느 날 신문을 보니까 도이머이 정책이 나오더라고.……젊을 때 이 나라에 와서 5년을 있었으니까. 기사를 봤을 때 내가 무릎을 치면서 '내가 갈 곳이 여기다' 해서 다시 들어온 게 1989년도에요"(정주섭, 2006. 7. 31 베트남 현지 구술 면담). 베트남전쟁 시기부터 알았던 친구가 태국의 베트남대사관에서 비자를 내

주어 베트남에 다시 들어온 정주섭은 전쟁 이후 베트남 재정착 한인 1호라 할 만했다. 한인 혼혈인 라이따이한들의 아버지, '빠빠정'이라 불렸던 그는 2007년 베트남에서 운명했다.

49 미국의 간섭으로 한·베 간의 경제교류가 좌초되자 한국의 기업가들은 이에 대해 불만을 터뜨렸다. 미국의 관리들은 사적으로 미국은 서울과 하노이 간의 냉각관계가 계속되기를 원하고 있으며, 의심할 나위 없이 한국 정부가 워싱턴 뜻대로 움직이기를 기대한다고 말했다(《한겨레》 1989. 2. 5).

50 그렇지만 1990년에 들어 한국의 인내도 서서히 한계에 달하고 있었다. 정부의 한 고위 당국자는 미국이 한·베 간의 관계 개선에 반대하고 있음을 인정하면서 일본, 태국, 대만 등이 베트남에 대한 경제적 진출을 본격화하고 있는 마당에 한국도 더이상 기다릴 수만은 없다고 말했다(《동아일보》 1990. 4. 9).

51 서보혁(2008: 140~142).

52 아오자이는 국가를 상징하는 전통의상이기도 하지만, 베트남의 여성성을 드러내는 섹슈얼리티의 기호이기도 하다(이진선, 2018: 91~94). 베트남은 하얀 아오자이로 등치되며, 과거 베트남에 대한 이미지와 향수를 동시에 드러내는 것으로 볼 수 있다.

53 한성대학교 전쟁과평화연구소(2006: 8).

54 한성대학교 전쟁과평화연구소(2006: 55).

55 《한겨레》(1992. 1. 31).

56 《경향신문》(1989. 12. 2), 《동아일보》(1989. 12. 2).

57 《조선일보》(1988. 2. 3).

58 《조선일보》(1989. 4. 27).

59 한성대학교 전쟁과평화연구소(2006: 44).

60 《조선일보》(1989. 4. 27).

61 정○○(2006. 12. 15 구술 면담).

62 이태주(2008: 252~253).

63 윤충로(2015: 308).

64 황○○(2005. 1. 16 구술 면담).

65 《조선일보》(1987. 10. 17).

66 《경향신문》(1989. 12. 2).

67 김○○·황○○(2007. 8. 18 구술 면담).

68 김민웅(1990: 92~93).

69 Jones & Jones(1976).

70 김민웅(1990: 98).

71 《한겨레》(1990. 7. 26; 1990. 7. 28). '따이한'이 참전군인의 생각을 대표한다고 볼 수
는 없다. 한 참전군인은 "폭력배 비슷한 언동을 일삼는 따이한들은 그들이 입고 있는
공수부대 군복을 더럽히고 다른 파월 참전자들의 명예를 훼손시킬 뿐"이라는 기고문
을 보내기도 했다. 또한 참전자 조직의 하나인 '월남참전용사자조연맹'의 경우도 "정
당한 법적 절차를 무시한 불법적 농성사태는 오히려 참전용사들의 명예를 실추시키는
일"이라며 '따이한'의 행동에 대해 비판적 태도를 취했다(《한겨레》 1990. 8. 3).

72 《동아일보》(1990. 8. 3).

73 심주형(2003: 85).

74 《경향신문》(1992. 2. 13).

75 참전군인들에게 경부고속도로는 베트남전쟁 참전과 조국 근대화를 연결시키는 '장
소'의 의미를 지녔다. 1967년 청룡부대로 파병된 윤○○은 "대한민국의 경제적 부흥
의 초석은 경부고속도로예요. 젊은 사람들의 희생과 전쟁 참전이 오늘날 경제부흥을
가져다준 거예요.……경부고속도로를 가면 우리 동료, 동지가, 우리 같은 군인들이 피
흘려 만든 길이구나 생각할 때가 많아요"(윤○○, 2006. 11. 17 구술 면담)라고 했다.
그들은 경부고속도로에 그들의 '젊음'이 들어있다고 생각한다(이대환, 2001: 65~66).

76 《한겨레》(1992. 10. 25).

4장 냉전의 틈새, 베트남전쟁 다르게 보기

1 베트남전쟁과 미·소, 유럽의 데탕트로의 이행은 Loth(2018: 113~135) 참조.

2 김누리(2018). 당시 한국의 지식인들은 대체로 68혁명을 관망하거나, 적극 비판, 혹은 한국 현실과 맞지 않는다는 입장을 취했다(황병주, 2018: 40).

3 박태균(2013: 615).

4 안병용(1990: 253).

5 조희연(1993: 161).

6 김질락(1991: 62~63), 안병용(1990).

7 편집부 엮음(1989: 91).

8 《한겨레》(1996. 10. 15).

9 Goldstone(2016: 24).

10 김성수·임헌영(2004: 45).

11 남조선민족해방전선 강령은 안병용(1990: 278), 남베트남민족해방전선 강령은 이승헌(1970: 290~294) 참조.

12 《한겨레》(1988. 12. 8).

13 《한겨레》(1996. 10. 15).

14 《한겨레》(1988. 12. 8).

15 한홍구(2014: 360~365).

16 《경향신문》(1979. 10. 9). 치안본부는 1979년 11월 13일 남민전 간첩단 사건 3차 발표를 통해 사건 관련자 78명 가운데 74명을 검거했다고 발표하고 사실상 일망타진을 선언했다.

17 《동아일보》(1979. 10. 16). 당시 자수한 임헌영은 "알제리, 베트남 등의 전선 방식으로 통일전선을 형성, 정부를 전복시키고 사회주의국가를 건설하려는 것"(《동아일보》 1979. 11. 13)이었다고 언급하기도 했다.

18 코레콩은 남베트남 민족해방세력을 일컬었던 베트콩에서 따온 말이라 할 수 있다. 《동아일보》(1979. 10. 9)는 "인도차이나 반도를 적화시킬 '베트콩'을 꿈꾸는 '코레콩'"이란 말을 사용한 바 있다.

19 《경향신문》(1979. 10. 16).

20 남민전 깃발은 가로 1.5m, 세로 1.1m, 상단은 적색, 하단은 청색이며, 중앙에는 흰색

원에 붉은 별이 들어 있었다. 이는 인혁당 사형수들이 입었던 내의, 겉옷으로 만들었다고 알려졌다(《조선일보》 1979. 11. 4). 남민전을 결성했던 이재문의 공소장에는 깃발의 적색은 해방된 지역, 청색은 미해방 지역, 중앙의 원은 민족통일의 염원, 원의 흰색 바탕은 백의 단일민족, 중앙의 붉은 별은 사회주의 혁명의 희망을 뜻한다고 되어 있다(편집부 엮음, 1986: 135). 그러나 이재문은 별 모양은 애국심을 상징할 뿐 북한기를 본뜬 것도, 사회주의 혁명의 성공을 상징하는 것도 아니라고 했다(《동아일보》 1980. 2. 5).

21 《조선일보》(1979. 10. 11).

22 《경향신문》(1979. 10. 16), 《동아일보》(1979. 10. 17).

23 Stiglitz(2013: 286).

24 리영희(1994: 16~17).

25 리영희(1977).

26 Westmoreland(1976: 3).

27 Nguyễn Cao Kỳ(1977: 9).

28 베트남전쟁에 관련한 논의로 1974년 발간된 《전논》에는 〈강요된 권위와 언론의 자유〉(《문학과지성》, 1971년 가을호), 〈조건반사의 토끼〉(《한반도》, 1971년 9월호), 〈베트남전쟁 I〉(《창작과 비평》, 1972년 여름호), 〈베트남전쟁 II〉(《창작과 비평》, 1973년 여름호), 1977년 발간된 《우상》에는 〈베트남 35년 전쟁의 총평가〉(1975), 〈베트남정전협정의 의미〉(1973), 〈종전 후 베트남의 통합과정〉(1976)이 있다. 베트남전쟁에 관련한 일련의 글들은 리영희(1985)로 다시 묶인다. 이 글에서 《전논》은 리영희(2006a), 《우상》은 리영희(2006b)를 사용했다.

29 리영희(2006a: 13~14).

30 리영희(2006a: 23).

31 리영희(1985: 5).

32 리영희(2005: 339~340).

33 리영희(2006a: 216).

34 리영희(2006a: 370).

35 백승욱(2014: 50).

36 김원(2012: 70).

37 리영희(2006a: 339).

38 1965~1967년《조선일보》를 중심으로 한 리영희의 베트남전쟁 관련 보도의 특징은 백승욱(2014),《전논》·《우상》 등에 나타난 베트남전쟁에 대한 시각에 대해서는 김만수(2003: 179~208) 참조.

39 리영희(2006b: 238~240, 284~285).

40 '확증편향'은 신념에 부합하는 정보를 강화하고, 그렇지 않은 정보는 무시하거나 잊는다. 이 과정에서 신념이 강한 지속력을 발휘하는 것이 '허구의 평형 상태'다(Stiglitz, 2013: 276).

41 리영희(2006b: 239).

42 리영희(2006b: 240, 285).

43 리영희(2006b: 285).

44 리영희(2006a: 377).

45 KBS(2004. 6. 4. 김동춘 인터뷰)

46 리영희(2006a: 378).

47 리영희(2006a: 390, 403, 417).

48 리영희(2006b: 299).

49 리영희(2006b: 284).

50 호치민의 민족적 성격과 대비되는 베트남의 마지막 황제 바오다이Bảo Đại(리영희, 2006a: 388~389), 호치민에 대한 전 민족적 지지와 남부 정권의 대중적 기반 결여(리영희, 2006a: 394~395, 404~405, 419~420; 2006b: 269) 등을 예로 들 수 있다. 또한 남베트남민족해방전선 지도부의 항불 경력과 남베트남 정권의 반민족·반민중성의 대비(리영희, 2006a: 434~434; 2006b: 274) 등은 남부에서의 전쟁의 성격을 단적으로 보여준다.

51 제네바협정의 이행을 둘러싼 대립이 대표적 사례다. 제네바협정의 내용과 특성, 미국과 남부 정권의 반통일 정책은 리영희(2006a: 393~411) 참조.

52 리영희(2006a: 391~392; 2006b: 278~283).

53 리영희(2006a: 414).

54 리영희(2006b: 237~320).

55 리영희(2006b: 242).

56 리영희(2006a: 462).

57 리영희(2006a: 370).

58 리영희(2006b: 474~475).

59 KBS(2004. 6. 4. 백낙청 인터뷰).

60 경향신문 특별취재팀(2008: 64).

61 천정환(2010: 44~45).

62 호치민을 중심으로 한 혁명세력은 8월 19일 하노이, 8월 23일 후에, 8월 25일 사이공
을 순차적으로 장악하고 9월 2일 하노이의 바딘 광장에서 베트남민주공화국을 선포
한다. 베트남에서는 이러한 일련의 과정을 '8월 혁명'으로 칭한다. 8월 혁명에 대한
내용은 Duiker(2003: 463~472), Truong Chinh(1977) 등 참조.

63 백원담(2008: 31).

64 Stöver(2008: 35, 43).

65 Cumings(1999: 63).

66 Clemens(1990: 268), Duiker(1994: 29).

67 Gaddis(2002: 109).

68 임종명(2010: 152).

69 이러한 감정은 베트남인들에게서도 유사하게 드러난다. 해방이 되면서 베트남에 있
던 124명의 동포가 귀국했다. 이들의 인솔자였던 채위병은 1946년 4월 21일 하이퐁
을 떠날 당시 베트남 사람들이 "조선에 동정하고 함께 약소민족의 적을 타도 정복시
키기 위하여 가능한 행동을 하겠다고 약속했다"고 전했다(《서울신문》 1946. 5. 7).

70 《경향신문》(1946. 12. 25).

71 《동아일보》(1947. 12. 27).

72 《동아일보》는 1949년 4월 1~20일까지 총 15회에 걸쳐 〈영선零線상의 지열地熱 동남

아세아의 민족운동〉이라는 기사를 연재한다. 여기에 최초로 소개된 것이 베트남(총 3회)이며, 필리핀, 말레이시아, 인도네시아, 타이 등이 소개됐다.

73 《동아일보》(1949. 4. 5).

74 《경향신문》(1950. 2. 5). 한국은 1950년 3월 3일 바오다이 정부를 승인했다.

75 "해방을 거쳐 한국전쟁을 통과하기까지의 한국의 자기 정체화 과정은 곧 세계·지역 냉전 지도의 변방에서 중심으로 상상적 위치 이동을 해나간 과정으로 파악"(김예림, 2008: 106)될 수 있으며, 한국전쟁은 이를 결정적으로 촉진하는 계기였다.

76 심연섭(1954: 124).

77 김정한(2010).

78 유시민(1985: 60). 유시민은 항소 이유서에서 "이 시대가 '가장 온순한 인간들 중에서 가장 열렬한 투사를 만들어내는' 부정한 시대"라고 했다.

79 임유경(2015: 80).

80 김진균(1999).

81 이해영 편(1999).

82 김원(2015), 김정한(2014: 80). 김원은 1979년 파시즘의 붕괴로 시작하여 현재까지 지속되는 1980년대의 영향을 '장기 80년대'라는 시각에서 접근한다(김원, 2015: 13~14).

83 여기서 배경으로 설명하는 것이 베트남전쟁(혁명)에만 특화되는 것은 아닐 수 있다. 그러나 이 글에서는 베트남에 논의를 집중하여 이에 대해 운동세력이 만들어 갔던 상상 지리의 특성을 살펴보고자 한다.

84 황석영(2000: 104).

85 김정한(2010: 183).

86 Therborn(1994: 160).

87 윤충로(2009: 349).

88 경향신문 특별취재팀(2008: 64), 《한겨레》(2015. 10. 1).

89 Cumings(1981). 이 책은 1986년 김자동에 의해 한국에 번역됐다(Cumings, 1986).

90 윤건차(2000: 56~57).

91 이주영(2015: 87).

92 윤건차(2000: 57).

93 커밍스는 자신의 연구에 영향을 미친 1960년대의 지적 유산을 언급하면서 "도시가 불타고 베트남의 정글 속에서 사람들이 불타고 있었죠. 이것이 정치적 갈등 속에서 일류 학자들이 배출된 배경"이라고 설명했다(신동준, Harootunian & Cumings, 2001: 161).

94 Cumings(1986: 20).

95 Cumings(1986: 46, 67, 155, 221, 472).

96 리영희(2006a: 390).

97 1986년 실시된 학생운동에 대한 대학생 태도 조사에 따르면 '혁명은 지금까지 한국이 이루어온 발전을 저해하지 않을 것'이라는데 58.5퍼센트가 찬성했다. 그러나 '반공 이념교육 실시에 대한 인식'에도 57.4퍼센트가 찬성의견을 보여(신명순, 1987: 120~212), 두 의식의 모순적 공존과 접합을 확인할 수 있다.

98 《한겨레21》(2018. 1. 12).

99 번역은 단순한 언어적 치환이 아니라 문화의 이전이며, 문화적 범주들이 실제에서 수행됨으로써 현실의 구성과 변화를 수반하는 실천이라 할 수 있다(채웅준, 2017: 430; 채오병, 2011: 58).

100 허윤(2012: 242).

101 이를 '좌익상업주의'로 칭하기도 했다. 그러나 당시 '예비적 금서'의 출판은 밥벌이를 넘어 사회적 실천의 의미를 지닌 것이기도 했다(《한겨레》 1988. 6. 5).

102 《한겨레》(2015. 10. 1).

103 1985년에는 출판계에 '이념 냉풍'이 불었다. 1987년 부분적 해금이 있었으나 1989년 공안정국의 도래로 수백여 종의 금서가 양산됐다(김길연, 2018: 221~225). 1980년대 공안 당국의 사상통제를 보여주는 단적인 예가 〈판례상 인정된 이적표현물(도서, 유인물) 목록〉(1967~1995)인데 이적표현물로 확정된 경우가 1980년 230종에서 1990년 전반기 535종으로 크게 증가한다(이봉범, 2017: 287).

104 당시 번역물은 단행본을 중심으로 한다. 저자 등은 출판물 표기 그대로를 옮겼고, 발행일 순을 따라 순차적으로 배열했다. 저작의 일부 내용, 혹은 논문으로 포함된 베트

남전쟁(혁명) 관련 논의에서 주목해 볼 것은 Wolf(1984: 155~205), Pike(1985: 239~270), 藤田和子(1987: 201~218), Sacks(1988: 197~291) 등이 있다. 또한 1980년 대 후반으로 가면서는 대중역사서로 유시민이 베트남전쟁을 소개했고(1988: 181~209), 박종철(1987), 함택영(1989) 등 국내 연구의 진척도 있었다.

105 이 책은 총 4권으로 출판됐고, 그중 3·4권이 베트남전쟁(혁명)에 대한 내용으로 구성되어 목록에 포함했다.

106 이하 베트남공산당사연구회로 줄임

107 1985~1986년 금서 목록은 정종현(2018) 참조.

108 파이크(1985: 8).

109 《한겨레》(1990. 1. 4).

110 당시 이 사건은 한국에도 알려졌다. "맥 국방 암살 음모를 적발"(《동아일보》1964. 5. 11), "맥나마라 미 국방장관을 살해하려던 한 공산 베트콩 간첩은 11일 자살하려고 경찰서의 이층 창에서 투신"(《동아일보》1964. 5. 12) 등 참조.

111 도서출판 친구에서 1986년 번역된 책은 1980년 일본어판을 토대로 했다(伊藤正子, 2013: 19). 이 책의 원작자는 베트남의 응우옌반봉으로 1973년 '하얀옷'이란 제목으로 발표됐다. 베트남어 판 번역 한국어 번역은 Nguyễn Văn Bổng(2006)이 있다.

112 《한겨레21》(2018. 1. 12).

113 이는 1991년 서울 지역 사회과학서적상협의회가 추천한 신입생 교양필독서 20권에 포함됐다. 책 소개는 "전쟁 중의 베트남에서 한 여학생이 세계에 눈뜨고 민족해방 운동가가 돼가는 과정을 그렸다"라고 했다(《한겨레》1991. 2. 9).

114 미군 장교들은 베트남의 적들을 이렇게 불렀다(Wolf, 1984: 7).

115 眞保潤一郎(1986: 7), 보우엔지압(1988: 5), 스테들러 엮음(1988: 7).

116 듀커 외(1986: 7).

117 오다마고또(1988: 3).

118 고다인주온 외(1988: 4).

119 유지열(1986: 5~6).

120 해리슨(1985: 429).

121 파이크(1985: 12).

122 고다인주온(1988: 4).

123 보우옌지압(1988: 4).

124 폴(1987: 2).

125 폴(1987), 보우옌지압(1988), 스테들러 엮음(1988).

126 유지열(1986).

127 라꾸뛰르(1988: 290).

128 파이크(1985: 12).

129 폴(1987: 3~4).

130 정종현(2015: 85).

131 이러한 사례는 독자의 경험과 기억에서도 드러난다. 《사이공의 흰옷》에 담긴 시를 운동가요로 불렀던 1980년대 학번의 한 영화감독은 "사이공을 알지도 못한 채 이 노래를 수천 번은 더 불렀다. 실제로 가방 속에 전단지를 가득 넣고 골목, 길거리……시민들에게 나눠 주거나 뿌리거나"《인천일보》 2018. 2. 1) 했던 기억을 떠올렸다. '베트남을 이해하려는 작가들의 모임' 대표였던 고영직은 "이 소설은 운동권 학생들을 비롯한 당시 독자들에게 큰 영향을 끼쳤다. 프랑스와 미국 등 외세의 오랜 지배에서 벗어나 자유와 정의가 실현되는 독립국가를 갈망했던 베트남 민족의 이상은 1980년대 우리의 이상과 결코 다르지 않기 때문이다"(고영직, 2006: 287)라고 회고했다. 1980년대 운동권 학생들은 이 책을 읽으며 베트남혁명을 한국의 독재정권하에서 재연하는 '사례에 의한 동원'을 추구했다. 그들은 베트남 역사에서 그들이 보고 싶은 것을 선별해 봤다. 베트남전쟁은 전쟁보다는 남베트남의 혁명투쟁으로 읽혔다.

132 오다 마고또(1988: 4).

133 유지열(1986: 1).

134 듀커 외(1986: 7~8), 眞保潤一郎(1986: 7), 유지열 편역(1986: 2).

135 듀커 외(1986: 20).

136 이러한 수사는 1980년대 지하 서클이나 학습모임에서도 찾아볼 수 있다. 1980년대 한 〈사회과학 학습을 위한 목록〉의 도입부에서는 "과학적인 이론에 의해 지도되는 과학

적 실천만이 우리의 찬란한 승리를 보장"한다고 밝히고, 알사(혁명사) 부분에서는 "단순한 외부적 논의로 이들 알사를 학습하는 것이 아니라 한국적 상황에의 적용 가능성을 진지하게 탐색해 보는 노력이 필요"하다고 주장하고 있다(민주화운동기념사업회, Open Archives, 〈사회과학 학습을 위한 도서목록〉).

137 폴(1987: 4).

138 유지열 편역(1986: 1).

139 보우엔지압(1988: 6).

140 듀커 외(1986: 20).

141 듀커 외(1986: 7).

142 파이크(1985: 11).

143 해리슨(1985: 431).

144 眞保潤一郎(1986: 7).

145 민주화운동기념사업회, Open Archives, 〈사회과학 학습을 위한 도서목록〉.

146 김원(2015: 16).

147 김동춘(1995: 196~197).

2부 전쟁의 기억, 기억의 전쟁, 과거청산

5장 잊힌 전쟁 불러오기

1 Stöver(2008: 13).

2 Kwon(2013: 161).

3 Gaddis(2002: 17, 107).

4 Hobsbawm(1994: 192~193).

5 Hunt(2007: 329).

6 Wallerstein(1996: 259).

7 Hunt(2007: 316).

8 Chomsky(1996: 45).

9 여기서 '제국'은 군사력을 기반으로 한 미국의 세계지배, "남극을 제외한 거의 모든 대륙에 걸쳐 미군 기지의 광범위한 네트워크를 형성"하고 있는 기지국가의 특성을 반영한다(Johnson, 2004: 15). 미국의 기지국가로서의 형성과 발전은 Vine(2017) 참조.

10 Brzezinski(2000: 16).

11 Kwon(2013: 179).

12 Kwon(2013: 109).

13 역사문제연구소 엮음(2010: 5).

14 월러스타인은 이러한 이중의 혁명을 20세기 혁명의 특성으로 설명한다(Wallerstein, 1979: 230). 1945년 해방 당시 한국과 베트남의 역사적 유사성에 대해서는 윤충로 (2005: 197~226) 참조.

15 Cumings(2017: 33~34).

16 Hunt(2007: 355).

17 〈문화인 108인 남북협상 지지성명〉(1948년 4월 14일)(도진순, 1998: 377).

18 김동춘(2000: 243~244).

19 김동춘(2000: 33). 그는 망각의 사회적 현실을 설명하기 위해 광주항쟁과 한국전쟁기 민간인 학살을 함께 논의하면서 광주항쟁의 학살을 '인간사냥'이라고 했던 기자들이 불과 30여 년 전 광주 인근 전남, 전북, 한반도 전역에서 광주의 "몇십, 몇백 배 규모의 잔인한 학살이 동족 간에 벌어졌다는 사실"(김동춘, 2000: 197)을 알지 못했음을 지적했다.

20 연좌제에 관련해서 "국가가 적으로 규정한 개인과의 가족관계로 인해 사회에서 이방인이 될 때 그 사회 안에서 살아갈 만한 생존공간을 어떻게 찾을 수 있을까"(Kwon, 2020: 137)라는 질문은 한국전쟁 이후 한국 사회의 이념 지도뿐만 아니라 '이방인'들의 삶의 문제를 생각하게 한다. 이는 사회·문화적 측면과 더불어 세대 간 계급 재생산에도 영향을 미쳤다(조은, 2011).

21 단적인 예로 1960년 11월 '거창 양민학살' 희생자 유가족이 건립했던 합동묘와 위령 비는 1961년 5·16쿠데타 직후 파헤쳐지고 훼손됐으며, 유족 대표 17명은 반국가단체 조직 혐의로 구속됐다(김명희, 2019: 17~18).

22 Kwon(2012: 47). 베트남 열사묘역에는 "조국이 공을 기억한다"는 문구가 있다. 이는 국가가 기억·기념할 죽음의 범주를 제시한다. 피해의 서사는 '공'과 관련이 없기에 민간인들에 대한 애도를 배제하는 효과를 낳는다. 민간인들의 죽음은 결국 기념의 장 에서도 애도의 장에서도 모두 배제된다(심주형, 2017: 162).

23 황석영(2017b: 300).

24 《한겨레》(1989. 11. 12).

25 후쿠야마는 1989년 여름 내셔널 인터레스트지에 〈역사의 종말〉이라는 논문을 기고한 다(Fukuyama, 1989, "The End of History", *The National Interest*, 16). 그리고 이를 확장해 *The End of History and the Last Man*(1992)를 출간했다. 이는 같은 해 한국 에서 《역사의 종말: 역사의 종점에 선 최후의 인간》이라는 제목으로 번역 출판됐다 (Fukuyama, 1992).

26 Kwon(2013: 22~23).

27 Kwon(2012: 257).

28 미첼은 독일과 북미 자유무역협정을 그 예로 들었다. 독일에서는 베를린 장벽이 붕괴 된 동시에 터키인과 다른 외국인을 제거하려는 노력이 증가했고, 경제적 변경을 개방 하려는 목적으로 설계된 북미 자유무역협정(NAFTA)은 정치적 변경을 오히려 강화하 는 결과를 초래했다는 것이다(Michell, 2011: 584~585).

29 이선미(2004: 406).

30 《경향신문》(1992. 12. 13).

31 이는 1992년 8월 24일 한·중 수교 당시 한국이 취한 태도와 대조된다. 한국 외교부는 한·중 수교 교섭 관련 자료에서 "중국 측은 6·25 참전은 당시 중국의 국경지대가 위 협을 받는 상황에서 불가피한 일이었다며, 이는 과거에 있었던 불행하고 유감스러운 일이었다는 입장을 표명했다"고 밝혔다(《동아일보》 1992. 8. 25). 하지만 장정연 주한 중국대사는 이러한 발언을 공식적으로 부정했다. 한국의 언론은 장 대사의 발언이 국

민 정서에 위배된다고 비판하고, "중국의 한국전 참전 문제는 반드시 정리해야 할 잘못된 역사의 한 부분이었다"라고 주장했다(《동아일보》 1992. 10. 11).

32 김정환(2003: 10).

33 《한국일보》(1996. 11. 27).

34 이선미(2004: 407).

35 김수이(2003: 70).

36 Nguyen(2019: 34).

37 바흐찐은 시간과 공간의 내적 상관관계, 문학에 나타난 시간과 공간의 분리 불가능성을 표현하기 위해 '크로노토프'라는 개념을 사용한다(강영돈, 2013: 2). 이재승은 이 개념을 이행기의 정의와 결합해 '과거청산 크로노토프'를 제시한다. 구체적 사건사를 중심으로 다양한 크로노토프가 형성될 수 있고, "국지적인 사건들이 더 높은 규범적 이상에 연결되어 하나의 크로노토프를 형성함으로써 기성의 질서를 균열시키고 다른 사건을 깨우치고 전염시키며 더 큰 크로노토프를 만든다"(이재승, 2017: 120). 1999년은 한국 사회에서 포괄적 의미의 '베트남전 크로노토프'가 형성되기 시작한 시기라고 할 수 있다.

38 이와사키 미노루와 그의 동료들은 "어떤 '기억의 장'에 주목하는가에 따라 전혀 다른 '동아시아'가 보인다"(岩崎稔·板垣龍太·정지영, 2013, 305)고 했는데 당시 한국의 운동은 이러한 기억의 한 장을 연 것이었다.

39 역사학자 피에르 노라는 "우리는 범세계적으로 기억이 도래하는 시대에 살고 있다"고 논의한 바 있다(Nora, 2006: 192).

40 이를 둘러싼 논의는 최근 수십 년간 지속돼 온 전 세계적인 자유·민주화의 물결, 그리고 이러한 과정에서 국가의 부도덕한 과거를 어떻게 다룰 것인가에 대한 고민에서 출발했다(Teitel, 2000: 3). 제2차 세계대전 이후 세계적으로 전개된 '이행기의 정의'에 대한 포괄적 논의는 Kritz ed.(1995), 1974년 이후 2005년까지 확장되고 있는 진실위원회에 대한 논의는 Hayner(2008)을 참조할 수 있다.

41 Olick(2011: 200~229).

42 Hayner(2009: 31).

43 김동춘(2005: 28).

44 최장집(2010: 109).

45 서중석(2003: 67).

46 김동춘(2002: 18).

47 국가 중심적 전쟁기념사업의 내용에 대해서는 高橋哲哉(2008: 167), 용산 전쟁기념관의 의미와 특징에 대해서는 김형곤(2007) 참조.

48 정근식(2013).

49 정근식(2002: 47).

50 MBC다큐멘터리(2001. 4. 27).

51 Rueschemeyer, Stephens and Stephens(1997: 30).

52 각 조직의 형성 배경과 활동에 대해서는 〈건강사회를 위한 치과의사회〉(김훈, 1999), 〈베트남을 이해하려는 젊은 작가들의 모임〉(김남일, 2008), 〈나와 우리〉(김현아, 2002; 조진석, 2009), 〈국제민주연대〉(편집부, 2002) 참조.

53 김남일(2008: 8).

54 Rueschemeyer etc.(1997: 130).

55 《한겨레》(2014. 6. 20).

56 박철화(2013: 52).

57 김현아(2002: 32).

58 인용 출처를 별도로 밝히지 않은 것은 2019년 10월 15일 한베평화재단에서 있었던 고경태, 구수정, 김현아, 윤충로의 대담에 토대를 둔 것이다(고경태·구수정·김현아·윤충로, 2019. 10. 15).

59 베트남 여성의 이름 사이에 붙이는 말이다.

60 김현아(2002: 83).

61 1944~1945년 베트남 중북부에서 발생한 대규모 아사사건을 말한다. 베트남 측에서는 이 사건으로 200만 명이 아사했다고 주장한다. 이 사건의 배경과 내용에 대해서는 윤충로(2005: 120~121) 참조.

62 古田元夫(1999: 333~334).

63 1969년 10월 14일 판랑 지역에서 한국군이 린선사 스님들에게 총기를 휘두른 사건으로 알려져 있다. 북베트남의 《인민군대》(1969. 10. 24)지는 사건으로 인해 4명이 사망한 것으로 기록하고 있다(《한겨레21》1999. 5. 6). 그렇지만 한국군 측의 주장은 달랐다. 주월한국군 사령관 이세호는 이 사건에 대해 "북괴군 심리장교들이 월남에 침투하여 한국군의 작전을 방해하고 있으며, 베트콩에게 한국어를 가르쳐 작년 10월의 린손 사원 승려학살 사건 등을 한국군에게 뒤집어씌우려 하고 있다고"(《동아일보》1970. 9. 22) 밝혔다. 또한 1971년 11월 29일 남베트남 정부의 발표를 빌려 본 학살사건은 '베트콩의 소행'이었음을 확인하기도 했다(《동아일보》1971. 11. 30). 1999년 《한겨레21》 보도는 당시 학살의 유일한 생존자 푸 스님과 열다섯 살이었던 응우옌티유엔한의 증언을 토대로 한 것이었다.

64 현기영(1978: 277~278). 현기영(1978)의 원문을 그대로 살렸다.

65 김현아(2002: 67).

66 베트남 생존자들의 이야기는 2007년 7월 시민단체인 '나와 우리'의 한·베 평화캠프에 참가하여 진행한 구술 면담에 기초한다. 면담은 꽝남성 호이안 인근 디엔반현·유이쑤엔현의 마을에서 7월 8~14일에 이루어졌다. 생존자들 각각의 이야기는 면담 당시 시점을 기준으로 정리한 것이다.

67 2007년 7월 8일 구술 면담 진행.

68 행정구역상 한국의 면 단위에 해당된다.

69 1968년 1월 24일(양력 2월 25일) 한국군 해병대가 135명의 하미 마을 주민을 학살한 사건이다. 이에 대한 내용은 Kwon(2012: 84~86), 한성훈(2018) 참조. 학살 당일과 팜티호아의 삶에 대한 좀 더 자세한 이야기는 《한겨레》(2013. 7. 5) 구수정의 글 참조.

70 2007년 7월 12일 구술 면담 진행.

71 Kwon(2012: 260~261).

72 꽝남성 유이쑤엔현 유이응이어싸의 위령비(2008년 6월 9일 세움)에는 1969~1971년까지 네 곳에서 학살이 있었다고 밝히고 있다. 1969년 8월 25일 한Hành 할머니 방공호 학살(28명 사망), 9월 17일 리에우Liêu 할아버지 방공호 학살과 11월 12일 뇨Nhỏ 할아버지 방공호 학살(총 31명), 1971년 1월 31일 린Linh 할아버지 집 마당 학살(24

명)이다(《한겨레21》 2018. 2. 12).

73 2007년 7월 12일 자료 입수.

74 2007년 7월 14일 구술 면담 진행.

75 1968년 1월 19일 유이탄싸 반꾸엇 마을에서 한국군의 학살로 28명이 사망했고, 10명
    이 부상당한 사건을 말한다. 당시 희생자들은 노인이 6명, 여성이 9명, 어린이가 13명
    이었다고 한다(한베평화재단, 2021/04/01 검색, http://www.kovietpeace.org/b/
    archive04/54870).

76 2007년 7월 11일 구술 면담 진행.

77 그는 1974년 유격대 활동으로 8년간 감옥에 있다가 출감한 여성과 재혼했다.

78 1954년생 팜응옥쩌우Phạm Ngọc Châu(2007년 7월 12일 구술 면담)는 당시 상황을
    이러한 이원구조로 설명했다. 아버지가 농민이었고, 1966년부터 유격대로 활동하다
    1972년 폭격으로 사망했다. 그는 동생이 한국군 학살에서 겨우 살아남은 후 정신병을
    앓고 있다고 했다. 학살에 대해 기억하게 되면 동생은 "난 죽었어. 학살에 대해 이야
    기하지 말라"는 말만 반복한다고 했다.

79 정나원(2005: 108).

80 이한우(2011: 16~17).

81 꽝응아이현 빈호아싸 빈호아 학살 증오비의 시작 문구다.

82 Kwon(2012: 233).

83 Hirsh(2009: 55).

84 Kwon(2012: 46~47).

85 Kown(2012: 2016).

86 Assmann(2011: 39).

6장 기억에서 운동으로

1 《동아일보》(1998. 7. 27). 노근리사건을 둘러싼 피해자와 유족의 투쟁은 정구도(2001)

참조.

2 　오연호(1999: 248~249).

3 　심주형(2017: 143).

4 　1986년 도이머이 정책을 시행하며 내놓은 구호다. 여기서 과거를 '닫는다'는 것은 문을 걸어 잠근다는 의미가 아니다. '닫는다'는 베트남어 '켑Khép'은 문을 살짝 닫아둔다는 의미다. 열릴 '가능성'을 함축한 단어다(구수정, 2007: 271).

5 　《경향신문》(2017. 4. 24). 응우옌틴꽝(전 푸옌성 당서기장 및 인민위원회 주석)은 이에 대해 "베트남은 동족끼리 싸웠습니다.……과거를 닫고 미래로 가자는 것도 사실 동족끼리 과거를 묻지 말자는 의미가 더 강합니다"라고 말했다(《영남일보》 2014. 8. 8).

6 　오연호(1999: 195).

7 　이미 언급한 바와 같이 베트남전쟁 시기 한국군의 베트남 민간인 학살 보도의 시작은 〈몸서리쳐지는 한국군! 베트남 전범조사위 기록 현장 확인〉(《한겨레21》 1999. 5. 6)이었다. 그렇지만 이 문제에 대한 본격적인 연재는 〈베트남 종단 특별 르포: 한국군의 양민학살 그 원혼들을 기억하라〉(《한겨레21》 1999. 9. 2)였다. 당시 통신원이었던 구수정은 이 기사를 위해 한국군 주둔지를 중심으로 베트남 중부 5개 성, 9개 현, 13개 싸xã의 수십 개 마을을 돌아봤고, 100여 명의 증언을 들었다고 한다.

8 　인권과 평화를 위한 국제민주연대(1999. 12. 7; 1999. 12. 9 자료).

9 　《한겨레》 광고(1999. 12. 31; 2000. 1. 1).

10 　한홍구(2009: 59~60).

11 　《한겨레21》(2000. 7. 6).

12 　《한겨레21》은 〈잠자던 진실 30년 만에 깨어나다〉를 커버 스토리로 보도했다. 자료의 입수와 분석, 공개과정에 대해서 같은 호에 실린 〈미국의 관심은 '학살 은폐 책임'〉(《한겨레21》 2000. 11. 23) 참조.

13 　《한겨레21》(2000. 6. 22).

14 　베트남전 진실위원회 운영위원회(2001. 4. 13).

15 　《한겨레21》(2000. 9. 21). 12월 16일 특집 기사는 베트남 현지의 반응을 전하는 〈베트남의 뜨거운 감동〉, 채명신 장군과의 인터뷰 〈양민인지 가려보자〉(제287호) 등이었다.

커버 스토리로 집중보도됐던 것은 〈베트남전, 34년 만에 말한다 해병 중대장의 고백!〉(제305호), 〈베트남 양민학살 중앙정보부가 조사했다〉(제306호), 〈어느 킬러 대원의 참회〉(제310호)로 가해자 측의 증언이었다. 당시까지 공식적인 지면을 통해 가해 사실을 인정한 경우는 이것이 유일했다. 마지막 네 번째 커버 스토리는 〈잠자던 진실, 20년 만에 깨어나다〉(제334호)로, 이는 미국 국립문서보관소 자료를 발굴 폭로한 것이었다.

16 엄묘섭(2009: 45).

17 《한겨레21》(1999. 9. 2). 《한겨레21》은 캠페인의 의미를 1. 반전평화운동, 2. 한국의 시계를 세계의 시계에 맞추는 일, 3. 진실을 인정하는 운동, 4. 한국 사회의 '명예'를 생각하는 운동, 5. 고엽제 피해자 등 베트남전 참전군인들을 껴안는 운동으로 정리했다(〈진실은 전복될 수 없습니다〉, 《한겨레21》 2000. 7. 13).

18 이에 비해 《조선일보》, 《중앙일보》 등과 같은 보수언론은 한국군의 베트남 민간인 학살 문제에 대해 제대로 다루지 않았다. 《중앙일보》의 경우는 《한겨레》의 보도를 "다른 의견의 존재를 인정하려 들지 않는……언론의 옹색한 태도"로 다루기도 했다(《한겨레》 2000. 6. 30).

19 고경태 외(2019. 10. 15).

20 《한겨레21》(2000. 1. 6).

21 피해자가 국내에 없는 것이 운동에 불리하게만 작용한 것은 아니었다. 한국전쟁 당시 민간인 피해자들의 상황에서 볼 수 있는 바와 같이 정치·사회적 상황에 의해 피해자가 더욱 침묵할 수밖에 없는 상황이 벌어지기도 하기 때문이다. 진실위원회 운동 초기 4·3, 5·18, 동학 등 한국의 과거사 문제를 토론하는 자리에 베트남 문제 발제자로 참석했던 당시 '나와 우리' 대표 김현아는 자신은 베트남에서 들었던 이야기를 들은 바대로 말할 수 있었지만 한국의 사건에 연관된 사람들은 그렇지 못함을 느꼈다고 했다. "4·3은 말이 여기까지 올라오는데 그 말이 아직 논리가 안 되는 거예요. 이렇게 막말의 소용돌이가 안에 있고……"(고경태 외, 2019. 10. 15)라며 말로 표현할 수 없는 고통과 응어리를 이야기했다. 베트남은 타국이었고, 김현아는 전후 세대였다. 이는 베트남 문제의 공론화를 촉진하는 요인으로 작용했다.

22 《한겨레》(1999. 12. 31). 한국군 양민학살 진상규명과 한국 정부의 공식 사과를 촉구

하는 시민·사회단체 850명 공동선언.

23 인권과 평화를 위한 국제민주연대(2001. 8. 22).

24 권혁태(2012: 117).

25 두 운동의 연계성은 인적 측면에서도 살펴볼 수 있다. '베트남전 민간인 학살 진실위 원회'의 공동대표였던 강정구 교수와 이해동 목사는 같은 해 9월 7일 출범한 '한국전 쟁 전후 민간인 학살 진상규명과 명예회복을 위한 범국민위원회'에 상임대표(강정구) 와 공동대표(이해동)로 활동했다. 이해동은 이후 회고에서 한국 과거사의 여러 문제와 더불어 "전쟁과 이념의 언저리에서 희생당한 수많은 사람, …… 한국 군인의 마구잡이 학살로 사라져 간 베트남 민간인들"을 언급하고, "그들을 슬픔으로 몰아간 과거사의 진실을 규명하고 그들의 신원을 처리하는 일에 부름을 받았다"(이해동·이종옥, 2014: 321)고 했다.

26 김득중(2009: 47).

27 《한겨레21》(2000. 9. 21).

28 《한겨레21》(1999. 12. 16).

29 이동진(2014).

30 《한겨레21》(2000. 3. 9).

31 국제민주연대가 《한겨레》(1999. 12. 31)에 게재했던 광고인 〈베트남 민중에게 진심으 로 사죄합니다〉에 실린 3가지 요청사항 중 하나로 본문은 "비인간적 행위를 저지르도 록 강요하고 아직까지 고통에 시달리고 있는 참전군인들에 대한 피해보상이 이루어져 야 한다"는 것이었다.

32 베트남전 민간인 학살 진실위원회(2000. 12).

33 《한겨레21》(2000. 1. 6).

34 군사편찬연구소(2003: 677).

35 《국방일보》(2000. 5. 23).

36 《한겨레21》(2000. 7. 13). 사건의 배경, 과정 등에 대해서는 고경태(2016: 35~39) 참조.

37 12월 15일 베트남전 민간인 학살 진실위원회와 한국군사학회가 공동 주최한 〈한국군 의 베트남전 참전-그 빛과 그림자〉는 이 행사가 무산된 이후 참전군인 측과 공동토론

회로 조직된 것이었다.

38 《한겨레21》(2000. 10. 26), 베트남전 민간인 학살 진실위원회(2000. 10. 16).

39 Zizek(2011: 24).

40 이용화(2013)와 통계청 e-나라지표를 참조하여 추산한 것이다(http://www.index. go.kr/potal/stts/idxMain/selectPoSttsIdxSearch.do?idx_cd=2430&stts_cd=243003&freq=Y, 검색일자 2021. 4. 20).

41 이영기(2021: 55).

42 1995년 5월 10일 김숙희 교육부 장관은 국방대학원 강연에서 "6·25는 동족상잔이었고, 월남전은 용병으로 참전해 명분이 약했다"고 발언했다. 이 발언이 문제가 되자 김 대통령은 '용납하지 못할 일'이라 격노했고, 5월 12일 김숙희 장관을 문책 해임했다 (《경향신문》 1995. 5. 13).

43 2004년 10월 10일은 1946년부터 프랑스에 맞서 독립운동을 한 베트남의 '수도 연대'가 1954년 제네바협정에 의거해 하노이를 '접수'한 지 50주년이 되는 날이었다. 10월 10일은 독립기념일(9월 2일)과 함께 하노이 시민의 최대 기념일이다(《오마이뉴스》 2004. 10. 10).

44 《연합뉴스》(2004. 10. 10).

45 이 대통령은 헌화는 했지만 묵념은 하지 않았다(《경향신문》 2009. 10. 21; 2013. 9. 9).

46 《경향신문》(2009. 10. 15), 《서울신문》(2009. 10. 15).

47 Olick(2011: 178).

48 참전군인의 사기 진작을 목표로 한다는 정부의 이러한 계획은 참전군인과 군을 중심으로 한 '정체성의 통합'(Olick, 2011: 169)을 통해 보수의 결집을 강화하려는 의도를 반영한 것이라고 볼 수 있다.

49 《세계일보》(2014. 1. 10).

50 당시 국방부는 보훈처와 외교부가 이 행사를 준비하고 있다고 공식적으로 못박았으나, 외교부는 이를 부인했다. 또한 보훈처는 한·베 간의 문제는 외교부에 문의하라는 입장을 취하면서 문제를 피해 가고자 했다. 국방부, 외교부, 보훈처 간의 책임 떠넘기기 양상에 대해서는 《뉴시스》(2014. 1. 10) 참조.

51 《경향신문》(2014. 1. 10).

52 《세계일보》(2014. 1. 10).

53 《연합뉴스》(2014. 9. 5).

54 《한겨레》(2000. 7. 8), 《서울신문》(2000. 7. 8).

55 《언론노보》(2000. 8. 24). 국방부는 한국전쟁 50주년을 맞아 전쟁 당시 민간인 피해사
   건을 재조사하여 무고한 희생자의 원한을 풀어준다는 취지로 '해원解寃'사업을 추진
   했다. 1999년 7월 사업을 기획하는 자리에서 조성태 국방장관은 '차후 쟁점화 가능성
   이 있는 사건은 손도 대지 말 것, 군의 최대 양보선은 양비론, 군이 잘못한 점이 있다
   면 인정하되 그럴 가능성이 있다는 정도로 인정 등의 가이드 라인을 제시했다고 한다
   (《문화일보》 2000. 7. 24). 이는 사건을 은폐·축소하려는 것으로 해원과는 거리가 먼
   것이었다. 또한 2000년 2월 8일 자 국방부 문서(수신자 군사연구소장)는 베트남전 전
   사자료 확인을 시달하는데 그 목적을 "베트남 양민학살 주장 사건과 한국군의 실제
   작전과의 연관성을 확인하며, 한국군에 의한 피해자가 최초 적대적 의도와 무장을 갖
   추고 한국군에 대항했음을 입증할 수 있는 자료를 확보하기 위함"이라고 밝히고 있다
   (고경태, 2016: 245).

56 군사편찬연구소(2003: 792).

57 이는 소위 '군변 단체'에 대한 국가적 지원 증가와도 맥락을 같이한다. 이명박 정부
   들어 국가안보 증진 등을 내세워 정부의 지원을 받는 단체들이 우후죽순처럼 늘어나,
   2008년 3월 한 곳뿐이던 국방부 등록 단체가 2012년 3월경에는 25곳이 되었다(《한겨
   레》 2012. 7. 9).

58 박근혜 정권의 경우 대한민국고엽제전우회를 동원해 수시로 친정부 시위를 조직했
   다. 정권과 고엽제전우회의 밀착에 관해서는 KBS(2019. 4. 12) 참조.

59 《한겨레21》(2000. 5. 11).

60 올릭은 금기를 일종의 신화적 논리로 설명한다. 이는 금기가 "논쟁의 여지가 없는 도
   덕 원칙이나 확정적 주장과 연결"되고, "다른 대안이 없어서가 아니라 합리적 논증으
   로 결정되는 문제가 아니라서 그렇다"라고 논의한다(Olick, 2011: 76).

61 군사편찬연구소(2003: 701).

62 이는 참전군인이 자신의 목소리가 아닌 국가의 공식기억에 더 의존하는 결과를 초래했다. 자신의 기억을 부정하면서 그들의 기억은 국가라는 거울에 비친 공식적 기억의 반영물로 제한된다.

63 이러한 흔적은 문학작품 속에서도 나타난다. 안정효의 2009년 판 《하얀 전쟁》에서는 "한국군이 비인간적인 과잉폭력 행위에 가담한 부분, 베트남인들이 한국군을 반기지 않거나 나아가 저항하는 부분, 베트남전을 포함한 전쟁 일반에 대한 비판론" 등이 삭제됐다. 이경재는 이를 "참전군인들의 대항기억에 대한 반발과 일정 부분 관련성을 지닌 것"으로 본다(이경재, 2016: 64). 이와 관련해 흥미로운 점은 1992년 영화 〈하얀 전쟁〉(정지영 감독)은 한국군의 잔학상을 숨기지 않았다는 것이다. 당시 영화에는 "정글 정찰 중인 한국군이 양민들을 베트콩으로 오인 사살, 이를 은폐하기 위해 분대장이 살아남은 양민을 분대원들에게 살해하도록 강요하고 난자하는 장면" 등이 나온다. 대한해외참전전우회는 이러한 장면이 파월용사들의 긍지와 명예를 손상시킨다고 주장하고, 일부 장면의 삭제를 공연윤리위원회에 건의하기도 했다(《경향신문》 1992. 7. 9).

64 한홍구(2009: 60).

65 Hayner(2008: 68~69).

66 강유인화(2013: 107).

67 이상석(2016: 30~31).

68 이에 대해서는 윤충로(2015) 참조.

69 평화박물관은 2010년 12월까지 전국적으로 110개(한국전쟁과 베트남전쟁을 동시에 언급하는 비문 포함)가량의 참전비를 조사했다. 최근 국가보훈처 현충 시설 정보서비스에 따르면 베트남전쟁을 주제로 분류한 시설은 61개였다(http://mfis.mpva.go.kr/hokukModel/HokukModelList.do?typo=2, 2021년 4월 18일 검색).

7장 초대에 의한 정의와 베트남전 시민평화법정

1 　이재승(2015a: 118).

2 　Hirsch(2009: 59).

3 　'시인acknowledgement'은 "과거에 부정했던 혐의나 의혹이 실제로는 진실이었다고
　확인해 주는 공적 담론"(Cohen, 2009: 509)이다. 또한 '알려진 사실knowledge'도 공
　식적으로 인정되고 공적인 담론이 될 때에야 비로소 '시인'된다(Cohen, 2009: 463).
　"과거청산의 힘은 새로운 사실 형태로서 진실을 발견하는 것보다 진실을 사회적으로
　인정하는 데 있다"(김무용, 2011: 207).

4 　《연합뉴스》(2016. 1. 13).

5 　《한겨레》(2016. 1. 15).

6 　《동아일보》(2017. 6. 6).

7 　Hirsch(2009: 55).

8 　Mosse(2015: 13).

9 　《연합뉴스》(2017. 6. 13).

10 본 기사는 1966년 청룡부대에 의해 학살된 피해자의 위령비(꽝남성 빈선현 빈호아
　싸), 학살 피해자 사진 등을 함께 실었다. 기사 전문은 〈VTC NEWS〉(2018/06/09)
　(https://vtc.vn/quan-diem-la-lung-ve-long-yeu-nuoc-cua-ong-tong-thong-
　han-quoc-d328768.html)를 참조.

11 기사에 대한 기본적인 설명은 한베평화재단 홈페이지 언론보도 부분 참조(http://
　kovietpeace.org/?c=1/3&p=9&uid=4905). 기사 본문 전체 내용은 〈VTC NEWS〉 참조
　(ttps://vtc.vn/dam-thue-chem-muon-la-muon-doi-xau-xa-d328807.html).

12 《한겨레》(2017. 3. 6).

13 "의례적인 기념행사는 어떤 집단이 집합적으로 의미 있다고 여기는 것을 분명히 표현
　하도록" 돕고, 집단기억을 형성하는 주요 장소가 된다(Zerubavel, 2006: 364~365).

14 Olick(2011: 231).

15 코언은 "어떤 드라마를 시청하기도 전에 우리는 나쁜 일을 절대 저지를 수 없는 믿음

직한 동맹국과, 나쁜 일만 저지르는 깡패국가를 구분하도록 인식 틀이 마련돼 있다"
(Cohen, 2009: 340)면서 국가·사회적으로 고정된 인식 틀의 문제를 지적했다.

16 문재인 대통령의 현충일 추념사는 "시대의 변화에 맞춰 부인의 전략적·이데올로기적
    초점이 전환"(Cohen, 2009: 297)됨을 보여준다. 반공전쟁이었다는 이데올로기적 접
    근은 적어도 국가의 공식 입장으로는 더이상 유용하지 않다.

17 《한국일보》(2017. 11. 15).

18 《한겨레》(2018. 3. 23).

19 이재승(2015a: 114).

20 Cohen(2009: 86~87).

21 응우옌떤런은 1966년 2월 13일 빈안 학살사건으로 어머니와 여동생을 잃었다. 또한
    응우옌티탄은 퐁니 마을 학살사건으로 어머니와 남동생 등 가족 다섯이 희생됐다. 사
    건 개요에 대해서는 한베평화재단 홈페이지 '기록과 증언' 참조. 학살 피해자에서 '평
    화의 전사'로 적극적으로 학살을 증언했던 응우옌떤런은 2020년 11월 7일 영면에 들
    었다.

22 《한겨레》(2015. 4. 5).

23 이재갑은 2008년 이후 베트남 곳곳의 민간인 학살 위령비와 학살을 증언하는 마을 사
    람들을 사진에 담았다. 이 사진전은 하나의 베트남전쟁에 대한 상반된 기억을 통해 한
    국의 베트남전쟁을 다시 생각게 했다.

24 대한월남전참전자회는 회원들에게 "좌경화된 반국가적인 일부 세력들이 민간인 학살
    피해자의 증언이라는 근거도, 증거도 없는 연극을 자행하려 한다. 인생 단축할 각오로
    그들의 음모를 분쇄하겠다"고 공지했다(《한겨레》 2015. 4. 7).

25 《한겨레》(2015. 4. 10).

26 《한겨레》(2015. 4. 10).

27 *tuổi trẻ*(2016/09/16)(https://tuoitre.vn/nhiem-vu-cuoi-cung-song-de-ke-
    lai-1172214.htm)(검색일 2018/07/11), 《한겨레》(2016. 9. 22) 참조.

28 《한겨레》(2016. 3. 4).

29 《경향신문》(2017. 4. 21).

30 이는 1966년 12월 3~5일 사이 청룡부대가 꽝응아이성 빈호아에서 430명의 주민을 학살한 것으로 알려진 빈호아 학살을 다룬다. 베트남에는 현재 60여 개 안팎의 위령비와 3개의 증오비가 남아 있다.

31 《한겨레》(2017. 1. 2).

32 월러스타인은 아프리카 개발도상 국가를 분석하면서 '초대에 의한 발전development by invitation'이라는 개념을 사용하는데 이를 한국에 본격적으로 적용한 것은 커밍스였다. 그는 "미국 헤게모니의 용인과 후원하에 미국을 비롯한 핵심부를 수출시장으로 삼았던 일본의 사양산업을 한국과 대만이 이어받아 재활용함으로써 자본주의 세계경제의 위계에서 상향 이동을 이룩하게 됐다"고 설명한다(이광근, 2013: 355). 이 글에서는 '초대에 의한 발전'이라는 개념의 이미지를 빌려 한국과 베트남 사이의 아래로부터의 탈국가적 운동의 연대를 '초대에 의한 정의'라는 용어로 설명하고자 한다. '초대에 의한 발전'이 정치·경제학적, 세계체제상의 권력관계를 반영한다면 '초대에 의한 정의'는 이의 역전으로 초국가적 옹호네트워크Transnational Advocacy Networks (최은봉·이민주, 2017: 65), 혹은 '연대의 공간'(이상봉, 2014: 65)의 구축으로 '아래로부터의 세계화', '풀뿌리 전 지구화'(Appadurai, 2011: 178~186) 과정과 연관해 볼 수 있다.

33 2013년 평화박물관과 아맙이 하미 학살 45주기 위령제 참배단 평화기행을 마련하면서 한국의 베트남 관련 단체들은 매년 위령제에 조화와 제사 지원금을 보내고 있다.

34 《한겨레》(2016. 10. 25; 2017. 6. 23), 시민평화법정(2018. 4. 2: 59).

35 베트남 꽝남성 디엔반현 디엔즈엉싸 하미 마을은 청룡부대 5대대 26중대가 자행한 것으로 추정되는 학살로 인해 마을 주민 135명이 희생됐다. 하미 학살사건 일은 1968년 2월 22일, 혹은 2월 24일로 주민과 기록에 차이가 있다(한성훈, 2018: 278). 퐁니·퐁넛 마을은 꽝남성 디엔반현 타인퐁싸(통일 이후 디엔안으로 개칭)에 위치한다. 1968년 2월 12일 청룡부대 1대대 1중대에 의해 마을 주민 74명이 희생된 것으로 알려졌다.

36 1968년 꽝남 지역에서 일어난 일련의 학살사건에 대해 《한겨레21》 취재진이 붙인 이름이다. 2017년 12월 26일~2018년 1월 2일까지 꽝남성 20개 마을을 답사한 취재팀은 "확인된 학살 규모만 최소 646명"이었고, "1968년에 집중적으로 벌어졌고, 1971

년까지 이어졌다"고 밝혔다(《한겨레21》 2018. 1. 19).

37 강인철(2000: 346~347).

38 시민평화법정준비위원회(2017. 11. 20: 4). 증거의 세부적인 내용에 대해서는 시민평화법정 소장訴狀 참조(시민평화법정, 2018. 4. 2: 157~159).

39 한베평화재단(http://kovietpeace.org/c/6/33)

40 Assman(2011: 451).

41 시민평화법정준비위원회(2017. 11. 20: 4).

42 제2차 세계대전에 관련한 뉘른베르크와 도쿄재판은 전쟁범죄와 인도에 반한 범죄에 대한 원칙을 세우고, 이를 일국적 차원을 넘어 국제법적 차원에서 다뤘다. 여기서 전쟁범죄를 다루는 주체는 특정 국가 혹은 국제기구다. 따라서 베트남전쟁 당시 미국과 같이 강대국이 범죄행위국일 경우는 문제 제기 자체가 어려울 수밖에 없다. 이러한 상황을 넘어서기 위한 민간의 노력이 1966년 버트란드 러셀Bertrand Russell이 미국의 전쟁범죄를 폭로하기 위해 조직한 국제전쟁범죄법정International War Crimes Tribunal이다. 통상 '러셀법정'이라 불리는 이 법정은 미국이 수행한 베트남전쟁의 반인륜성과 폭력성을 세계에 알리는 데 기여했다. 러셀법정의 특징과 이행기의 정의에 대해서는 Zunino(2016) 참조.

43 스웨덴 스톡홀름에서 열린 러셀법정은 1967년 5월 10일 한국을 베트남을 침략한 미국의 공범국가로 판결했다(Zunino, 2016: 215).

44 이 법정의 특징, 의의 등에 대해서는 정진성(2001), 藤目ゆき(2001), 심아정(2018) 등 참조.

45 2000년 법정이 도쿄에서 열린 것은 일본의 제2차 세계대전 범죄를 제대로 심판하지 못한 도쿄재판을 비판하는 의미를 담은 것이었다(정진성, 2001: 164).

46 심아정(2018), 임재성(2018).

47 임재성(2018. 5. 10).

48 시민평화법정 준비위원회(2018. 3. 27: 1).

49 Zunino(2016: 222~224).

50 심아정(2018: 283).

51 Cohen(2009: 501).

52 동명이인으로 시민평화법정의 원고가 된다.

53 임재성(2018).

54 스피박Gayatri C. Spivak은 "서벌턴이 [자신의 목소리가] 들려지도록 하기 위해서 '말
을 하고', [그 결과로서] 책임감 있는 (응답을 하고 응답을 받는) 저항의 구조 속에 편
입될 때, 그 혹은 그녀는 유기적인 지성인이거나 유기적인 지성인이 되어 가는 과정에
있다"고 설명한다(이유혁, 2018: 287).

55 임재성(2018).

56 1999년 이후《한겨레21》을 통해 일부 참전군인이 한국군의 베트남 민간인 학살을 증
언했고(2000. 4. 27; 2000. 6. 1), 퐁니 사건에 관련해서는 1969년 11월 당시 중앙정보
부의 사건 조사가 있었다는 증언도 있었다(《한겨레21》 2000. 5. 4).

57 이재승(2017: 111).

58 정진성(2001: 175).

59 시민평화법정 준비위원회(2018. 3. 27).

60 임재성(2018).

61 임재성(2018).

62 박선웅(2007: 33, 35).

63 의례와 퍼포먼스의 연계성을 한국의 사회운동에 관련해 설명하고 있는 연구는 박선웅
(2007), 박희봉·이기중·김명준(2009), 한우리·허철(2010) 등 참조.

64 Cohen(2009: 465~488).

65 "'배상'은 여러 형태의 복구와 회복을 통칭하는 일반용어"다. 이는 "원상회복, 보상,
사회 복귀, 사죄와 재발 금지 보장 등"을 포괄한다(Hayner, 2008: 298). 과거청산에서
배상 모델의 의미에 대해서는 이영재(2010: 206~209) 참조.

66 시민평화법정(2018. 4. 2: 10).

67 Jaspers(2014: 131, 134).

68 Tessa Morris-Suzuki(2006: 45~46).

69 山口定(2000: 223~225).

70 사실적·법실체적 진실은 "사실에 근거하고, 정확하고 객관적이며 불편부당한 절차를 통해 획득한 법적·과학적 정보"이며, 개인적·서사적 진실은 "가해자와 피해자가 더 철저히 밝힌 진상"으로 "증언의 치유적 잠재력을 실현하는 기회……예전에는 목소리를 내지 못했거나 존재감도 없었던 사람들의 주관적 경험을 확증함으로써 화해를 추진하는 기회"를 말한다. 또한 사회적 진실은 "사람들 간의 의견 교환, 논의, 토론을 통해 구현된 진실"이며, 치유적·회복적 진실은 "자기치유, 화해, 배상이라는 목표를 위해 진실을 해석"하기 위해 "피해자가 실제로 고통받았고, 그것이 주목받을 가치가 있음을 시인"하는 것이다(Cohen, 2009: 467~468).

71 2017년 8월 민변은 국정원을 상대로 1969년 중앙정보부에서 조사한 퐁니·퐁넛사건에 대한 문건 공개를 요구하는 정보공개 청구를 냈다. 국정원은 "해당 정보가 공개되면 국익을 해칠 우려가 있다"며 공개를 거부했다. 이에 민변은 그해 11월 정보공개 거부 처분을 취소하라며 소송을 제기했고, 2018년 7월 27일 서울행정법원은 "해당 자료는 50년이 지난 사실에 대한 사료로서 의미를 가지고 있다"며 "역사적 사실 규명과 대한민국 정부를 상대로 공식적인 사과와 책임 이행을 촉구하는 데 기여할 것으로 보인다"며 목록 공개를 결정했다(《한겨레》 2018. 7. 27). 그러나 국정원이 이에 불복해 진행된 소송에서 민변은 2021년 3월 26일 대법원 승소 판결을 확정받았다. 소송 제기에서 승소까지 3년 8개월이 걸렸다. 그렇지만 국정원이 공개한 자료는 부실하기 그지없었다. 민변은 피조사자 3명의 이름과 지역만을 밝힌 '최영언 부산, 이상우 강원, 이기동 서울'의 "15글자가 적힌 이 초라한 목록을 국정원으로부터 받는 데 3년 8개월이 걸렸다"고 밝혔다(《연합뉴스》 2021. 4. 9; 《한겨레》 2021. 4. 21). 소송이 진행되는 중이었던 2019년 4월 4일 베트남 피해자 103명이 학살 피해에 대한 진상조사와 공식 사과, 피해 회복 조치를 요구하며 한국 정부에 청원서를 제출했다. 국방부는 자신들이 보유한 자료에서는 한국군에 의한 민간인 학살사건이 확인되지 않고, 한·베 양국의 공동조사가 선행되어야 하나 아직 공동조사 여건이 조성되지 않은 상황이라며 청원을 거부했다. 이에 대해 시민사회단체들은 "일본의 식민지 시기 불법행위에 대해서 책임을 물으며 견지하는 피해자 중심주의가, 왜 베트남전쟁 시기 한국군에 피해를 입은 베트남 사람들에게는 부차적인 것이 되는 것이냐"고 규탄했다(《한겨레》 2019. 9. 26).

72 김무용(2011: 197).

73 시민평화법정 준비위원회(2018. 3. 27).

74 민변 임재성 변호사 자료 제공.

75 시민평화법정(2018/04/02: 2).

76 김영범(2010: 349).

77 Hayner(2008: 69).

78 시민평화법정 준비위원회(2018. 3. 27: 5).

79 임재성(2018. 10. 2: 27).

80 Cohen(2009: 232~258)을 참조하여 재구성했다. 사례는 2018년 4월 21~22일 피고 (국가) 측 변호인의 변론을 중심으로 재구성한 것이다. 피고 측 논의는 특별한 언급이 없는 한 해당일 변론 내용을 토대로 한다.

81 Cohen(2009: 156).

82 Cohen(2009: 210~215).

83 피고 측 변론 박진석[이하 박진석](2018. 4. 21).

84 Cohen(2009: 63).

85 Cohen(2009: 58, 237).

86 이 보고서의 작성 경위와 내용에 대해서는 고경태(2015: 234~253) 참조.

87 이는 베트남전쟁 당시 한국 당국의 일관된 입장이었다. 국방 당국은 "베트콩들은…… 그들에 협조하지 않는다고 많은 민간인을 학살한 다음 한국군에게 뒤집어씌우는 상투적인 수법을 쓴다"고 국내 언론에 밝혔다(《동아일보》1969. 11. 26).

88 박진석(2018. 4. 21). 주월미군 사령부 감찰부에서 작성한 〈1968년 2월 12일 한국 해병이 행한 잔혹 행위 의혹에 관련한 조사보고서〉의 대체적인 내용은 고경태(2016: 112~221) 참조.

89 Cohen(2009: 58, 240).

90 Cohen(2009: 244).

91 박진석(2018. 4. 21).

92 박진석(2018. 4. 21).

93 피고 측 변론 이정선[이하 이정선](2018. 4. 22).

94 박진석(2018. 4. 22).

95 이정선(2018. 4. 22).

96 박진석(2018. 4. 21).

97 박진석(2018. 4. 21). 이러한 진실·기억의 확장성에 대한 제한은 '문화적 망각' (Cohen, 2009: 297~300), 한국군에 의해 자행된 다른 다수의 사례에 대한 무관심과 부인을 초래할 수 있다는 점에서 문제가 된다.

98 《한국일보》(2021. 1. 12).

99 2018년 베트남전 시민평화법정을 위해 한국을 방문하는 것을 두고 말한 것이다.

100 이길보라(2020).

101 김무용(2011: 153).

102 Hirsch(2009: 76).

103 Alexander(2007: 190).

104 김무용(2011: 217).

105 김무용(2011).

106 응우옌떤런은 "그날의 기억을 다시 되돌리고 나면 보름은 잠도 못 자고 몸이 아픕니다"(《한겨레》 2015. 4. 10)라며 재현의 고통을 이야기한다.

107 김무용(2011: 197).

108 Cohen(2009: 464).

109 이마리오(2003).

110 《한겨레》(2015. 4. 27).

111 《한겨레》(2016. 3. 4).

112 Letter from Human Right Watch to President de Klerk, in 'south Africa: Accounting for the Past', *Human Rights Watch Africa*(newsletter), 4(23 Oct. 1992), p. 2(Cohen, 2009: 486에서 재인용).

113 "마지막 임무―이야기하기 위해 살다"(Nhiệm vụ cuối cùng: Sống để kể lại)는 《뚜오이째*tuổi trẻ*》 2016. 9. 16) 당시 인터뷰 기사 제목이다.

114 Hirsch(2009: 78).

115 Alexander(2007: 208).

116 임재성(2018).

117 김무용(2011: 207).

118 Hirsch(2009: 78).

119 ③ 진상조사 책임은 "시민평화법정 헌장"(시민평화법정 준비위원회, 2018. 3. 27) 4조 3항에서 권고를 규정했으므로 권고 사항으로 판단한다.

120 Kwon(2016: 275).

에필로그

1 이길보라 외(2021: 285).

2 《한겨레21》(2023. 2. 12).

3 《한겨레》(2023. 2. 17).

4 Michell(2011: 42).

5 Burns & Novick(2017b).

6 이대환(2001: 66).

7 정근식(2013: 337~388).

8 정용욱(2021: 17).

9 윤충로(2012: 119~120).

10 이진모(2012).

11 이재승(2010: 6~7; 2015b: 2~3).

12 米山リサ(1999: 290).

13 리영희(2006a: 369).

찾아보기

두 번째 베트남전쟁

−한국의 전쟁 기억과 기억 투쟁

2023년 5월 9일 초판 1쇄 인쇄
2023년 5월 14일 초판 1쇄 발행

글쓴이   윤충로
펴낸이   박혜숙
디자인   이보용
펴낸곳   도서출판 푸른역사
    우) 03044 서울시 종로구 자하문로8길 13
    전화: 02)720−8921(편집부) 02)720−8920(영업부)
    팩스: 02)720−9887
    전자우편: 2013history@naver.com
    등록: 1997년 2월 14일 제13−483호

ⓒ 윤충로, 2023

ISBN 979−11−5612−248−7 03300